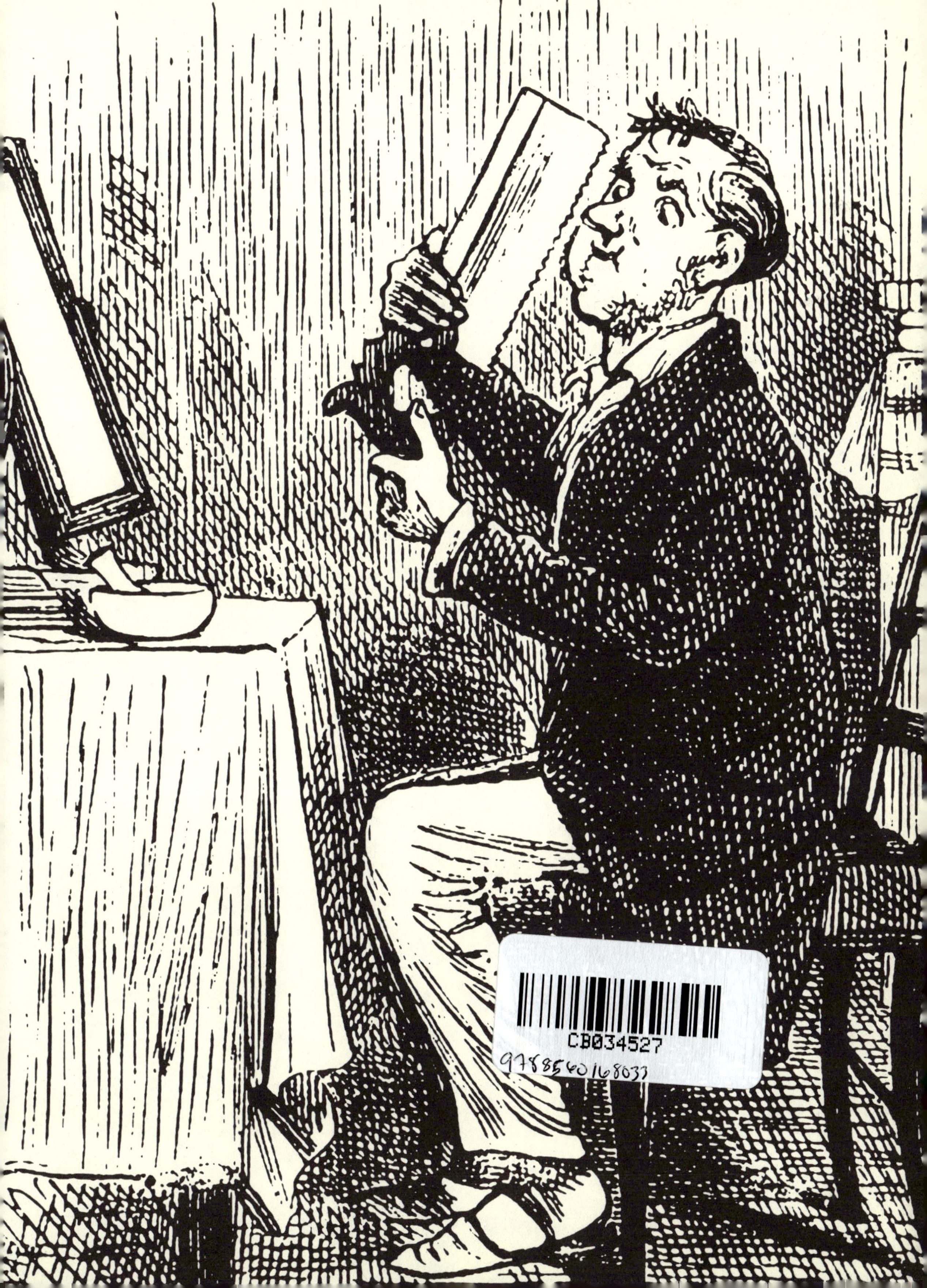

No Brasil de 2021, tenta-se reescrever o passado para acomodá-lo à ideia de país racista, violento e desigual que se gostaria de perpetuar. Para a frustração de fascistas de ontem e de hoje, a mentira muitas vezes repetida não se torna verdade, mas evidência de barbárie, prova que incrimina seus perpetradores. ◖ É à base de expurgos e falseamentos que se constrói uma sociedade branca, autoritária e excludente, mostra Wlamyra Albuquerque no ensaio que abre esta edição, precedendo a memória nítida de dois momentos de horror: a censura do *apartheid* sul-africano evocada por J. M. Coetzee e a truculência da ditadura brasileira, reencontrada por Claudius Ceccon nos desenhos em que documentou sua passagem pela prisão. ◖ A força avassaladora da História se faz ainda presente nas reflexões de Jacqueline Rose e Susanne Klengel, que se ocupam dos efeitos da gripe espanhola sobre a vida e a obra de Sigmund Freud e Mário de Andrade. ◖ A pandemia de 1918 reverbera na de 2020 como uma advertência de que o negacionismo, essa modalidade sistematizada e criminosa da mentira, costuma redundar na derrocada de seus formuladores – todos eles diretamente responsáveis, entre nós, pelos mais de 200 mil mortos em consequência da covid-19. ◖ O EDITOR

POLÍTICA
4 Wlamyra Albuquerque
## As impossíveis brancas nuvens do racismo

AUTORITARISMO
16 J. M. Coetzee / Carlos Zilio
## A marca da censura

34 Claudius Ceccon
## A ditadura reencontrada

MEMÓRIA
44 Leslie Jamison / Edu Marin
## Entre o belo e o banal

DOCUMENTO
62 Valeria Luiselli / Dorothea Lange
## As coisas como elas são

IDENTITARISMO
80 Serge Katembera / Leandro Júnior
## Contra o racismo, a identidade reafirmada

ENSAIO VISUAL
96 Pinky Wainer
## Pequena biblioteca de livros lidos

PANDEMIAS
116 Jacqueline Rose / Danilo Oliveira
## Morrer a própria morte

138 Susanne Klengel
## Vanguarda pandêmica

CONCURSO SERROTE
162 Bernardo Brayner
## Perec e eu

178 Maíra Vieira de Paula / Rosana Paulino
## Um antimonumento às Bandeiras

ALFABETO SERROTE
188 Enzo Traverso
## R de revisionismo

CLÁSSICO
196 Oliver Goldsmith / Liliana Porter
## Sobre os preconceitos de nacionalidade

LITERATURA
202 Diego Viana / Francisco Acquarone
## A síndrome de Mariz

Ádria Santos
Alaíde Costa
Benedita da Silva
Conceição Evaristo
Elza Soares
Emanoel Araújo
Gilberto Gil
Givânia Maria da Silva

Wlamyra Albuquerque

# As impossíveis brancas nuvens do racismo

A invasão do Capitólio e o expurgo da Fundação Palmares mostram vínculos históricos profundos na defesa do privilégio branco

Quando, em 6 de janeiro de 2021, o Capitólio, em Washington, foi invadido por apoiadores do presidente Donald Trump, a virulência do racismo que alicerça as relações de poder nos Estados Unidos ganhou as telas do mundo inteiro. Assombro planetário. Abaixo da Estátua de Liberdade instalada na cúpula do Congresso, a multidão raivosa, predominantemente branca, formada por comerciantes, militares aposentados, administradores de empresas, atletas, terraplanistas e adeptos de teorias conspiratórias, entre outros inconformados com a derrota do seu líder, agitou bandeiras com emblemas racistas, entoou hinos segregacionistas e vandalizou gabinetes de parlamentares democratas. Houve até quem literalmente escalasse as paredes do prédio com a justificativa ideológica de que lutava pelo *"make America great again"*, *slogan* do governo Trump.

Reza um velho ditado popular que um acontecimento ou alguém que passa desapercebido, sem ser notado, "passa em brancas nuvens". Seriam brancas as nuvens quando algo importante ocorre sem festejo ou menção pública. Se consultarmos os dicionários e os linguistas, essa velha expressão se amplia em significados. Mas fiquemos com uma versão que cabe bem a esses supremacistas: os irados trumpistas não deixaram passar em brancas nuvens a queda do seu líder nem suas convicções políticas. Ainda que tenham sido dispersos algumas horas depois, e que pelo menos 90 pessoas tenham sido identificadas pelo FBI e presas – por crimes que vão desde roubo de propriedade federal, agressão a policiais e entrada em áreas restritas até ameaça de morte a legisladores –, a invasão do Congresso cumpriu um papel: expôs à luz do dia, e graças aos muitos pixels dos celulares, a densidade e o poder desagregador do racismo que continua balizando projetos nacionais nas sociedades tecnológicas e neoliberais.

Uma das imagens mais chocantes, bastante destacada pela imprensa, foi a da bandeira dos Estados Confederados, símbolo dos grupos supremacistas brancos, suspensa no ar, tremulando, a escancarar o racismo como plano de poder. Noutro flagrante, um homem ostentava na camiseta uma homenagem a Auschwitz, o campo de concentração nazista. Reexibida zilhões de vezes, a ação tresloucada, que nos levou a confundir a ameaça de golpe de Estado com cenas de filme distópico de má qualidade, foi uma reação ao encaminhamento dos ritos de transferência de poder do então presidente, Donald Trump, para o atual, Joe Biden.

Entretanto, os sentidos políticos do episódio vão muito além no tempo e no espaço; ultrapassam em séculos e quilômetros os trâmites corriqueiros de mudança de chefe de Estado no século 21. A invasão do Capitólio tem significados próprios à história do racismo e que dizem respeito à fundação dos Estados Unidos e do Brasil como nações, assim como às atuais guerras de narrativas que buscam instituir uma visão revisionista da memória histórica. Forjar o passado tem se mostrado fundamental para justificar os arroubos autoritários em países como os Estados Unidos e o Brasil, nos quais a extrema direita tem saído das sombras e assumido os governos. Não por acaso, é reivindicando as supostas glórias do passado escravista que os grupos supremacistas brancos justificam sua existência. Tudo teria sido feito em nome da nação – mas qual nação eles reivindicam?

Não é preciso muito esforço para notar que a invasão protagonizada pelos trumpistas evidenciou o quanto a noção de supremacia racial lhes é fundamental, essencial, vital, porque sustenta o projeto nacional que defendem. Nesse projeto, a limitação da cidadania da população afro-americana e imigrante é uma meta para o presente com raízes no passado. O complicado modelo eleitoral norte-americano, que exige um colégio formado por delegados dos estados para a escolha dos governantes, foi criado no século 18. Esse formato resultou das negociações político-partidárias que, *grosso modo*, garantiram representatividade para os estados do sul do país onde a população livre não era tão numerosa, mas predominavam as ricas fazendas escravistas. Para a composição da câmara federal, foi reservado a cada estado um número de deputados proporcional à sua população, com um detalhe importante: cada cinco escravizados correspondiam a três pessoas livres. Era a regra dos 3/5, firmada durante a convenção da Filadélfia, em 1787. Não é preciso dizer que escravizados não tinham cidadania – e, por isso, não tinham direito a voto –, mas a existência deles assegurava o peso eleitoral dos grandes proprietários. Ironicamente, a regra dos 3/5 foi útil para sustentar a ordem escravista enquanto foi possível conter o abolicionismo e as mudanças econômicas no século 19.[1]

Embora tal lógica representativa tenha sido combatida em meio à sangrenta guerra civil (1861-1865), que findou a escravidão nos Estados Unidos, a defesa do privilégio branco pelos estados do sul continuou na pauta nacional. Não tardou para que fossem organizados grupos supremacistas brancos, dentre eles a Ku Klux Klan, fundada exatamente em 1865. Por outro lado, como já acontecia sob o sistema escravista, a militância afro-americana se organizou para ter voz e voto numa república disposta a garantir a desigualdade racial. É evidente que, ao longo dos séculos, essa luta teve altos e baixos, mas a bandeira antirracista tem se fortalecido, numa escala inédita e amplificada pela força das mídias sociais, nos dias da aventura autoritária de Donald Trump.

[1] Para saber mais sobre o tema, entre outros autores: Thomas C. Holt, *Children of Fire: A History of African Americans*. Nova York: Hil and Wang, 2010; Simon Schama, *Travessias difíceis: Grã-Bretanha, os escravos e a revolução americana*. São Paulo: Companhia das Letras, 2011.

Por mais bizarras que sejam as cenas da invasão do Capitólio, é preciso tomar lugar naqueles salões para entender os sentidos da marcha que prometia ajustar as contas da República com republicanos derrotados e ressentidos. Como vários analistas já indicaram, e o presidente democrata Joe Biden admitiu em seu discurso de diplomação, na invasão viu-se o privilégio branco escancarado. A complacência da polícia diante daquela gente, especialmente se contrastada com a brutalidade com que têm sido tratados os manifestantes do Black Lives Matter, não passou despercebida pela imprensa e associações antirracistas, não passou em brancas nuvens. Meses antes, a ação policial que resultou no assassinato em via pública de George Floyd, em 25 de maio de 2020, foi a gota d'água para que a militância negra norte-americana denunciasse, em plena pandemia, a força do racismo. Milhares de ativistas de diversas partes do país ocuparam as ruas. Em Washington, os protestos se concentraram no ponto que passou a ser conhecido como Black Lives Matter Plaza, a poucos quarteirões da Casa Branca.

Pelos seus propósitos e símbolos, e dada a tolerância com que foram recebidos, os invasores nos deram um farto repertório para inscrever a invasão do Capitólio na história do racismo institucional, profundamente arraigado nas nações contemporâneas e pós-emancipacionistas. Nos Estados Unidos, mesmo com ajustes e emendas constitucionais, o princípio da eleição indireta tem sido preservado há séculos. Daí candidatos que não conquistaram maioria no voto popular – a exemplo de George W. Bush em 2000 e o próprio Trump em 2016 – terem sido vitoriosos, graças aos fortes redutos eleitorais do Partido Republicano. Ainda assim, mesmo sem depender de uma aprovação massiva do cidadão comum, a reeleição de Trump foi por água abaixo em boa medida pelo ativismo de mulheres negras em estados mais conservadores, a exemplo da Carolina do Sul e da Geórgia. Numa sequência impressionante de fatos, capaz de movimentar a placa tectônica do racismo, nos primeiros dias de janeiro de 2021 o reverendo Raphael Warnock se tornou o primeiro senador negro do estado da Geórgia. Ele é agora o democrata negro a representar um estado do sul no Senado. A mobilização da militância negra está na raiz dessa vitória. Grande feito que não pode passar em brancas nuvens: *congratulations!*

Enquanto isso, a memória histórica é outra frente de disputa política. A retirada, em várias cidades do mundo, de monumentos que exaltam personalidades envolvidas no tráfico de escravizados, defensoras do escravismo e partidárias das ações segregacionistas foi um avanço da luta antirracista em 2020. Ao levantarem a bandeira dos confederados nos salões do Capitólio, talvez alguns entre os extremistas de direita tenham notado o espaço vazio deixado pelos retratos, emoldurados em ouro, de quatro deputados representantes dos estados da Virgínia, da Geórgia e da Carolina do Sul que, no século 19, defenderam a preservação do escravismo em nome da propriedade, da paz e da segurança da nação.

Janete Rocha Pietá
Janeth dos Santos Arcain
Joaquim Carvalho Cruz
Jurema da Silva
Léa Lucas Garcia de Aguiar
Leci Brandão

Luislinda Valois

Madame Satã

Marina Silva

Martinho da Vila

Melânia Luz

Milton Nascimento

Paulo Paim

Petronilha Beatriz Goncalves e Silva

Foi Nancy Pelosi, presidente da Câmara e adversária de Trump, que diante da forte repercussão das manifestações do Black Lives Matter providenciou a retirada dos quadros e solicitou a remoção das 11 estátuas dos representantes dos confederados do prédio do Congresso. Por essas e outras razões, carregar o púlpito dela no salão do Capitólio foi um ato de violência simbólica contra a população negra e a autoridade feminina. À atitude de Pelosi se somaram outros atos nos quais estátuas, peças seculares na construção da memória histórica dos países, literalmente caíram por terra no Reino Unido, na Argentina e em outros pontos dos Estados Unidos. Em dezembro de 2020, foi removido de um espaço público em Boston, no estado de Massachusetts, o Emancipation Memorial, monumento instalado em 1879. A comissão de Artes Públicas da cidade atendeu a uma petição assinada por 12 mil pessoas, por reconhecer que o monumento reiterava o racismo e "ofuscava o papel da população negra na formação das liberdades".

No Brasil, bem mais ao sul dos antigos Estados Confederados, o acirramento das tensões raciais também se materializa em ações governamentais, embora estátuas de traficantes de escravizados e agentes da dizimação de povos indígenas e africanos continuem de pé nas praças públicas. Tanto aqui quanto lá, a movimentação da militância negra tem escancarado o caráter excludente e desigual da república que se diz democrática e está coberta com o manto do neoliberalismo. O alinhamento em convicções ideológicas e práticas políticas entre os apoiadores de Trump e os de Jair Bolsonaro é tão gritante quanto desconcertante, especialmente quando a vitória de Biden crava a condição de isolamento do Brasil no cenário internacional. Há uma profunda conexão entre a formação de ambos os países fundamentando essa simetria.

O Estado nacional brasileiro foi constituído no século 19, e, nos termos pactuados entre as elites da época, o extenso território governado por um rei português se tornou uma monarquia constitucional e escravista. Fez-se a República em 1889, poucos meses depois da Abolição, e, apesar de muitas intempéries e reestruturações políticas, os donos do poder reinventaram-se, mantendo o país firmemente assentado na imensa placa tectônica do racismo institucional.

Desde a fundação da República brasileira, muito tempo, avanços e recuos já se passaram, mas algo parece persistir: o empenho do Estado em manter inalteradas as disparidades raciais. Assim como na América do Norte, fomentar o privilégio branco é um princípio pactuado pelas elites há séculos. Nos desastrosos dias atuais do governo Bolsonaro e com as remodelações do neoliberalismo, o valor da branquitude tem se tornado mais saliente nas deliberações governamentais. Para qualquer lado que se olhe – políticas públicas nas áreas de educação, cultura, saúde, saneamento e principalmente as ações da polícia –, nota-se o empenho em firmar desigualdades e violência racial. Seguindo à risca esse plano de reafirmação da suposta supremacia branca, o presidente da Fundação Palmares faz ampla divulgação do desmonte da instituição criada em 1988 para combater o racismo, no rastro da abertura política que rompeu o silêncio imposto aos movimentos sociais durante os duros anos da ditadura.

Batizada em homenagem ao quilombo que se tornou símbolo da militância antirracista das décadas de 1970 e 1980, a Fundação Palmares elegeu como uma das suas missões conferir visibilidade ao protagonismo de homens e mulheres negras. Tratava-se de estratégia legítima para valorizar a população negra na memória nacional. E assim se fez, até que o governo Bolsonaro empossou como gestor um senhor sem qualquer expressão ou reconhecimento público, mas prestativo na tarefa de destituir os símbolos construídos pelo movimento negro. Submergida pela iniquidade bolsonarista, a Fundação Palmares agora se encarrega de negar a existência do racismo, cultuar a princesa Isabel e abolir o dia da Consciência Negra. Tarefas rasteiras para uma instituição cultural tão relevante.

Em *Guerra cultural e retórica do ódio: crônicas de um Brasil pós-político*, João Cezar de Castro Rocha sinaliza o investimento dos governos de extrema direita contra a bandeira da igualdade racial. Segundo o autor, a expressão "guerra cultural" surgiu nos Estados Unidos no segundo pós-guerra, para denominar as divergências nas sociedades neoliberais que se fazem tão conservadoras quanto inovadoras em seus projetos nacionais. Nos últimos anos, especialmente quando a epidemia de covid-19 turbinou o mundo virtual, as guerras culturais se tornaram grandes espetáculos, com farta audiência na internet e nas redes sociais.[2] Foi o que se viu no Capitólio. É no que tem se constituído a estratégia política profundamente racializada do governo federal brasileiro.

Em novembro de 2020, mês em que se rememora a luta dos quilombolas de Palmares, o diretor da fundação, tão mesquinho em sua gestão quanto em sua produção intelectual, pôs em prática o plano de apagamento de personalidades negras brasileiras. Nessa lógica que navega entre a distopia e a reles autopromoção, a atividade que marcou novembro e ganhou repercussão na imprensa consistiu em excluir da lista de notáveis da Fundação Palmares quem há muito se fez notar nas artes, na política ou na ciência.[3] O anúncio do apagamento foi feito diante das câmeras que o diretor da instituição sofrivelmente tentava capturar para si mesmo. Era seu momento de glória, hora de não deixar passar em brancas nuvens aquela

---

2. João Cezar de Castro Rocha, *Guerra cultural e retórica do ódio: crônicas de um Brasil pós-político*. Rio de Janeiro: Caminhos, 2021.

3. A portaria 189, publicada no Diário Oficial em 11 de novembro de 2020, determinou que a inclusão de um nome na lista de personalidades negras da Fundação Palmares passaria a ser apenas "uma homenagem póstuma", excluindo assim todos os laureados vivos. [N. do E.]

tosca demolição institucional, já que qualquer tipo de construção exige habilidades e talentos inexistentes nos escalões do governo Bolsonaro. A pretensão é apagar quem se fez brilhante, nomes como Elza Soares, Milton Nascimento, Sueli Carneiro e Gilberto Gil, só para citar alguns que, evidentemente, não cairão no limbo do esquecimento apenas porque assim o quis o inexpressivo diretor. São personalidades que marcam a cultura nacional e que, há décadas, destacam e valorizam o Brasil também no cenário internacional.

É verdade que uma ação política com esse nível de mesquinhez nos leva a colocar a questão no campo da subjetividade. O empenho em ofuscar artistas, escritores e políticos tão brilhantes acaba por revelar a mediocridade do senhor dessa ideia. Numa lógica enviesada de poder, alguém sem relevância política ou cultural tenta, sem a menor chance de sucesso, excluir da memória nacional quem, apesar dos limites e percalços do racismo, contribui para o desenvolvimento do país. Algumas dessas personalidades, como Paulo Paim, Petronilha Beatriz Gonçalves e Silva, Benedita da Silva e Marina Silva, já protagonizaram a cena política brasileira e se inscreveram na longa luta do movimento negro e indígena, que deste ponto do Atlântico Sul também movimenta as arraigadas estruturas do mundo neoliberal tão dependente e apegado às desigualdades sociorraciais.

É palpitante notar os vínculos históricos que ligam o novembro da Palmares ao destempero dos invasores do Capitólio. A Fundação Palmares sonha em fazer passar em brancas nuvens protagonistas negros e negras e, ao mesmo tempo, tenta ressuscitar a princesa Isabel. Alguns dentre os excluídos da lista até celebraram essa menção de desagravo – como comentou Martinho da Vila, quem se importa com a ofensiva de uma instituição desprestigiada? Certamente tal exclusão não impacta o reconhecimento público dos artistas e políticos. Mas não é disso que se trata. O que se deve avaliar são os danos a longo prazo da contraofensiva simbólica, revisionista, que tenta reafirmar o privilégio branco como algo inato, natural, mas também histórico.

Apesar de, em 20 de janeiro, terem visto seu ídolo decaído, acenando com os olhos baixos do helicóptero que o levou para longe da Casa Branca, os trumpistas ensandecidos escancararam para o mundo o quanto a defesa da propriedade, a misoginia e a supremacia branca são valores duradouros na ordem neoliberal. Daí por que, mesmo tendo sido um ato tresloucado, a invasão do Capitólio nos fala sobre o empenho dos que tentavam reafirmar, sob os pés dos congressistas, a antiga e sólida estrutura do racismo que sempre lhes conferiu privilégios. No dia 6 de janeiro, o próprio Donald Trump recomendaria a seus apoiadores, horas antes de ser banido do Twitter: "Lembrem-se deste dia para sempre!".

Certamente os historiadores não deixarão o episódio passar em brancas nuvens. E no Brasil, nós, pesquisadores e ativistas negros, certamente não perderemos de vista que o principal desafio de todos e todas que defendem a ordem republicana e almejam viver verdadeiramente numa democracia racial é se posicionar na guerra cultural, reiterando nossas homenagens a Ádria Santos, Alaíde Costa, Benedita da Silva, Conceição Evaristo, Elza Soares, Emanoel Araújo, Gilberto Gil, Givânia Maria da Silva, Janete Rocha Pietá, Janeth dos Santos Arcain, Joaquim Carvalho Cruz, Jurema da Silva, Léa Lucas Garcia de Aguiar, Leci Brandão, Luislinda Valois, Madame Satã, Marina Silva, Martinho da Vila, Melânia Luz, Milton Nascimento, Paulo Paim, Petronilha Beatriz Gonçalves e Silva, Sandra de Sá, Servílio de Oliveira, Sueli Carneiro, Terezinha Guilhermina, Vanderlei Cordeiro de Lima, Vovô do Ilê e Zezé Motta.

Já aos comprometidos com a defesa do racismo, que lhes sejam reservadas as brancas nuvens do esquecimento.

**Wlamyra Albuquerque** (1967) é professora de história do Brasil da Universidade Federal da Bahia. É autora, entre outros, de *O jogo da dissimulação – Abolição, raça e cidadania no Brasil* (Companhia das Letras, 2009) e, com Walter Fraga Filho, de *Uma história da cultura afro-brasileira* (Moderna, 2019).

Sandra de Sá
Servílio de Oliveira
Sueli Carneiro
Terezinha Guilhermina
Vanderlei Cordeiro de Lima
Vovô do Ilê
Zezé Motta

# A marca da censura

J. M. Coetzee

Ao perseguir o escritor, o Estado altera para sempre a dinâmica de sua criação. E também lhe confere força e importância

1. Embora de modo algum tão extremo quanto o soviético, o sistema sul-africano demonstrava espantosos paralelos com ele. Andrei Sinyavsky lembra de não encontrar o verbete *tsenzura* ("censura") em um dicionário de estrangeirismos russos de 1955: "A própria palavra 'censura' estava censurada". Ver: Marianna Tax Choldin e Maurice Friedberg (ed.), *The Red Pencil*. Boston: Unwin Hyman, 1989, p. 94.

**Carlos Zilio**
*Atenção*, 1973

Do início da década de 1960 até por volta de 1980, a África do Sul manteve um dos mais abrangentes sistemas de censura do mundo. O nome oficial não era censura, mas "controle de publicações" ("censura" era uma palavra que o sistema preferia censurar nas apresentações públicas sobre o tema),[1] que procurava controlar a circulação de todo tipo de mensagens. Não apenas livros, revistas, filmes e peças teatrais, mas também camisetas, chaveiros, bonecas, brinquedos e letreiros de lojas – qualquer coisa, na verdade, que pudesse trazer alguma mensagem "indesejável" precisava passar pelo escrutínio da censura antes de vir a público. Na União Soviética, havia cerca de 70 mil burocratas supervisionando as atividades de uns sete mil escritores. A proporção de censores para escritores na África do Sul era maior do que dez para um.

Os paranoicos comportam-se como se o ar estivesse impregnado de mensagens em código que os ridicularizam ou planejam sua destruição. Durante décadas, o Estado sul-africano viveu em paranoia. Paranoia é a patologia dos regimes inseguros e, em especial, das ditaduras. Um dos elementos

# ATENÇÃO

que distinguem as ditaduras modernas das antigas é a rapidez com que a paranoia se espalha de cima para baixo, contaminando toda a população do país. Essa difusão da paranoia não ocorre por acaso: ela é usada como técnica de controle. A União Soviética de Stálin constitui o melhor exemplo: cada cidadão foi encorajado a suspeitar de que os outros eram espiões ou sabotadores, rompendo com isso os laços de simpatia humana e confiança entre as pessoas. Dessa forma, a sociedade foi fragmentada em dezenas de milhões de indivíduos que habitavam ilhas isoladas de suspeita mútua.

A União Soviética não foi um caso único. O romancista cubano Reinaldo Arenas descreveu uma atmosfera de "incessante ameaça oficial" em um país que fez do cidadão "não somente uma pessoa reprimida, mas também autorreprimida, não somente uma pessoa censurada, mas também autocensurada, não apenas vigiada, mas que vigiava a si própria".[2] A "incessante ameaça oficial", acompanhada de espetáculos de punição exemplar, inculca a cautela, um espírito de vigilância. Quando essas formas de escrita e de fala, até mesmo de certos pensamentos, se transformam em atividades sub-reptícias, então a paranoia estatal está em vias de ser reproduzida na psique dos cidadãos – e o Estado pode contemplar um futuro em que as burocracias de supervisão venham a desaparecer, uma vez que sua função foi efetivamente privatizada.

Um traço revelador da censura é que o sistema não se orgulhe do que faz, nunca propagandeie sua atividade. O modelo arcaico da proibição exercida pelo censor é o aplicado em caso de blasfêmia, e ambos padecem de um embaraçoso paradoxo estrutural: para o crime ser satisfatoriamente comprovado em um tribunal, a testemunha precisa repeti-lo. Por isso, nas sessões públicas das cortes rabínicas, os testemunhos de blasfêmias costumavam ser supridos com eufemismos codificados que podiam ser pronunciados no lugar do nome proibido do Divino; caso a própria blasfêmia precisasse ser repetida para tornar a pena conclusiva, o tribunal entrava em sessão fechada, e o testemunho era seguido de rituais de purgação por parte dos juízes. O embaraço ia mais além: a própria noção de que o nome do Divino, como uma palavra blasfema, pudesse amaldiçoar era tão escandalosa que a palavra "maldição" tinha de ser substituída por "bênção".[3] Assim como uma série de eufemismos foi criada para proteger o nome do Divino, a burocracia que protege um Estado idolatrado também

[2] Citado em Carlos Ripoli, *The Heresy of Words in Cuba*. Nova York: Freedom House, 1985, p. 36.

[3] Leonard Levy, *Treason Against God*. Nova York: Schoken, 1981, pp. 25-26.

precisou ser eufemizada – e não vê a hora em que, tendo sua função internalizada por toda a população, seu nome não precise mais ser pronunciado.

O tirano e seu cão de guarda não são os únicos afetados pela paranoia. Há algo de patológico na vigilância do escritor em um Estado paranoico. Para confirmar isso, basta ver o testemunho dos próprios escritores, que reiteradamente expressam a sensação de serem atingidos e contaminados pela doença do Estado. Numa reação típica dos "verdadeiros" paranoicos, garantem que suas mentes foram invadidas – e é contra essa invasão que manifestam sua revolta.

O escritor grego George Mangakis, por exemplo, relata a experiência de escrever na prisão sob a vigilância dos guardas. A cada par de dias revistavam a cela, recolhiam seus escritos e devolviam aqueles que a diretoria da prisão – seus censores – consideravam "admissíveis". Mangakis lembra de, repentinamente, "odiar" seus trabalhos ao recebê-los das mãos dos guardas. "O sistema é um aparato diabólico para aniquilar sua alma. Eles querem obrigá-lo a ver seus próprios pensamentos através dos olhos deles, a fim de que você controle esses pensamentos a partir do ponto de vista dos carcereiros."[4] Ao forçar o escritor a ver o que escreveu através dos olhos do censor, o carcereiro obriga o autor a internalizar uma leitura contaminada. A súbita repugnância de Mangakis é o momento da contaminação.

Danilo Kis oferece outro relato veemente sobre o funcionamento da censura internalizada:

> A batalha contra a autocensura é anônima, solitária e sem testemunhas, fazendo com que quem está sujeito a ela se sinta humilhado e envergonhado por cooperar. Significa ler seu próprio texto com os olhos de outra pessoa. Uma situação em que você se torna seu próprio juiz, mais rigoroso e mais desconfiado que qualquer um [...].
>
> O censor autodesignado é o alter ego do escritor, um alter ego que se debruça sobre seu ombro e enfia o nariz no texto. É impossível vencer esse censor porque ele é como Deus – sabe e vê tudo, saiu de sua própria mente, seus próprios medos, seus próprios pesadelos [...].
>
> Esse alter ego [...] consegue minar e conspurcar até mesmo o mais *íntegro* dos indivíduos que a censura externa não foi capaz de quebrar. Quando não admitimos sua existência, a autocensura se equipara às mentiras e à corrupção espiritual.[5]

**4.** George Mangakis, "Letters to Europeans" (1975), *In*: George Theiner (ed.), *They Shoot Writers, Don't They?*. Londres: Faber and Faber, 1984, p. 33.

**5.** Danilo Kis, "Censorship/Self-Censorship". *Index on Censosrship*, v. 15, n. 1, jan. 1986, p. 45.

AAAAIIIII

A prova final de que, por assim dizer, alguma coisa deu errado com autores como Arenas, Mangakis ou Kis está no exagero da linguagem com que expressam sua experiência. A paranoia não é somente um modo figurativo de falar sobre aquilo que os afligiu. A paranoia está lá dentro, na linguagem deles, em seus pensamentos; a ira que se percebe nas palavras de Mangakis e a perplexidade nas de Kis se dirigem à mais íntima das invasões, uma invasão do próprio estilo de uma pessoa por uma patologia para a qual talvez não haja cura.

Nem eu, escrevendo aqui, estou isento. Detecto em minha própria linguagem a patologia a que me refiro: na insistência exagerada do fraseado, na veemência, no zelo atencioso com as minúcias de estilo, no excesso de leituras e na escrita excessiva. Depois de atravessar a fase áurea da censura sul-africana, de ver suas consequências não apenas nas carreiras de colegas mas na totalidade das manifestações públicas, e de sentir dentro de mim alguns de seus mais secretos e vergonhosos efeitos, tenho todas as razões para suspeitar de que seja lá o que tiver contaminado Arenas, Mangakis ou Kis, não importa se real ou fruto de um delírio, também me contaminou. Ou seja, este ensaio mesmo pode ser um exemplar do tipo de discurso paranoico que ele procura descrever.

Isso porque a paranoia de que falo não é a marca da censura somente naqueles escritores que são alvo de perseguição oficial. No curso normal dos acontecimentos, todo texto que é examinado pelo censor, seja ou não aprovado, se contamina da forma como descrevi. Todos os autores submetidos à censura são, ao menos potencialmente, afetados pela paranoia, não apenas aqueles que têm suas obras proibidas.

Por que a censura teria tal poder de contágio? Só posso oferecer uma resposta especulativa, baseada em parte na introspecção e em parte no escrutínio (talvez um exercício paranoico) dos relatos de outros escritores (talvez eles próprios contaminados pela paranoia) sobre como trabalhavam sob regimes de censura.

O ego, tal como o entendemos hoje, não é a unidade presumida no racionalismo clássico. Pelo contrário, ele é múltiplo e, figurativamente, constitui um zoológico que abriga inúmeros animais sobre os quais um superintendente ansioso e sobrecarregado exerce um controle bastante limitado. À noite, quando o superintendente dorme, os animais andam por toda parte, e assim se produzem os sonhos.

*Grito surdo*, 1970

Nesse zoológico figurativo, alguns dos animais têm nomes, como as figuras paterna e materna; outros são recordações ou fragmentos de recordações transfiguradas, com fortes elementos sentimentais vinculados; toda uma subcolônia é composta de versões anteriores do ego, parcialmente domadas mas ainda traiçoeiras, cada qual com seu próprio zoológico interno, sobre o qual exerce um controle incompleto.

Segundo Freud, os artistas são pessoas capazes de passear pelo zoológico interno com certa confiança e emergir, quando assim querem, mais ou menos incólumes. Do relato de Freud acerca do trabalho criativo retiro um elemento: certo tipo de criatividade implica habitar, gerenciar e explorar partes bastante primitivas do eu. Embora não se trate de uma atividade particularmente perigosa, ela é bem delicada. Pode exigir anos de preparação até que o artista por fim domine os códigos, as chaves e o equilíbrio necessário, podendo entrar e sair de modo mais ou menos livre. É também uma atividade privada, tão privada que quase constitui a definição de privacidade: como eu sou comigo mesmo.

Administrar os diferentes "eus" e fazê-los trabalhar para o artista (fazê-los produtivos) é uma tarefa complexa que envolve agradar e satisfazer, desafiar e explorar, seduzir e cuidar e, às vezes, até matar. Porque a escrita não apenas sai do zoológico, mas (para ser hipermetafórico) também volta a ele. Em outras palavras, na medida em que a escrita é transacional, as figuras *por quem* e *para quem* ela é executada também habitam o zoológico, como, por exemplo, a figura da pessoa amada.

Imagine então um projeto literário que é em essência uma transação com tal figura da pessoa amada, que tenta agradá-la mas, o tempo todo e de forma indireta, busca modificá-la e recriá-la como objeto deste amor. E imagine ainda o que acontecerá se começa a fazer parte dessa transação, de forma avassaladora e incontornável, uma outra figura de leitor, a do censor careca de terno escuro, lábios crispados, caneta vermelha em punho, uma personalidade irritável e reprovadora – o censor é, na verdade, uma paródia da figura paterna. Nesse momento, todo o equilíbrio do drama interno cuidadosamente construído se romperá, arruinando-se de uma maneira difícil de reparar, uma vez que, quanto mais se tenta ignorar (reprimir) o censor, maior ele se torna.

Trabalhar sob censura é como ter uma relação muito próxima com alguém que não se ama, com quem você não quer intimidades, mas que impõe sua presença à força. O censor é um leitor enxerido, que se intromete na privacidade da transação da escrita, expulsa a figura do ser amado ou do leitor cortejado, lê suas palavras de um modo desaprovador e *censório*.

Entre os escritores, uma das maiores vítimas de Stálin foi Osip Mandelstam. De seu caso, extraio certas lições importantes e assustadoras sobre o Estado paranoide. Em 1933, Mandelstam, então com 42 anos, escreveu um poema – curto, mas poderoso – sobre um tirano que ordena execuções indiscriminadamente, regozijando-se com as mortes como um cidadão da Geórgia ao comer framboesas. Embora não dê nome ao tirano, ele é claramente Stálin.

Mandelstam não registrou o poema por escrito, mas o recitou várias vezes para amigos. Em 1934, sua casa foi invadida pela polícia secreta. Apesar de não encontrarem o poema que buscavam – e que só existia nas cabeças do poeta e de seus amigos –, os agentes o prenderam. Enquanto ele esteve detido, o poeta Boris Pasternak recebeu um telefonema de Stálin: "Quem é Mandelstam? Ele é um *mestre*?"

Pasternak entendeu perfeitamente a segunda parte da pergunta: Mandelstam é um mestre ou é descartável? Pasternak respondeu que, de fato, Mandelstam era um mestre, não era descartável. Por isso, Mandelstam foi sentenciado ao exílio interno na cidade de Voronej. Enquanto viveu lá, pressionaram-no a fazer uma homenagem a Stálin, escrevendo um poema em sua honra. Mandelstam cedeu e redigiu uma ode adulatória. Nunca saberemos o que ele achou dessa ode, não apenas porque não deixou qualquer registro sobre o assunto, mas porque – como sua esposa sugere de modo convincente – estava furioso ao escrevê-la, talvez morto de medo, e também investido com a fúria de alguém que não apenas é submetido ao abraço de um corpo que detesta mas que, a cada dia, tem que tomar a iniciativa de acariciá-lo.

Dessa história, destaco dois momentos: aquele em que Stálin pergunta se Mandelstam é um mestre; e quando Mandelstam recebe a ordem de celebrar seu perseguidor.

"Ele é um mestre?" Com certeza Stálin não fez essa pergunta por considerar os grandes artistas acima do Estado. O que tinha em mente era mais ou menos isto: ele é perigoso? Vai continuar a viver mesmo depois de morto? Seu juízo sobre mim sobreviverá à minha sentença? Preciso ser cuidadoso?

Daí a ordem para que Mandelstam escrevesse uma ode. Obrigar os grandes artistas da época a se curvarem diante dele era a forma como Stálin os quebrava, impossibilitando-os de manter a cabeça erguida – mostrando-lhes na prática quem era o senhor e obrigando-os a reconhecer isso em um meio onde nenhuma mentira, nenhuma reprovação íntima, era possível: sua própria arte.

O caso de Mandelstam tem um similar na África do Sul, comparável em termos da dinâmica e, talvez, em proporção.

Em 1972, o poeta Breyten Breytenbach publicou em africâner um poema intitulado "Carta de terras estrangeiras ao açougueiro". Como ficava claro, o açougueiro, destinatário da carta, era Balthazar John Vorster, então primeiro-ministro da África do Sul, o maior responsável pela criação de um império policialesco com enormes poderes sobre a vida e a morte, intocável pelas leis, acima dos tribunais.

No fim do poema, Breytenbach lista os nomes dos que foram mortos, provavelmente sob tortura, nas mãos da polícia política, ainda que os tribunais não tenham condenado ninguém. Os nomes estão ali, cruamente citados, como se afirmassem: "Sou eu quem viverá na memória e na história, não os autos dos processos". No cerne do poema está, no entanto, uma passagem dirigida ao próprio açougueiro, em que Breytenbach pergunta a Vorster, da forma mais íntima possível, como ele se sente ao usar dedos manchados de sangue para acariciar o sexo de sua mulher. É uma pergunta chocante e obscena, mais ainda quando feita numa sociedade altamente puritana. O poema, é claro, foi proibido na África do Sul.

Dois anos depois, a reação seria ainda mais truculenta. Breytenbach foi preso e processado. Embora a principal acusação fosse de que ele havia tentado recrutar terroristas, sua obra, e em especial o poema contra Vorster, logo foi transformada num subtexto do processo. Logo ficou claro que a promotoria queria quebrá-lo da mesma maneira como Mandelstam havia sido quebrado. O objetivo foi alcançado: Breytenbach foi forçado a pedir desculpas a Vorster numa sessão pública do tribunal, repudiando o próprio poema como "grosseiro e ofensivo".

Ao enfrentar a vasta máquina estatal, incluindo o bem desenvolvido aparelho de censura, tanto Mandelstam quanto Breytenbach eram claramente impotentes. No entanto, os respectivos chefes de Estado – ambos, como se sabe, hostis ou indiferentes à cultura – reagiram a seus escritos como se estivessem profundamente ofendidos, considerando os casos importantes o suficiente para merecer sua atenção pessoal. Por que os dois poemas em questão, ainda que ofensivos, não foram *ignorados* como as meras alfinetadas que eram? Por que as provocações de escritores deveriam preocupar minimamente o Estado?

Para responder a essa pergunta, para compreendermos as relações conflituosas entre os escritores e o Estado no curso de sua longa história, precisamos refletir não sobre casos singulares, mas sobre a autoria literária como instituição, uma história que remonta ao começo da era moderna e às ambições que uma carreira de escritor poderia despertar nos indivíduos.

A noção de que, graças ao fato de escrever, uma pessoa podia aspirar à fama e alcançá-la não foi inventada nem promovida pela cultura dos escribas, que predominou no Ocidente antes da invenção da imprensa. Tais ambições pertencem à cultura impressa. Seus primeiros indícios começaram a ser

*Pieces of Mine*, 1971

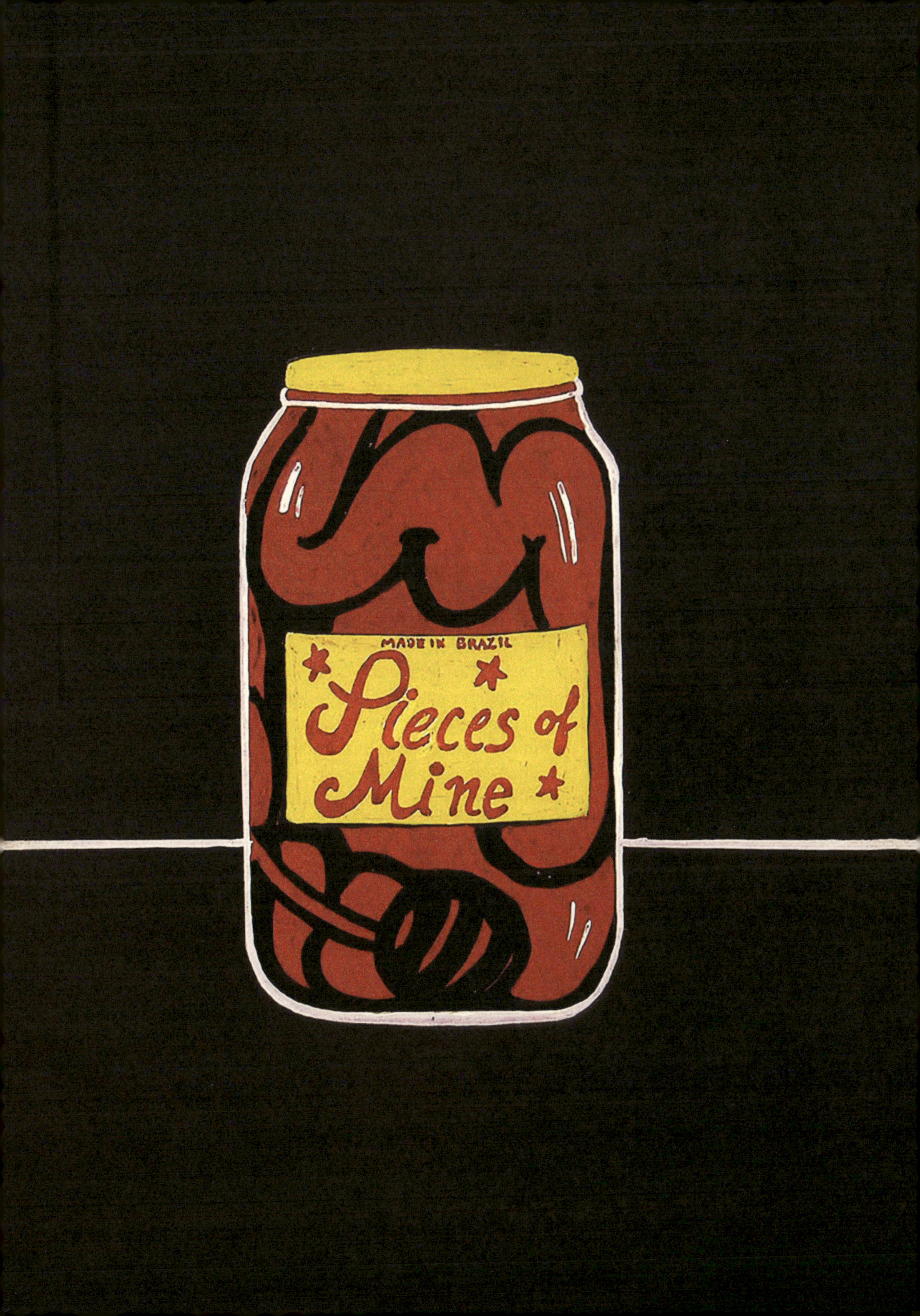
MADE IN BRAZIL
Pieces of Mine

notados logo depois da invenção, quando os gráficos começaram a registrar o nome do autor nos livros que produziam. A assinatura, é certo, tinha um aspecto comercial e legal: o produtor do livro buscava garantir uma parcela do lucro com sua venda ao mesmo tempo que aceitava a responsabilidade jurídica pela publicação.[6] Foi a instituição da censura e seu poder que forçaram o escritor a aceitar sua definição como entidade legal, uma vez que o direito autoral só surgiria no século 18.[7]

Assinar um livro tem ainda um significado simbólico. Um livro pode ser visto como um veículo para que o autor projete no mundo sua assinatura – e às vezes seu retrato – de uma forma múltipla. No início da era moderna, essa multiplicação potencialmente interminável dos traços do autor permite que ele vislumbre o poder de atravessar todas as fronteiras espaciais e temporais. A condição e a mística do autor como as conhecemos hoje nascem nessas concepções de fama e imortalidade.[8]

A palavra do autor ecoa no público leitor. Sem seu público, o autor não é nada. Esse público leitor é menos uma criação dos próprios autores do que dos primeiros impressores-editores. É também um modelo do povo tal como imaginado na filosofia dos primeiros Estados modernos: alfabetizado, íntegro (como um corpo é íntegro), receptivo a orientação. Não é por acaso que, à medida que se espalhou o hábito da leitura, a censura estatal tenha assumido um caráter mais sistemático, abrangente e rigoroso, como se o Estado houvesse identificado nos impressores e seus autores não tanto um inimigo (ainda que na verdade fossem rotulados com frequência dessa forma), e sim um rival na disputa pelo poder. A partir do século 16, começamos a perceber na linguagem do Estado uma nota da paranoia claramente moderna ao se referir aos autores e seus poderes, uma paranoia que, como lembra Tony Tanner, é previsível e até mesmo necessária a um regime de censura.[9] Eis aqui, por exemplo, o que nos diz *sir* Nicholas Bacon, o lorde chanceler da Inglaterra, em 1567:

> Esses livros [...] fazem com que as mentes humanas se oponham umas às outras, e a diversidade de mentes gera sedições, as sedições geram tumultos, os tumultos geram insurreições e rebeliões, as insurreições levam à redução da população, causando a mais completa ruína e destruição dos corpos, dos bens e das propriedades dos homens.[10]

---

[6]. Lucien Febvre e Henri-Jean Martin, *The Coming of the Book*. Londres: New Left Books, 1976, pp. 160, 84, 261; Elizabeth L. Eisenstein, *The Print Press as an Agent of Change*. Cambridge: Cambridge University Press, v. 1, p. 230; Alain Viala, *Naissance de l'écrivain*. Paris: Éditions de Minuit, 1985, p. 85.

[7]. Michel Foucault, *O que é um autor?*. Lisboa: Vega, 1992.

[8]. Em relação a essa mística, podemos notar que mesmo pessoas instruídas ignoravam a etimologia correta da palavra "autor", acreditando não apenas que ela remetia à expressão latina *augere* (acrescentar alguma coisa a algo), o que é verdade, mas também ao grego *autos* (o mesmo, o próprio), o que é falso. Assim ganhou força ao redor dessa palavra um campo de conotações: o autor era um homem de autoridade, e essa autoridade se escorava em um poder partenogenético de criar a partir de si mesmo. Ver: Alain Viala, *op. cit.*, p. 276.

[9]. Tony Tanner, "Licence and Licensing", *Journal of the History of Ideas*, v. 38, n. 1, 1977, p. 10.

[10]. Citado em D. M. Loades, "The Theory and Practice of Censorship in Sixteenth-Century England", *Transactions of the Royal Historical Society*, 5ª série, v. 24. Londres: Royal Historical Society, 1974, p. 142.

A censura repressiva é normalmente entendida como parte dos Estados absolutistas ou totalitários: a Rússia de Nicolau I, a União Soviética de Stálin. Mas os governantes dos primeiros tempos da Europa moderna, tanto os laicos quanto os clericais, viam, com igual preocupação, o livro como veículo para sedição e heresia, e operavam sistemas de censura que eram abrangentes, draconianos e surpreendentemente sofisticados em seus mecanismos.[11] Já no século 16, os autores e os impressores-editores eram considerados pelo poder não apenas como um grupo de interesse com um forte (e autojustificável) sentido de missão histórica mas também como uma elite capaz de criar seguidores no influente setor alfabetizado da sociedade de uma forma perturbadoramente similar às ambições do próprio Estado.

A história da censura e a história da autoria literária – até mesmo da própria literatura como um conjunto de práticas –[12] estão, assim, intimamente entrelaçadas. Com o surgimento da impressão e a rápida multiplicação de exemplares impressos, o autor ganhou mais poder e também se tornou alvo de suspeitas e até de inveja por parte do Estado. Só no final do século 20, com a ascensão das mídias eletrônicas e o declínio do livro, o Estado perdeu interesse pelo autor e seus minguados poderes.

---

Não há nada que irrite mais os escritores do que a ameaça de censura, nenhum outro tópico que instintivamente suscite uma resposta tão combativa. Depois de sugerir por que a ameaça de censura é sentida de modo tão íntimo, passo agora a examinar a retórica com que tal reação é tipicamente formulada.

"Ele é um mestre?", perguntou Stálin. O que Stálin tinha a temer fosse Mandelstam um mestre ou não? Faço a pergunta uma vez mais, no que diz respeito à disputa entre Estado e autor para difundir a autoridade em seus respectivos poderes.

Nesse contexto, o objeto da inveja estatal não é tanto a palavra do autor como um conteúdo rival ou mesmo a força que advém de sua divulgação impressa, mas a capacidade de disseminação que é apenas a manifestação mais ostensiva

---

[11] No século 16, sugere Annabel Patterson, autores começaram a usar "a inveterada indeterminação na linguagem" para evadir a censura. Autores inscreviam a ambiguidade em seus textos, enquanto os censores concentravam sua atenção em palavras ou frases ambíguas. A "ambiguidade funcional", tanto na escrita quanto na interpretação, tornou-se uma prática distintiva da literatura. *Censorship and Interpretation*. Madison: University of Wisconsin Press, 1984, p. 18. Um relato sucinto dos mecanismos de controle usados na Europa entre os séculos 16 e 19 – dos quais a censura institucionalizada é apenas o mais flagrante – está em Robert J. Goldstein, *Political Censorship of the Arts and the Press in Nineteenth-Century Europe*. Nova York: St. Martin's, 1989, pp. 34-54.

[12] Patterson demonstra as convenções tácitas sinalizadas pelas autoridades na Inglaterra no início da era moderna para permitir que autores abordassem temas polêmicos sem obrigá-las a agir contra eles (*Censorship and Interpretation*, op. cit., pp. 10-11).

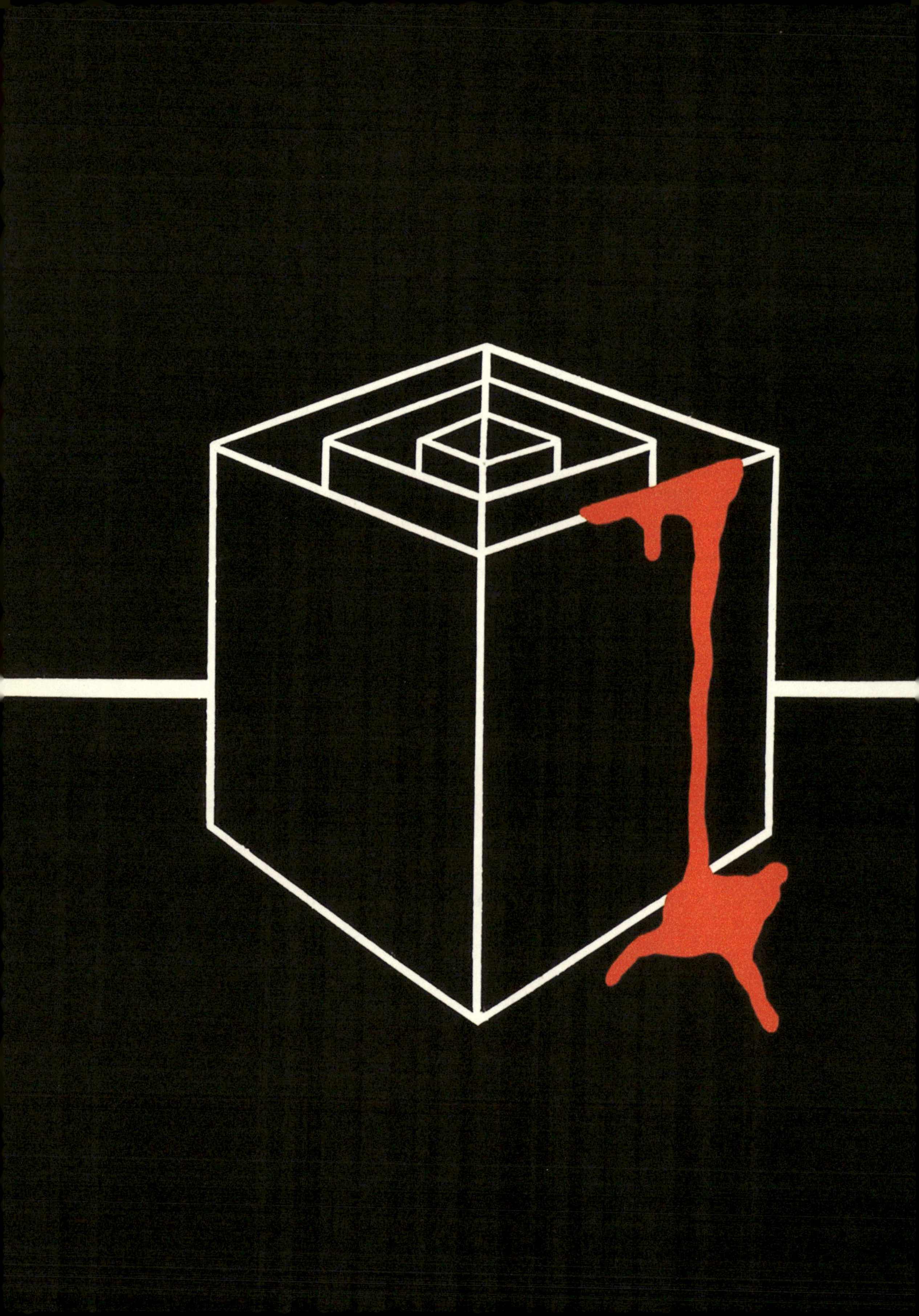

do poder de publicar e ser lido. Embora o poder dos autores em geral seja pequeno sem o efeito multiplicador da imprensa, a palavra de um mestre tem um potencial de difusão que vai além dos meios puramente mecânicos de disseminação. A palavra do mestre, em especial nas culturas em que sobrevive uma base oral, pode ser disseminada verbalmente ou de mão em mão, nas cópias em papel-carbono (*samizdat* – literalmente "autopublicação"); mesmo quando a própria palavra não é difundida, pode ser substituída por rumores que se reproduzem como cópias (no caso de Mandelstam, o rumor de que alguém havia escrito um poema sobre o líder foi fortíssimo).

Além disso, parece entrar em operação uma lógica que funciona contra os desígnios do Estado. "Um tirano não pode atentar para uma fábula sem vestir a carapuça que lhe cabe perfeitamente", observou, no século 19, um editor de Esopo.[13] Quanto mais o Estado adota medidas draconianas em relação à escrita, mais parece que a leva a sério; quanto mais se vê que o Estado leva a escrita a sério, mais atenção se dá a ela; quanto mais atenção ela recebe, mais cresce seu potencial de disseminação. Como um fantasma, o livro que é suprimido atrai mais atenção do que se estivesse vivo; o escritor amordaçado hoje se torna famoso amanhã por lhe terem tapado a boca. Numa atmosfera de censura, observou Montesquieu,[14] até o silêncio pode ser eloquente.

Faça o que fizer o Estado, os escritores parecem ter sempre a última palavra. A solidariedade profissional dos homens e das mulheres de letras – a comunidade intelectual, a comunidade acadêmica e até mesmo a comunidade jornalística – pode ser surpreendentemente forte. E aqueles que escrevem livros fazem história, no sentido mais forte da palavra. A favor dos intelectuais e subjacente à sua crença na inevitabilidade de uma reversão do poder, está o ensinamento judaico-cristão de que a verdade, com o tempo, há de vencer. Em nossa própria época temos muitos exemplos dessa confiança. Na velha África do Sul, os escritores, por mais marginalizados e reprimidos que fossem, sabiam que a longo prazo os censores perderiam – não somente porque o regime a que a censura servia estava fadado ao colapso ou porque os padrões morais puritanos estavam em declínio em uma economia global de consumo, mas porque, como comunidade, os escritores viveriam mais tempo que seus inimigos e até escreveriam seus epitáfios.

13. Joseph Jacobs, citado em Annabel Patterson, *Fables of Power*. Durham: Duke University Press, 1991, p. 17.

14. Ver: *O espírito das leis*. Da mesma forma, escrevendo sobre filmes produzidos sob censura na Polônia, Jeffrey C. Goldfarb argumenta que o silêncio sobre determinado assunto candente podia ser tão completo que acabava chamando atenção para si como uma forma de crítica política (*On Cultural Freedom*. Chicago: University of Chicago Press, 1982, p. 93).

*Rotina dilacerante*, 1971

É a própria vitalidade desse mito acerca da inevitável emergência da verdade – mito que os intelectuais têm incorporado por completo como classe – que me leva a perguntar se os escritores sob censura estão inteiramente desinteressados ao se apresentar como indivíduos sob ataque e numericamente inferiorizados ao confrontar um inimigo gigantesco. A África do Sul pode ter sido um caso especial porque lá havia vínculos duradouros entre os autores – ao menos entre aqueles para quem escrever em inglês era uma opção – e editores estrangeiros, sobretudo ingleses. Por isso, vou buscar em outros lugares exemplos de como o conflito entre o escritor e o censor foi representado como uma batalha entre Davi e Golias.

Em 1988, Seamus Heaney publicou um ensaio sobre os poetas da Europa Oriental, em particular os poetas russos que padeceram sob Stálin, e sobre o efeito que suas vidas exemplares tiveram no Ocidente. Tsvetaeva, Akhmátova, o casal Mandelstam, Pasternak, Gumilev, Esenin e Maiakóvski, disse Heaney, se tornaram "nomes heroicos [...] em uma martirologia moderna, uma prova de coragem e sacrifício que merece [...] admiração sem limite". Apesar de terem sido silenciados, a qualidade deste silêncio produziu uma força notável. A recusa de comprometer sua arte "expôs à maioria [dos cidadãos soviéticos] a torpeza de se refugiarem na segurança dos autoenganos que a linha do partido deles exigia".[15]

Para Heaney, esses grandes escritores perseguidos foram heróis e mártires sem nem mesmo o desejarem. Sem buscar a glória ou aspirar a derrubar o regime, eles meramente permaneceram fiéis à sua vocação. Ao fazê-lo, contudo, atraíram o ressentimento culpado dos muitos que cederam às ameaças do Estado, sendo por isso deixados em um isolamento vulnerável e, em última instância, trágico.

Não há como negar o poder que essas histórias de vida têm para evocar nossa comiseração e nosso terror. Chamo no entanto atenção para a linguagem do relato de Heaney: as metáforas de batalha, a oposição radical entre vitória e derrota, sofrimento e triunfo, coragem e covardia. Será que descrever por metáforas de batalha a oposição entre escritores russos e o regime não constitui em si mesmo uma declaração de guerra que estranhamente trai aquilo que Heaney admira em tais escritores: a inabalável (mas não de todo inabalável – afinal, eles são humanos) fidelidade à sua arte?

---

15. Seamus Heaney, *The Government of the Tongue*. Londres: Faber and Faber, 1988, p. 39.

A ideia de que o poeta pode ser um herói em sua mesa de trabalho parece ter sido inventada por Thomas Carlyle. O autor aponta a poesia como o caminho pelo qual, na era moderna, as energias religiosas podem fluir, e o poeta como a figura histórica universal que, assumindo os papéis desempenhados anteriormente na história humana pelo homem-deus e pelo profeta, deve definir os padrões pelos quais os mortais comuns viverão. Embora Carlyle evoque Dante e "Shakspeare" [sic] como precursores do poeta-herói, seu conceito permanece essencialmente shelleyano.[16]

Aos ouvidos modernos, a noção do poeta como super-homem soa extravagante – extravagante ao ponto de ter que ser esquecida.[17] Lionel Trilling, sem dúvida aceitou o desafio de manter acesa a chama de Carlyle, mas só o fez ao custo de redefinir e internalizar o heroico como um tipo de "energia moral" (que ele atribui a certa "masculinidade madura") que se vê com mais clareza em Keats.[18] Em sua concepção do poeta-herói mais como uma figura de obstinada resistência, baseada em princípios, do que como um profeta-pioneiro, Heaney está mais próximo de Trilling do que de Carlyle. Entretanto, seu tributo aos poetas que sofreram sob Stálin requer um uso particularmente intransigente de metáforas, preto e branco sem matizes de cinza. Descreve uma dinâmica histórica na qual só restam por fim duas posições: pró ou contra, bom ou mau, a covarde autocensura da manada ou o heroísmo sem censura de uns poucos. Como interpretação da vida sob Stálin, esse raciocínio afronta, pela firme utilização do poder da retórica, todas as leituras mais atenuadas e menos dogmáticas daqueles tempos – e talvez até mesmo as leituras nuançadas. A relação entre o escritor e o tirano (ou o escritor e o censor) é estabelecida como uma disputa pelo poder que se torna cada vez mais ostensiva. Condena o Estado a um beco sem saída triunfalmente identificado por Ben Jonson:

> E nada conseguem os que usam essa crueldade
> Da interdição, e essa vontade de queimar,
> Senão atrair para si reprovação e vergonha,
> E dar aos escritores um nome eterno.[19]

Se o Estado sofre de paranoia *in extremis*, será que o escritor como herói da resistência, reagindo implacavelmente à voz de seu próprio demônio, não corre um risco psíquico similar?

---

16. Thomas Carlyle, "The Hero as Poet: Dante, Shakespeare", *in: On Heroes, Hero-Worship and the Heroics in History*. Londres: Chapman and Hall, 1841, pp. 78-114.

17. Terence Des Pres sugere que, enquanto muitas pessoas ainda "alimentam sentimentos heroicos sobre o que a poesia é ou deveria ser", elas o fazem hoje em dia apenas "silenciosamente, em segredo" ("Poetry and Politics". *TriQuarterly*, n. 65, 1986, pp. 20, 23).

18. Trilling define "masculinidade madura" como "uma relação direta com o mundo da realidade externa, o qual, por sua atividade, ela procura entender, dominar ou conduzir a um acordo honroso; e isso implica força e responsabilidade tanto pelo próprio dever quanto pelo próprio destino, e propósito, e insistência no próprio valor e na própria honra" ("The Poet as Hero: Keats in His Letters", *in: The Opposing Self*. Londres: Secker and Warburg, 1955, pp. 22, 24).

19. "*Nor do they aught, that use this cruelty/ Of interdiction, and this rage of burning/ But purchase to themselves rebuke, and shame,/ And to the writers an eternal name*". Ben Jonson, *Sejanus*, ato 4, citado em Patterson, *Censorship and Interpretation*, *op. cit.*, p. 52.

Examinemos a seguinte bravata de Mario Vargas Llosa:

> A insubmissão congênita da literatura tem alcance muito maior do que creem aqueles que a consideram um mero instrumento para se opor a governos e estruturas sociais dominantes: ela também atinge tudo que diz respeito a dogma e exclusivismo lógico na interpretação da vida, isto é, tanto às ortodoxias quanto às heterodoxias ideológicas. *Em outras palavras, é uma contradição viva, sistemática e inevitável de tudo que existe.*[20]

20. Mario Vargas Llosa, "The Writer in Latin America", *in*: George Theiner (ed.), *op. cit.*, p. 166.

Tomo a liberdade de ler essa declaração, nominalmente feita em defesa da literatura, como sendo de fato em defesa dos escritores como um grupo profissional e mesmo vocacional, tanto contra o burocrata-censor a soldo do tirano quanto contra o inimigo do tirano, o revolucionário que planeja recrutar o escritor para o grande exército da revolução. Para Vargas Llosa, o tirano e o revolucionário são mais semelhantes do que diferentes em sua atitude em relação ao escritor. Do ponto de vista do escritor, a oposição entre eles é espúria ou ilusória, quando não as duas coisas. A oposição do escritor, oposição verdadeira, significa "contradição sistemática" a ambos e a suas reivindicações totalizantes.

A manobra aqui executada por Vargas Llosa – a saber, transferir sua própria oposição para um nível lógico um andar acima da batalha política travada no térreo – implica que o escritor ocupe uma posição que simultaneamente está fora da política, rivaliza com a política e domina a política. No seu orgulho, essa declaração é bem marloviana: mesmo sem querer, ela sugere que o risco do escritor como herói é o risco da megalomania.

---

Prêmio Nobel de Literatura de 2003, duas vezes vencedor do Booker Prize, o sul-africano **J. M. Coetzee** (1940) é um dos mais importantes escritores em língua inglesa. É autor de romances como *Desonra* (1999), *O mestre de Petersburgo* (1994) e da trilogia *A infância de Jesus* (2013), *A vida escolar de Jesus* (2016) e *A morte de Jesus* (2019), todos publicados pela Companhia das Letras. Parte importante de sua obra crítica sobre literatura foi traduzida nos volumes *Mecanismos internos* e *Ensaios recentes* (Carambaia). Este ensaio foi escrito como introdução à coletânea *Giving Offense – Essays on Censorship* (1996), inédita no Brasil.
Tradução de **Jorio Dauster**

Nascido no Rio de Janeiro, **Carlos Zilio** (1944) começou a expor seus trabalhos na década de 1960, quando conjugava os estudos de arte com a militância contra a ditadura. Foi preso entre 1970 e 1972, e mesmo nesse período continuou a produzir obras sobre a violência do regime militar. Em 1976, exilou-se em Paris, onde permaneceu até a década seguinte, quando voltou ao Brasil.

*Dia após dia*, 1970

| SEGUNDA | TERÇA | QUARTA |
|---|---|---|
| IDEM | IDEM | IDEM |
| QUINTA | SEXTA | SÁBADO |
| IDEM | IDEM | VISITA |
| SEXTA | SÁBADO | DOMINGO |
| IDEM | IDEM | IDEM |
| TERÇA | QUARTA | QUINTA |
| VISITA | IDEM | IDEM |
| DOMINGO | SEGUNDA | TERÇA |

# A ditadura reencontrada

Claudius Ceccon

**Dados como perdidos por décadas, desenhos de uma passagem pela prisão evocam a truculência que ainda assombra o Brasil**

No final de uma tarde de domingo, em maio de 1964, quando cheguei em casa depois de uma reunião com Millôr Fernandes e a patota de humoristas que preparava o próximo número do *Pif-Paf*, encontrei à minha espera o agente Sérgio, do Centro de Informações da Marinha (Cenimar), o serviço secreto da Marinha, que me convidou a prestar esclarecimentos no Dops, o temido Departamento de Ordem Política e Social. "Nada de mais, é uma coisa rápida", disse. Perguntei o porquê, mas ele respondeu que não sabia, estava apenas cumprindo ordens. Despedi-me de minha mulher e de minha mãe com um "até já". Entramos num fusquinha azul, dirigido hesitantemente do Flamengo, onde eu morava, em direção ao centro do Rio. Estava abafado. Quis abrir o vidro, mas faltava a manivela e a maçaneta da porta. "Ah, é mesmo, isso quebrou, preciso consertar", disse ele. Quando chegamos ao Dops, Sérgio me liberou, abrindo a porta pelo lado de fora. Entramos no velho edifício, subimos até o segundo andar. Com afetada gentileza, indicou um sofá revestido com o que restava do couro original, único móvel na sala imensa. Disse que voltaria em alguns instantes.

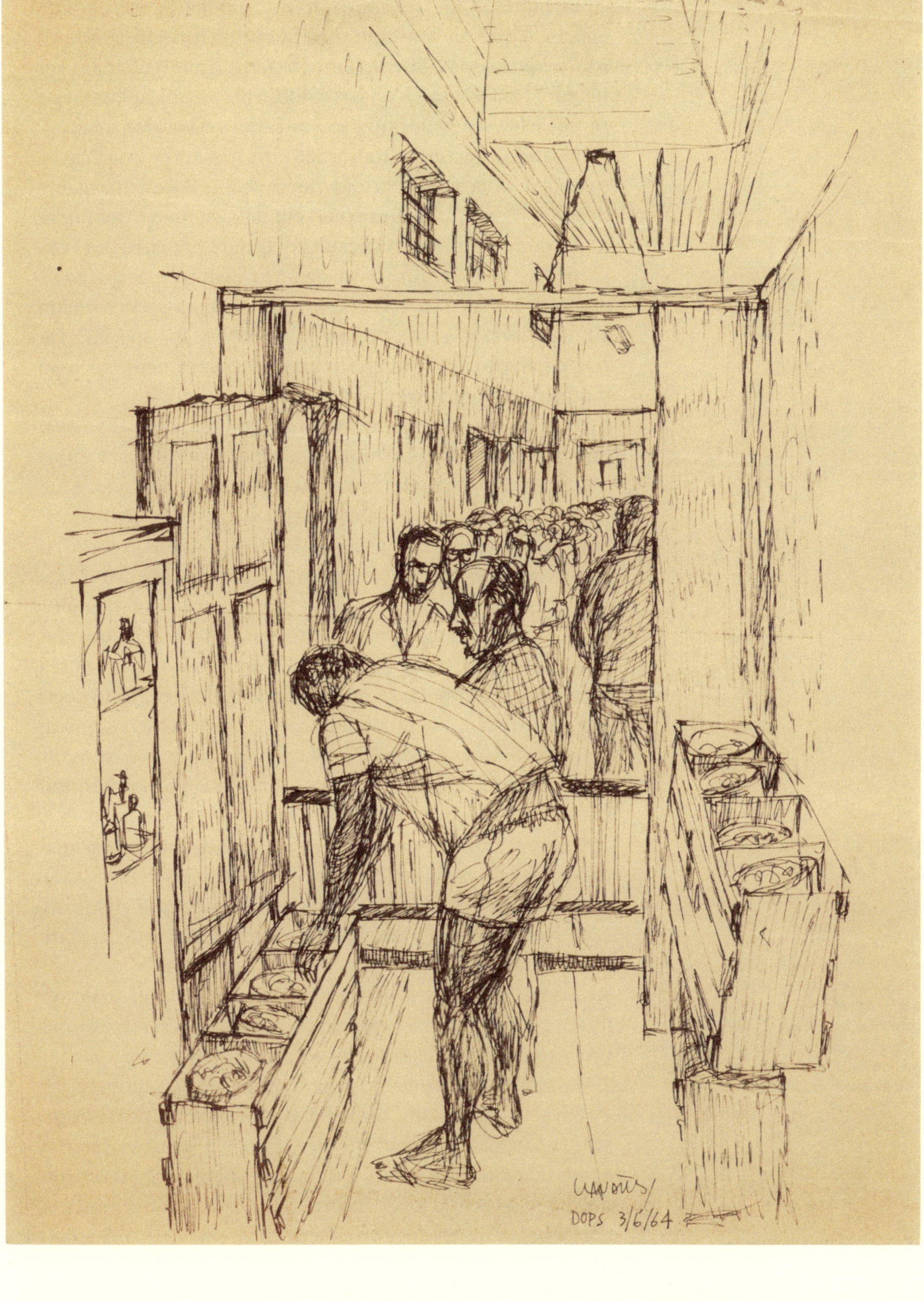
DOPS 3/6/64

Eu fiquei ali, impaciente e um tanto inquieto com a demora. Esperava que me fizessem uma pergunta específica, que eu logo responderia e imediatamente seria dispensado para voltar para casa. O tempo foi passando, a noite caiu, apenas uma réstia de luz vinda de outra sala impedia a escuridão total.

Quando o agente voltou, já não era a mesma pessoa: "Agora o papo mudou, já descobrimos quem você é! Você é um agente de Fidel Castro!" O tom ríspido era uma sentença definitiva. Antes que eu pudesse protestar, fui levado por corredores escuros até chegar a uma porta de ferro, com uma pequena vigia gradeada no alto. Precariamente colado na porta com fita adesiva havia um papel, escrito à mão: "Prisão Especial". Depois de aberta pelo carcereiro, com o ruído característico do molho de chaves, fui empurrado para seu interior.

Lembro do meu medo. Medo sem nome, medo do desconhecido, medo do que minha imaginação projetava. Depois que a porta foi fechada, com o mesmo ruído de chaves, a luz mortiça revelou vultos aglomerados no corredor. Da penumbra saiu alguém que me abraçou. Era Dilson Aragão, que eu conhecia de encontros sociais entre jovens das igrejas metodistas de Vila Isabel e do Catete, que eu frequentava desde a adolescência. Dois mundos inteiramente separados se encontraram naquele abraço. Eu nunca havia feito a ligação, mas aquele rapaz alegre, simpático e meio inconsequente era filho do almirante Aragão, ex-comandante dos Fuzileiros Navais que se opusera ao golpe. Dilson foi preso por participar de uma manifestação de portuários. O seu abraço era um salvo-conduto, me sagrava como companheiro para os demais presos.

Encontrar uma pessoa conhecida me acalmou um pouco, mas não diminuiu a angústia que já sentia: o que estaria acontecendo na minha casa? O que minha mulher teria vivido durante as horas que foram passando sem que eu desse sinal de vida?[1] Será que os agentes do Cenimar voltaram à minha casa, em busca de outras evidências? Quem sabe algo sem qualquer importância para mim, mas que, para eles, seria mais uma prova de minha culpa? Confiscariam minha agenda?

Eu não contava com essa ficha no Dops. Sim, no ano anterior eu havia visitado Cuba, como jornalista. Ao voltar, fiz uma palestra no Instituto Cultural Brasil-Cuba sobre o que vi durante as duas semanas que passei na ilha. Falei sobre a arquitetura popular que o presidente do Instituto de Arquitetos me mostrou, falei sobre os filmes do novo cinema cubano a que eu e Geraldo

---

[1]. Soube depois que Jô, grávida de nossa filha e carregando nosso filho de um ano, saiu correndo até a casa dos pais, no morro da Viúva, a quase um quilômetro de distância, em busca de auxílio. Meu sogro, advogado, imediatamente entrou em ação, conseguindo descobrir onde eu estava.

Sarno assistimos na sessão especialmente preparada por Alfredo Guevara, diretor do Instituto Cubano de Arte e Indústria Cinematográfica (ICAIC), e falei do que estava acontecendo com as crianças e os jovens nas escolas, que agora estavam abertas a todos, e não apenas à elite. Falei de um cotidiano extremamente difícil, de enorme escassez, mas que era vivido com a esperança do novo futuro que, naquele momento, estava sendo construído. Isso foi parar numa ficha do Dops? Realmente, ser chamado de agente de Fidel Castro era risível, ridículo.

Afinal, desde o início dos anos 1960, discutia-se no Brasil, aberta e apaixonadamente, o processo revolucionário de mudanças estruturais que, acreditávamos, viria pelo voto democrático. A sociedade despertava de sua letargia, havia as Ligas Camponesas de Francisco Julião, o método Paulo Freire, os Grupos dos 11 de Brizola, os Centros Populares de Cultura, o Cinema Novo, o Teatro de Arena, a Bossa Nova. Brasília mostrava a utopia realizada de um Brasil que poderia vencer o atraso histórico. Os manifestos pelas reformas de base que assinei, as charges que publiquei revelavam abertamente minha posição em favor da democracia. Tudo muito transparente, pois não? Mas a situação mudou com o golpe de 1964. Para os golpistas, eu era simplesmente um subversivo. Um inimigo. Porque o golpe havia sido gestado por alguns anos, por uma eficiente mistura de medos, ações às quais não demos a devida importância. Eram organizações como o Instituto Brasileiro de Ação Democrática (Ibad), o Instituto de Pesquisas e Estudos Sociais (Ipes) e a Tradição, Família e Propriedade (TFP); a Marcha da Família com Deus pela Liberdade e as associações de empresários conservadores – todos apoiados por grande parte da imprensa. Depois do Comício da Central, a revolta dos marinheiros foi a gota d'água.

A porta de entrada da cadeia dava para um longo corredor, ladeado por celas individuais, umas em face das outras. Não lembro mais quantas eram, talvez uma dezena, talvez mais. Fiquei na primeira, onde já havia dez pessoas, entulhadas num espaço de 1,80 metro de largura por talvez 2 metros e pouco de comprimento. As outras celas estavam tão cheias quanto a minha, o que significa que éramos provavelmente mais de 100 pessoas confinadas em um espaço previsto para, no máximo, dez. No fundo do corredor, virando à direita, havia o chuveiro e a privada. Como as celas não tinham portas, podíamos circular durante o dia, mas à noite era preciso encontrar um lugar para dormir, negociando cada milímetro de espaço. Creio que só havia uma refeição por dia, o almoço, com uma comida difícil de descrever. Na época eu era muito magro. Quando saí havia perdido impossíveis oito quilos.

Não lembro como foram os dias durante aquele período, o que fazia, como as horas passavam. Lembro apenas da permanente sensação de insegurança e tensão diante da possibilidade de ser chamado a qualquer hora para interrogatórios. Alguns dos que eram levados para interrogatórios não voltavam. A certa altura, Dilson veio me dizer, espantado, que soube que alguns dirigentes do sindicato dos estivadores haviam sido torturados.

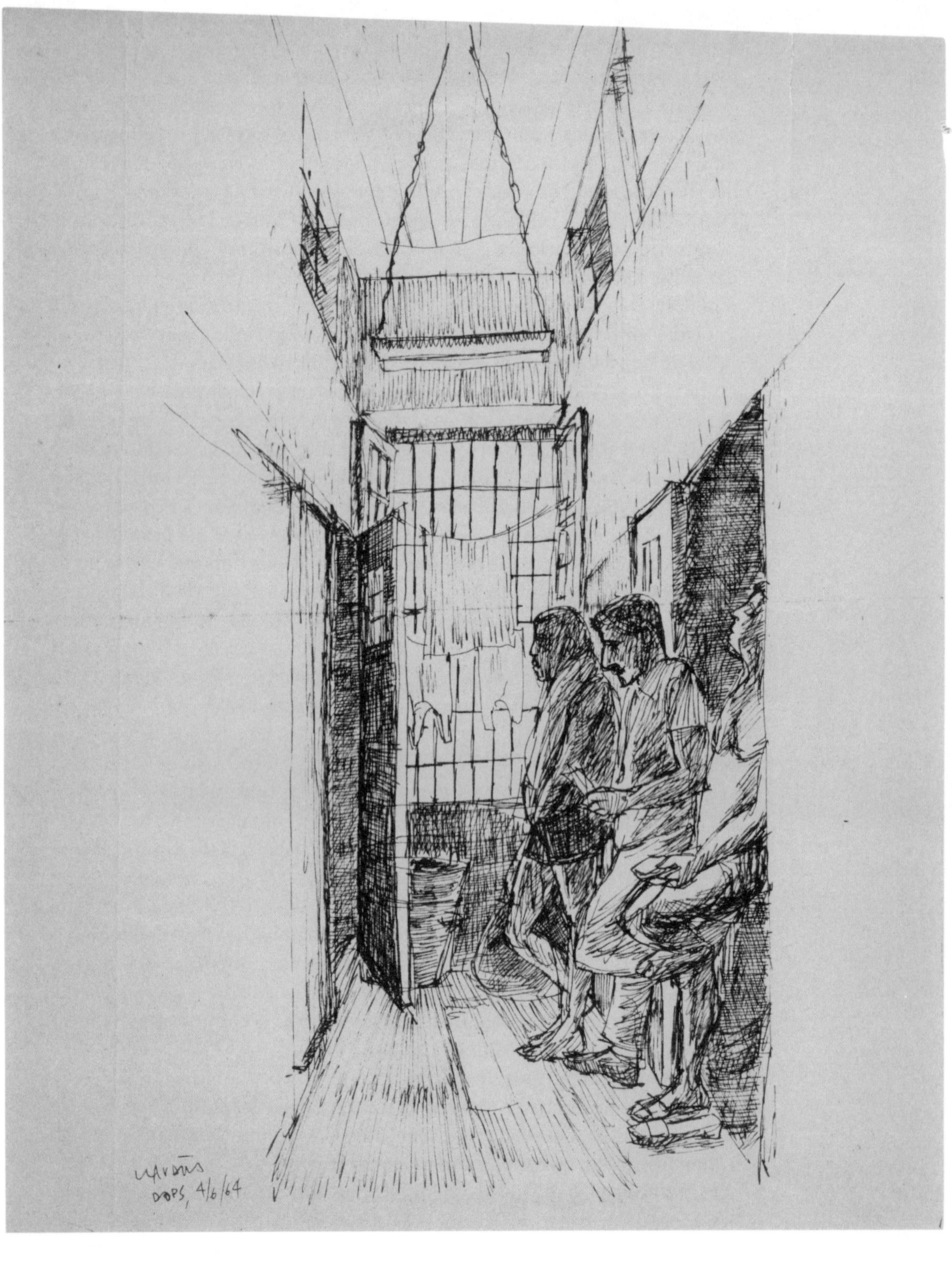
DOPS, 4/6/64

Um dos meus companheiros de cela era um ex-pracinha, estivador, com uma história de vida extraordinária. Logo na manhã do primeiro dia, me chamou num canto: "Você vai ser chamado daqui a pouco para um interrogatório. Não quero saber o que você fez. Você tem uma história que vai contar para eles? Não quero saber se é verdadeira ou não. Vamos ensaiar: você conta pra mim e eu vou ser o policial que vai te interrogar."

Sim, eu tinha uma história. Era explicar como chegara às mãos do cabo Anselmo, líder da Revolta dos Marinheiros que muito mais tarde se revelaria agente infiltrado da repressão, a chave do apartamento onde ele fora preso. Na manhã do domingo em que fui preso, Cosme Alves Netto, diretor da Cinemateca do MAM, meu amigo e vizinho, me telefonou, pedindo que fosse vê-lo. Quando cheguei, havia umas quatro ou cinco pessoas com ele. O problema era inventar uma história para inocentar a proprietária do apartamento onde o cabo Anselmo havia sido preso. "Será que você poderia dizer que pediu a chave do apartamento da Nely para abrigar seu amigo Paulo Wright? E que ele, sem te consultar, entregou a chave ao cabo Anselmo? Assim, Nely não pode ser responsabilizada por algo feito sem o seu conhecimento."

Meu amigo Paulo Wright, militante da Ação Popular (AP), ficou alguns dias em minha casa antes de se asilar na embaixada do México. Essa história poderia perfeitamente ter acontecido, era verossímil. E todos achavam que, como eu era uma pessoa conhecida, sem ligações com qualquer grupo, nada me aconteceria.

Muitas vezes, ao longo desses anos, revivi aquele momento, me perguntando se poderia ter dito não, ou se poderia ter pedido um tempo para refletir. Mas eu, naquela hora, disse sim.

E eis que então eu estava preso, antecipadamente condenado. Meu companheiro estivador me fitava, à espera do que eu falaria. Respirei fundo e comecei a contar minha história. Ele a escutou, impassível, até o fim. E aí, incorporando o policial que me interrogaria, simplesmente a demoliu com duas ou três perguntas. "Eu logo vi que você era um menino da AP", disse ele, com um suspiro, mesmo diante da minha negativa. "Vamos refazer essa história, fixar detalhes: quando ela te entregou as chaves? A que horas? Quantas chaves eram? Onde foi? Há quanto tempo você conhece a Nely? Como a conheceu? Vocês frequentam os mesmos lugares? Têm amigos em comum?"

As precisões eram indispensáveis para tornar a história verossímil. Eu não tinha pensado em nada disso, nem os outros. E, além de tudo, havia um problema: minha versão deveria coincidir com a da Nely. Por sorte, ela estava presa numa pequena cela, do lado de fora da entrada da nossa "prisão especial", e também ainda não havia sido interrogada. Pela vigia no alto da porta pude chamá-la e combinar alguns detalhes antes que o carcereiro, momentaneamente ausente, voltasse. Só não tive tempo de transmitir o conselho final do meu amigo estivador: "Não inventa! Não saia de sua versão inicial!"

Obediente, assim fiz durante os muitos interrogatórios a que fui submetido. Lembro que, no meio de um deles, o policial que deveria me interrogar deixou-me sozinho na sala. Em cima da mesa, uma granada. Diante dessa situação surreal, tudo o que pensei foi em desenhar um cartum.

Em outra ocasião, fui interrogado por uma pessoa que sugeria respostas mais brandas e menos comprometedoras. "Quem sabe é melhor dizer isso dessa outra maneira...?", e sugeria uma formulação mais favorável. No final, me disse baixinho: "Eu sou amigo do Millôr, ele me pediu pra te ajudar". Olhou para os lados, chegou mais perto e sussurrou: "Quando isso tudo passar, lembra que eu te ajudei, sim?". Jamais perguntei ao Millôr quem poderia ser aquele amigo. Mas ele dizia o que todos pensávamos na época: aquilo tinha sido uma quartelada, e logo as instituições voltariam a funcionar normalmente. Como sabemos, durou 21 anos, e as consequências ainda se fazem sentir hoje.

No domingo seguinte, vieram me buscar para ser interrogado no Cenimar. O percurso entre a sede do Dops e a praça XV pode ser feito em cinco minutos, mas meu trajeto começou no Centro e seguiu um roteiro turístico, passando por Copacabana. Era uma tarde ensolarada, a praia estava cheia de gente. Para quem estava confinado, parecia um sonho. Ao chegar ao Cenimar, fui recebido por um militar graduado, uma figura paterna, afável, gentil, inteligente. Sem que eu pedisse, me sugeriu telefonar para minha casa. Falei com minha mulher, pela primeira vez em uma semana, e tive notícias do meu filho de um ano, de minha mãe, da família. Eu estava muito emocionado, era impossível esconder. Pelo que me lembro, não foi exatamente um interrogatório, foi mais uma conversa, quem sabe para confirmar quem eu era.

"Vejo que você é uma pessoa de princípios", me disse ele ao se despedir. "Você vê como te tratamos bem? Você não nos chamaria de gorilas, chamaria?" "Claro que não!", disse eu. Só muito depois entendi o porquê da pergunta: ele provavelmente sabia que eu havia ilustrado, a pedido de Ênio Silveira, um livro escrito pelo humorista argentino Carlos del Peral. O texto foi traduzido por Guilherme Figueiredo, irmão do general João Figueiredo, que seria o último presidente da ditadura e então comandava a comunidade de informação. O título deve ter vazado, mesmo que o livro nunca tenha sido publicado pela Civilização Brasileira, a editora de Ênio. Chamava-se *Manual do gorila*.

Jornais chegavam à prisão, e o pessoal vinha me dizer que meu nome havia sido mencionado. Meus colegas no *Jornal do Brasil* davam diariamente notícias a meu respeito, o que significava que eu existia, que o que me acontecesse era de interesse público, que eu estava vivo. A importância disso talvez só possa ser compreendida por quem passou por essa experiência durante os anos de chumbo, que viriam depois.

Logo na primeira manhã na prisão, recebi um pacote, entregue por um delegado amigo do meu sogro. Além de escova de dentes e outros itens de higiene pessoal, ele me enviou um inocente caderno de desenho e uma caneta.

Não fiz um diário, porque ali só registraria sentimentos que não podia revelar. Mas aquele caderno me permitiu desenhar, documentando em imagens o cotidiano da prisão. Desenhei muito, dei os desenhos a quem pediu. Alguns foram publicados em *Reminiscências do sol quadrado*, livro em que Mário Lago conta histórias dos dias que passou no Dops, onde levantou o moral dos presos criando canções e parodiando outras em gozação aos militares.

A memória é seletiva. Álvaro Moreyra escreveu um livro que chamou de *As amargas, não*, contando as histórias de que se lembrava – somente as doces, não as outras. Mas, por mais que tentemos esquecer as amargas, elas ficam arquivadas em algum desvão da memória e, sem avisar, reaparecem. Mesmo pouco nítidas, carregam a emoção que provocaram. Desde aquele tempo, pouco falei de minha experiência. Quando me perguntavam, eu dizia que foram 17 dias na prisão. Para alguns era um alívio, era pouco tempo. Mas quando você está lá, sem perspectivas, não sabe se vão ser dias, meses ou anos.

Numa sexta-feira avisaram que iam permitir visitas das famílias. "Façam a barba, vistam-se direito! Queremos que tenham boa impressão de vocês!" A expectativa era imensa. Todos nos preparamos o melhor possível, para não deixar nossos familiares preocupados. Como expressar o que senti quando meu filho, que eu não sabia que tinha começado a andar, veio, cambaleante, se jogar nos meus braços?

Alguns dias depois, sem nenhuma razão, e sem qualquer desculpa, vieram me anunciar que eu seria solto. Sem entender o porquê dessa decisão, recolhi minhas coisas, me despedi, emocionado, das pessoas com quem tinha convivido e fui levado até o delegado. Assinei sem ler os papéis que ele colocou diante de mim, recebi o alvará de soltura e ele me disse: "Você deu muito trabalho pra gente!", acentuando o "muito". "Como assim?", perguntei. E ele: "Em todo lugar que a gente ia investigar, só falavam bem de você!". E, depois de um momento, como se falasse consigo mesmo, disse: "A única pessoa que falou mal de você foi o seu pastor".

Cerca de duas semanas mais tarde, depois do jantar, eu contava essa história a um grupo de amigos, quando a campainha da porta dos fundos tocou. "Vai ver que é o Cenimar", disse alguém. E todos rimos.

Fui atender. Era o Cenimar. Mas essa é outra história.

—

Guardei estes três desenhos que sintetizam o que vivi naqueles dias. A fila do banheiro, a fila da distribuição de comida, na hora do almoço, e a imagem da cela onde dormíamos, numa operação diária de negociação de espaço vital.

Escondi os desenhos em algum lugar, temendo que fossem sequestrados e rasgados, durante aqueles anos em que ninguém estava seguro. Poderiam ser a prova de que, mesmo numa "prisão especial", as pessoas eram tratadas daquela maneira. E o que seria o tratamento em uma prisão comum?

Tudo piorou muito nos anos seguintes, e minha experiência, naquele princípio da ditadura, não pode ser comparada aos horrores dos verdadeiros anos de chumbo que vieram depois. Todos sabem, ou deveriam saber, o que aconteceu durante a ditadura. O nome do meu amigo Paulo Wright faz parte da lista de centenas de desaparecidos, provavelmente assassinados ou mortos sob tortura.

Durante quase dez anos, entre o final da década de 1960 e o fim dos anos 1970, vivi em Genebra, sabendo o que se passava no Brasil. Nos primeiros anos, como Secretário de Comunicação da World Student Christian Federation (WSCF), fiz uma viagem de trabalho, atravessando os Estados Unidos e terminando no Chile. Consegui incluir no percurso uma breve passagem pelo Rio, para ver parentes e amigos. Era arriscado, mas como resistir? Ao chegar a Nova York, li no *New York Times* que toda a turma do *Pasquim* estava presa. Tive de mudar de planos. Quando meu mandato de dois anos terminou, em setembro de 1971, fui aconselhado a não voltar. Soube que a casa para onde eu tinha me mudado, na Lagoa, havia sido visitada várias vezes por desconhecidos à minha procura. O que queriam?

Tenho consciência de que o que vivi durante minha prisão no Dops, o que quer que eu possa ter sofrido, não pode ser comparado, nem de longe, ao tratamento desumano dispensado às centenas de milhares de presos comuns que hoje lotam nossas penitenciárias medievais. E que hoje sofrem, além de tudo, a terrível ameaça da pandemia, sem que nada de efetivo esteja sendo feito em seu socorro.

Depois de tantas mudanças, em outros tantos países, apesar de procurar muito, não conseguia encontrar esses desenhos. Acabei me conformando com a perda deles, embora sempre com uma secreta esperança de que alguém, no futuro, ao abrir um dos livros da minha estante, os descobriria, escondidos.

O milagre aconteceu há pouco, inesperadamente, quando os últimos papéis e desenhos de meu acervo estavam sendo doados ao Instituto Moreira Salles. Fazem parte de minha história, que agora é compartilhada com vocês.

---

Arquiteto, designer e cartunista, **Claudius Ceccon** (1937) é um dos principais expoentes da geração de artistas gráficos surgida nos anos 1960, com passagens pelo *Jornal do Brasil*, *Manchete*, *Pif-Paf* e *O Pasquim*. Com o livro *Claudius*, que celebra 50 anos de carreira, foi vencedor do Prêmio Jabuti de 2015 nas categorias Ilustração e Capa. Desde 2020, seu acervo pessoal está sob a guarda do Instituto Moreira Salles.

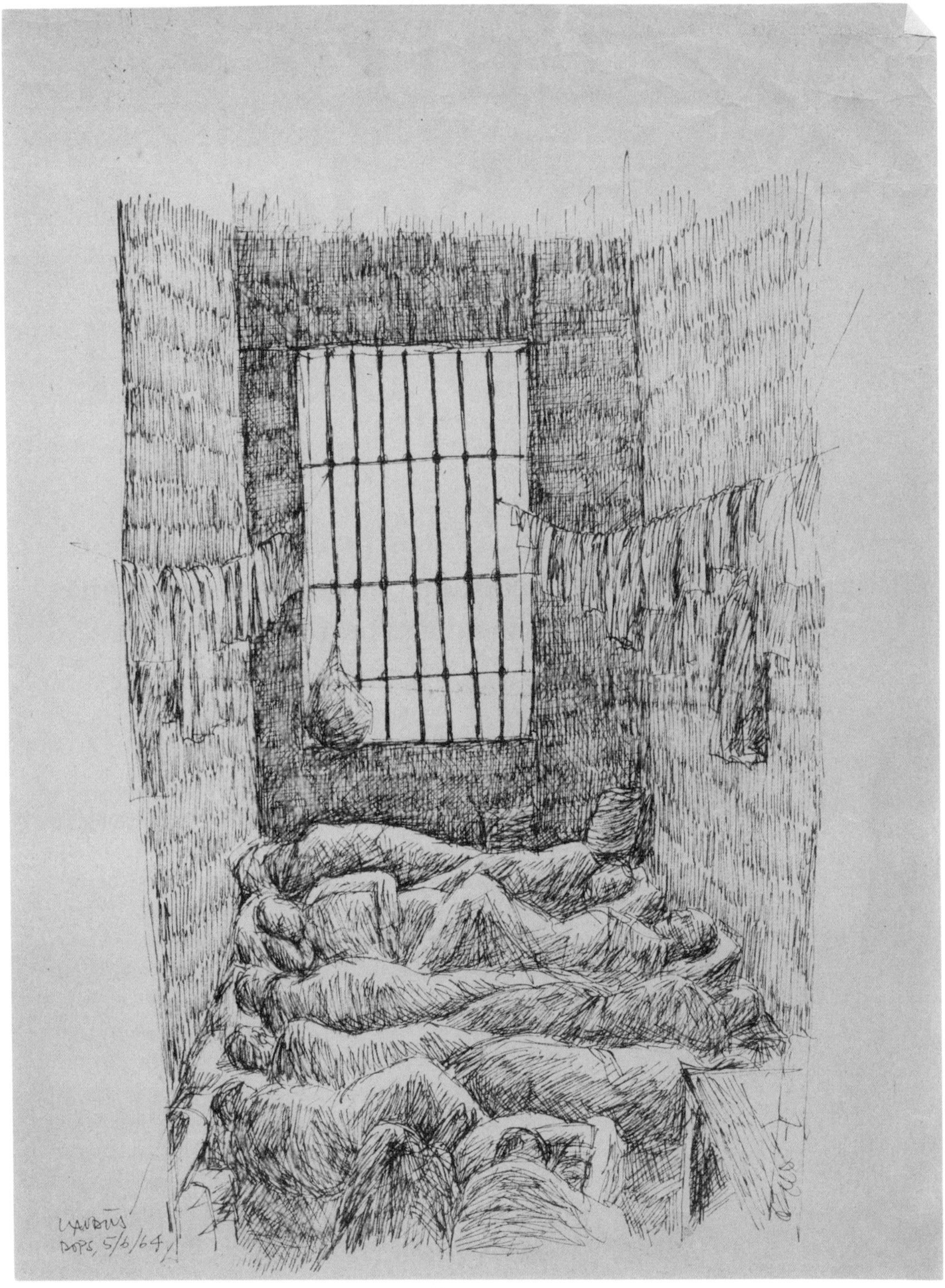
DOPS, 5/6/64

# Entre o belo e o banal

**Leslie Jamison**

**Filmes caseiros, protagonizados por gente comum em situações cotidianas, relativizam a experiência estética e redefinem o sentido da vida**

Tinham me dito que eu sentiria a maternidade como uma série de privações – perder a noção de tempo, perder o sono, perder a liberdade –, mas no começo me pareceu mais uma súbita e exaustiva plenitude. Quem diria: se você nunca dorme, o dia passa a ter mais horas. Meu bebê abriu uma fenda na noite e me puxou para dentro de uma outra dimensão sombria e estranha, aquelas horas silenciosas entre duas e cinco da madrugada quando ela dormia sobre o meu peito e eu assistia a *reality shows* terríveis sobre candidatas a modelo na Austrália, ou andava na sala para cá e para lá, contemplando do outro lado da rua a única janela acesa em nosso quarteirão, me perguntando *quem?* e *por quê?* Nas caminhadas em nossos dias intermináveis, passei a reparar em coisas que nunca havia notado antes: a fonte escondida no pátio de um prédio com fachada de tijolos, as janelas com uma luz roxa que sugeria o cultivo de alguma coisa hidropônica lá dentro, as fotografias de ladrões pregadas com indignação na entrada das mais doces

**Edu Marin**
Série *Infância*, 2008

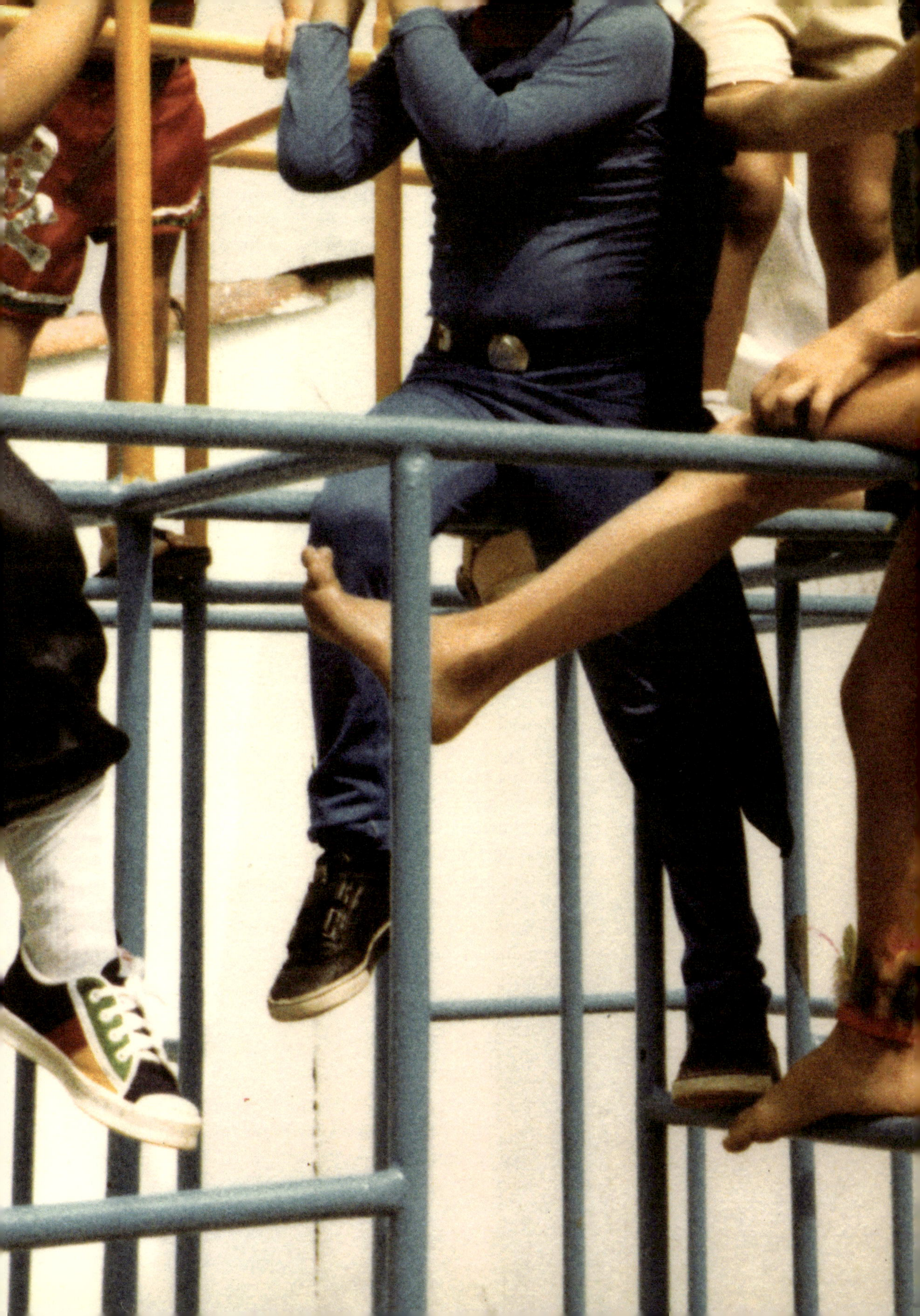

lojinhas de brinquedos de nossa vizinhança (brinquedos de madeira roubados!). Aprendi os nomes de árvores pelas quais passava havia anos: plátanos-londrinos, bordos-prateados, olmos-siberianos. Enquanto surgiam brotos e depois flores nos galhos nus em frente à janela do quarto do bebê, lembrei de minha primeira madrinha no programa de reabilitação dos Doze Passos dizendo que, para ela, o Poder Superior estava no simples fato de que as árvores crescem de sementes – que essa transformação era ao mesmo tempo radical e rotineira, acontecia diante de nossos olhos.

Estar com minha filhinha a cada hora de cada dia exigia uma enorme atenção, não apenas a ela – se as pestanas se movendo de leve indicavam que estava acordando ou só sonhando, quão perto da beirada da cama ela tinha chegado ao rolar – como também a tudo mais, porque a alternativa a prestar atenção era ficar louca de tédio. A ânsia por estímulos significava que meu olhar estava sensibilizado, da mesma forma como enxergamos melhor depois de passar alguns minutos no escuro.

Em geral, é mais fácil ignorar o que está diante de nós. Como escreveu o filósofo francês Maurice Blanchot, "o cotidiano tem esse traço essencial: não se deixa apanhar. Ele escapa [...]. É o desapercebido, em primeiro lugar no sentido de que o olhar sempre o ultrapassou[,] é aquilo que não vemos nunca uma primeira vez, mas que só podemos rever."[1]

Aqueles meses depois do parto tornaram o cotidiano visível outra vez. De repente estava tudo *lá*, os momentos banais se estendiam como um manto sagrado sobre nossos dias: minha filha soltando risadinhas enquanto mamava, o leite escorrendo de sua boca; ou as pontadas das gotículas de chuva em nossas peles nas tardes chuvosas em que eu caminhava por quilômetros com ela dormindo contra meu peito. A brisa morna de sua respiração crescia junto a minhas costelas. Quando ela acordava, suas mãos nas luvas de lã se agitavam como passarinhos assustados.

—

Numa movimentada abertura para a imprensa do Museu de Arte Moderna de Nova York, prestes a retomar as atividades depois de quatro meses de obras, me vejo sozinha numa galeria do subsolo, vários andares abaixo das obras-primas que

[1] Maurice Blanchot, "A fala cotidiana", in *A conversa infinita: a experiência limite*. Trad. João Moura Junior. São Paulo: Escuta, 2007, p. 237. [N. do E.]

mudaram de lugar (*A noite estrelada*, de Van Gogh, *A persistência da memória*, de Dalí). Os outros jornalistas estão lá em cima, mas desci as escadas rolantes até um submundo estranho e emotivo, onde a memória sobrevive de uma forma diferente. A mostra *Vidas privadas, espaços públicos* reunia filmes caseiros com cenas do dia a dia. Uma criança empurra a outra num trenó enquanto cai a noite. Cortinas rendadas ondulam com a brisa. Uma mulher faz de conta que pede a outra em casamento numa festa, ajoelhando-se na grama do jardim e rindo. Um homem de meia-idade, de terno e gravata, monta nas costas de outro homem de meia-idade também de terno e gravata. Garotos tomam goles furtivos de Manischewitz no *bar mitzvah* de alguém, e seus copos brilham sob as luzes do salão de baile.

A mostra ocupa dois andares e, embora o de cima exiba obras de artistas profissionais que trabalham com filmes 8 mm – Andy Warhol, Peggy Ahwesh, Cindy Sherman –, o de baixo exerce maior atração gravitacional, levando-me de volta aos vídeos caseiros. Em vez dos nomes de artistas famosos, aqui as legendas trazem sobrenomes de gente comum. Família Levitt. Família Thompson. Família Hubley. Descer até esse andar é como mergulhar no subconsciente – não exatamente um lugar de arte, mas o lugar profundo de onde vem a arte. Cada filme transmite o olhar de um amador – na verdade, o olhar sintonizado como uma estação de rádio às nuances afetivas da vida cotidiana: diversão, estranheza, prazer – e a extravagante devoção do amor. Acusa-se o amor de nos cegar, ou de embaçar a vista, mas ele pode convocar nosso olhar com extrema urgência.

Ficar nesse subsolo é como deixar que um estranho – ou uma centena deles – sussurre segredos em seu ouvido. É quase como a primeira vez que fiquei bêbada, aos 11 anos, e o álcool se revelou um milagre que o mundo havia escondido debaixo do meu nariz. Só que aquela experiência é mais parecida com o segredo do cotidiano, com aquilo que Blanchot disse sempre vermos sem reparar direito. "O cotidiano é a platitude (o que atrasa e o que retumba, a vida residual de que se enchem nossas latas de lixo e nossos cemitérios, rebotalhos e detritos)", ele escreveu, "mas essa banalidade é não obstante também o que há de mais importante, se remete à existência em sua espontaneidade mesma e tal como esta se vive."[2]

2. *Ibidem*. [N. do E.]

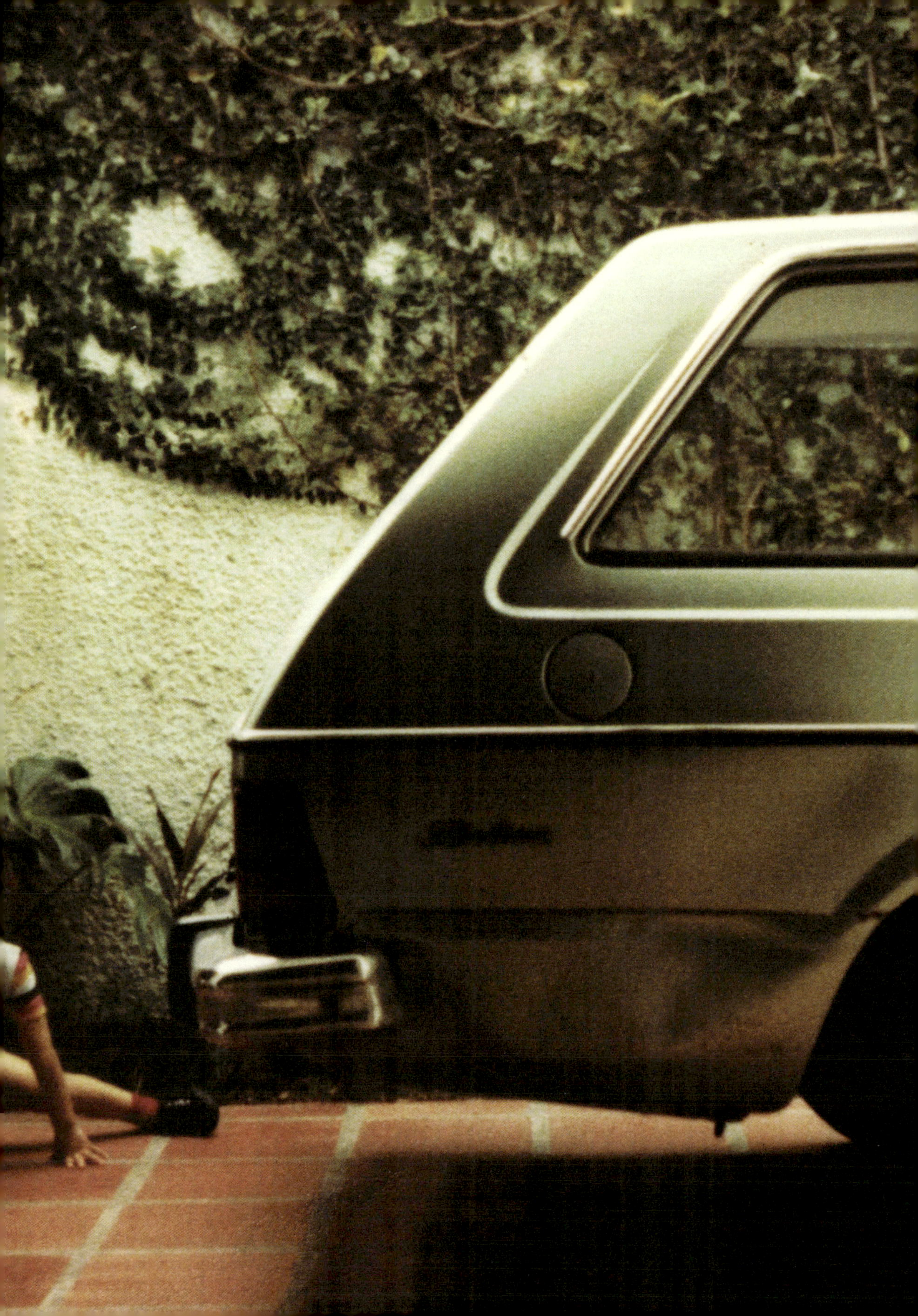

Um filme anônimo, chamado *Minha viagem dos sonhos,* consiste essencialmente em registros de férias filmados num trem – o vagão-bar e os corredores estreitos, uma caixa d'água desbotada vista através da janela salpicada de chuva – com a narração de um homem cuja voz se parece com a de Caco, o Sapo, dos Muppets, depois de 20 anos fumando um maço de cigarros por dia. O Caco tabagista se excita com tudo o que vê. "Tão bonito", repete, ao ver o arco de St. Louis, "que maravilha!" Sente-se a umidade do entusiasmo em seu olhar. E, ao deparar com o portão automático na entrada de uma garagem subterrânea, ele diz "alô, alô, ALÔ", como se encontrasse um amigo que havia tempos eu não via. São impregnadas de ternura as sequências de sua mulher vestindo uma camisola branca na cabine do vagão-dormitório, ou comendo batatas fritas e bebendo cerveja no vagão-restaurante; as cenas filmadas à noite na zona de prostituição de Nova Orleans lembram um sonho febril e rebelde, turvado por uma lascívia que não é expressa em palavras.

A introdução do curador a *Vidas privadas, espaços públicos* descreve a exposição como um arquivo "democrático, pessoal e sem regras": "Desde que as câmeras portáteis com filmes de bitola estreita foram introduzidas na década de 1920, muitos milhares de rolos de películas caseiras foram produzidos em todo o mundo, criando o maior repositório de imagens em movimento não vistas e não apreciadas".

Nessa descrição, posso ouvir as vibrações inseguras de uma justificativa antecipada para o visitante cético, que reflete: "Será que eu realmente precisava vir ao porão do MOMA para ver um sujeitinho de meia-idade gesticulando num coquetel e se achando tão importante?". Mas a ideia de um vasto arquivo sem regras me fascina. Um grande rio corre sob nossos pés há mais de um século; agora, ele inunda de repente aquele porão, arrastando a sucata e a escória da vida residual.

Meu próprio celular é um afluente desse rio – todos os vídeos que fiz da minha filha nos seus dois primeiros anos de vida, todos os ritmos incessantes e repetitivos que achei necessário capturar por saber que, com o tempo, não passarão de memórias: as noites em que ela dormia em seu berço (que desapareceu tão rápido! E depois de demorar tanto para chegar!), e os dias em que ela engatinhava na direção de seu querido Mortimer, o alce de pelúcia. A ânsia de registrar e transcrever alguma coisa comprova o deslumbramento – Elaine Scarry escreve que a beleza "parece incitar, até mesmo exigir, o ato de replicação" –, mas também é o testemunho da dor antecipada. Parte da natureza comovente daqueles filmes no subsolo do MOMA está em saber quanto da vida que eles retratam já se foi, ou se alterou a ponto de ficar irreconhecível. Os bebês naquelas cenas são hoje pessoas idosas ou mortas.

—

A tradição da fotografia encontrada tem sua própria linhagem – o Metropolitan Museum of Art realizou uma grande exibição de fotografia vernacular no ano 2000, e a National Gallery exibiu a *The Art of the American Snapshot* em 2007 –, tentando chamar atenção para o "tráfego de mão dupla" especial desse meio de comunicação democrático. Nas palavras do crítico de arte Michael Kimmelman, ao comentar no *New York Times* a mostra no Metropolitan, os amadores absorvem os estilos dos profissionais, enquanto os fotógrafos profissionais (como Walker Evans, Robert Frank e Garry Winogrand) procuram "emular a despreocupada inocência do amador". No entanto, embora haja um verniz de inocência nesses filmes caseiros – semelhante à capacidade do *idiot savant* de captar sem querer um vislumbre de profundidade –, seu maior poder de atração não está na inocência, e sim na sua modesta sabedoria. Assistindo a um deles enquanto acompanho outros 20 na minha visão periférica, me vêm à mente os versos de Auden a partir de um quadro de Bruegel, *Paisagem com a queda de Ícaro*:

> No que respeita ao sofrimento, nunca se enganavam
> Os Velhos Mestres: quão bem lhe compreendiam
> A humana posição; de que maneira ocorre
> Enquanto alguém está comendo ou abrindo uma janela ou somente
> [andando ao léu.[3]

**3.** W. H. Auden, "Musée de Beaux Arts", in *Poemas*. Trad. José Paulo Paes. São Paulo: Companhia das Letras, 2013, p. 87. [N. do E.]

Em certa tela, uma pessoa olha para a câmera com ar tristonho; na tela ao lado, duas outras se casam. É esmagador – 100 telas mostrando todas aquelas vidas lado a lado.

Essa sensação de excesso sublime é uma versão do que senti naqueles primeiros dias com minha filha recém-nascida: tudo era demasiado, mas, quando eu buscava uma forma de me expressar, parecia não ser nada – leite e fraldas, leite e fraldas, leite e fraldas –, grãos de areia escorrendo por entre os dedos. A surpreendente revelação de cuidar de um bebê parecia algo vergonhoso de ser proclamado: afinal, não se tratava de algo totalmente simplório, profundamente banal, encharcado de sentimentalismo? Não é verdade que o afeto pode dar a coisas irrisórias um brilho extraordinário enganoso? Senti a temível acusação de que meu olhar maternal, embriagado de amor, de fato tornara impossível que eu visse qualquer coisa. A temerosa aluna de doutorado que ainda vive dentro de mim estava nervosa por não ter como justificar sua exaltação: aquilo não era assunto digno de ser discutido. Ao anotar os detalhes no caderno *Uma linha por dia,* que minha melhor amiga de infância me dera, eu tinha a impressão de testemunhar o debate entre meu lado crítica e meu lado mãe. A crítica queria escolher algum pormenor do dia que tivesse um toque lírico ou pelo menos ligeiramente narrativo – minha filha oferecendo uma banana para o alce Mortimer comer, ou ficando com as mãozinhas cobertas de flores de cerejeira úmidas –, enquanto a mãe em mim queria escolher... tudo.

Quando descrevo aqueles dias com minha filha como sendo *insuportavelmente bonitos,* coisa que faço com frequência, uma parte de mim se constrange com o advérbio. "Insuportavelmente" quase sempre soa como uma intensificação supérflua. Mas, quando falo sobre a qualidade da minha atenção como mãe, ou sobre o feroz caos humano daquela galeria no subsolo, emprego a palavra "insuportavelmente" de maneira mais específica – para descrever uma percepção da beleza quase equivalente a olhar para o sol. É como se aqueles filmes pulsassem de modo tão palpável com a riqueza e a urgência do que significa estar vivo que não se pode encará-los diretamente. Como se você estivesse observando às escondidas alguém que ama em segredo, e a pessoa de repente se vira e confronta seu olhar.

—

Ao exibir filmes caseiros de amadores num dos mais famosos museus do mundo, *Vidas privadas, espaços públicos* nos convida não somente a enxergar a riqueza estética da vida cotidiana como também a vê-la como um desfile de pequenas encenações: férias como uma encenação de lazer, uma festa no jardim como uma encenação de sociabilidade, cuidar dos filhos como uma encenação de amor. Quem nunca imaginou, vez por outra, uma plateia até para os momentos mais triviais de sua vida?

*Visita a Newburgh e o monstro El Inferno,* filme caseiro de 1963 da família Levitt, combina dois tipos de encenação cotidiana: num jantar festivo, entre garrafas de bebida e um bolo de carne moída, adultos fazem caras e bocas para a câmera enquanto seus filhos inventam uma elaborada brincadeira, enfileirando bandejas de plástico para criar um túnel através do qual rastejam como recrutas em treinamento ou exploradores de cavernas profundas. Depois as crianças assumem a câmera: um cartaz que anuncia MONSTRO EL INFERNO é seguido por cenas de um dinossauro de plástico marrom derrubando um navio e, por fim, uma cidade em miniatura. Uma pergunta urgente, escrita à mão e mal centralizada, surge na tela: "Alguma coisa pode fazer ele parar??". A câmera então mostra dois meninos esparramados de costas no tapete, com sangue falso no rosto, se fingindo de mortos. Um deles não consegue evitar as risadinhas, e é esse erro técnico – essa ruptura, essa fissura – que faz a cena inteira vibrar.

São momentos assim que mais me tocam nesses filmes, instantes da secreta vida interior que subitamente vêm à tona: um garoto incapaz de conter o riso; o prazer indisfarçável de uma mulher com seu saco de batatas fritas no trem; o silêncio desajeitado de um menino na cabeceira da mesa de banquete de um *bar mitzvah*, seu sorriso forçado; uma mulher que, num salão de baile barroco, dança solenemente uma valsa e de repente flerta com a câmera. Essa vida secreta se passa em cada um de nós, misteriosa, tresloucada, íntima – e esses momentos de ruptura expõem o que a arte tanto busca alcançar: vislumbres dos desejos, prazeres e sofrimentos subterrâneos sempre à espreita sob nossas superfícies bem-arrumadas, sob os véus de nossas expressões faciais costumeiras, nossas contas em redes sociais, nossa etiqueta e nossa armadura. O medo paralisante de se revelar convive desconfortavelmente com seu oposto – o desejo primordial de ser visto.

Várias vezes me vejo voltando aos filmes caseiros dos Jarret: 175 minutos de imagens gravadas por uma família afro-americana em Pittsburgh entre 1958 e 1967. Talvez tenha alguma coisa a ver com o sofá em frente à tela – passei tempo demais agachada diante de um dinossaurinho de plástico –, mas também tem a ver com a alegria, a comunhão e a intimidade que brotam daquelas cenas. E com os discretos vislumbres de vida interior que se revelam a nossos olhos: a mão de uma mulher pousada sobre o braço de outra, cheia de terna preocupação; um garotinho caindo na gargalhada quando sua mãe não consegue acertar os passos da dança; a mãe de lábios vermelhos, segurando um bebê todo agasalhado, que dá uma rápida olhada na direção de um avião que passa no céu acima deles – e o que reside naquele olhar? Vontade de estar no avião? Desejo de estar longe da criança, ou o medo dessa distância – sabendo que alguma versão disso vai acontecer algum dia?

Assistindo aos filmes caseiros da família Jarret fico encantada pelo rendado nítido e lúgubre dos pontos onde a película se desgastou. Parece uma alga azul se espalhando pela tela, deformando e distorcendo a cena, como se aquela sala de visitas que estamos vendo já se encontrasse assombrada pelos fantasmas de sua dissolução.

Na primeira vez em que visitei *Vidas privadas, espaços públicos*, eu estava dando um curso de pós-graduação sobre arquivos. E o que é um arquivo senão uma vida privada deslocada para um espaço público? Durante a aula, falamos muito sobre a excitação espúria de ler materiais secretos – velhas cartas e diários – e o outro lado dessa excitação: a vergonha de ver o que nunca foi destinado a nossos olhos. Falamos sobre como um arquivo exige que examinemos materiais entediantes durante horas, cuja banalidade enche latas de lixo e cemitérios, até que, quando parece que vamos enlouquecer de tanto tédio, nos brinda com um lampejo de humanidade: aquela nota

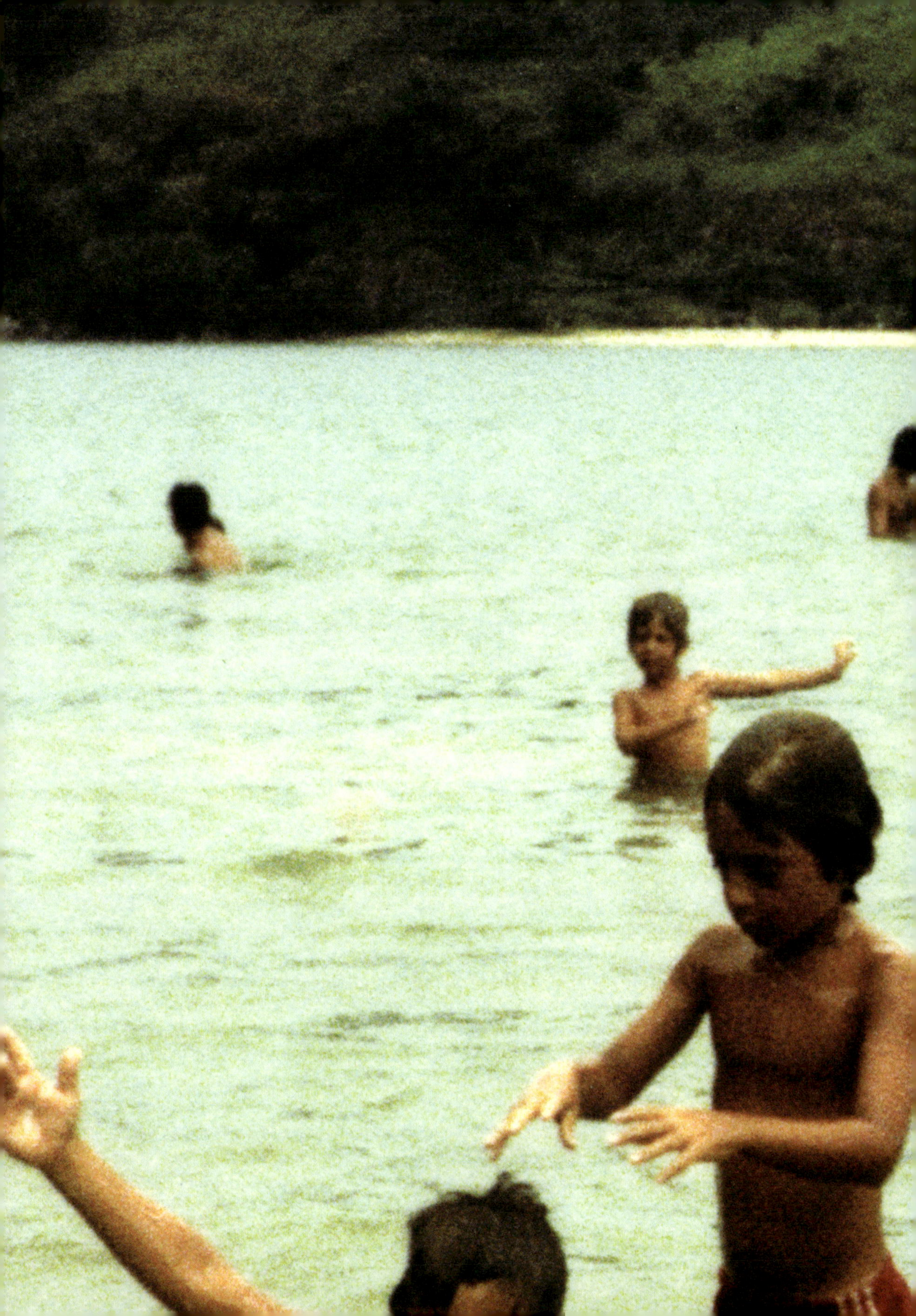

escrita à mão ao final de uma carta datilografada sugerindo um amor ilícito; ou aquela entrada do diário com a queimadura de um cigarro e a caligrafia de um bêbado. A historiadora francesa Arlette Farge chama isso de "brisa dos arquivos", essa repentina lufada de vida em meio à montanha de materiais tediosos.

Uma sequência nos filmes da família Jarret mostra um pequeno grupo de pessoas dançando na sala de casa. Parece menos uma festa organizada do que uma manifestação espontânea de espírito festivo numa noite comum no meio da semana: três mulheres dançam o *twist* entre a mesinha de centro e o sofá, uma delas vestindo uma calça de linho com um cigarro preso aos lábios; homens de cenho franzido jogam cartas numa mesa atrás delas; um bebê com roupa rendada está recostado numa almofada no canto do sofá; um garoto num roupão de banho vermelho e outro usando suspensórios pretos batem palmas e se mexem como peixes que nadassem para o fundo do aquário, olhando de vez em quando para os próprios pés para se certificarem que estão fazendo os passos direito. É uma noite comum, transbordando com a condição extraordinária de se estar vivo – e observar a cena me dá uma sensação de vertigem, como se eu estivesse caindo por fendas na superfície da experiência ao testemunhar o segredo do que significa ser *aquela* pessoa *naquele* momento. Sou tomada por um sentimento, como se pudesse tocar sob a pele daqueles estranhos. Algo em mim quer fazer isso.

—

Eu estaria mentindo se dissesse que fui surpreendida no MOMA pela beleza das coisas comuns; na verdade, fui lá em busca disso. Quando me pus diante daqueles filmes caseiros, eu já vinha havia quase uma década fascinada pelo que o comum tem de encantador: uma crença cada vez mais firme no significado profundo da vida comum. Para mim, tudo começou nas reuniões do Programa de Doze Passos, ouvindo as vozes de estranhos em outros porões, em cidades distantes – atraída por histórias ou lugares-comuns que minha formação literária havia me ensinado a entender como banais. A reabilitação me revelava que há profundidade em todas as vidas. A banalidade era apenas um convite a observar com mais cuidado. E, enquanto eu começava a frequentar essas reuniões, estava também lendo e avaliando candidaturas ao Iowa Writers' Workshop – quando então me cabia decidir quais histórias eram melhores que outras. Isso causava certa tensão: por que certas histórias eram consideradas valiosas por sua excepcionalidade em determinada esfera, e por serem intercambiáveis em outra?

Desde então, venho usando minhas credenciais literárias para elevar histórias comuns ao mesmo patamar daquilo que chamamos de belo. Levei anos

**4.** *The Recovering: Intoxication and Its Aftermath.* Nova York: Little, Brown, 2018. Inédito no Brasil. [N. do E.]

**5.** "The Breakup Museum: Archiving the Way We Were". *Virginia Quarterly Review*, v. 94, primavera 2018. Disponível em: www.vqronline.org/essays-articles/2018/02/breakup-museum. [N. do E.]
**6.** "Going Back: A Photographer, a Family and the Borders In Between". *Virginia Quarterly Review*, v. 93, inverno 2017. Disponível em: www.vqronline.org/photography/2017/01/going-back. [N. do E.]

para convencer meu editor de que meu livro sobre vício[4] precisava incluir relatos de alcoólatras "não famosos" junto aos de famosos escritores beberrões; escrevi um ensaio sobre um museu cheio de objetos caseiros doados por pessoas que haviam atravessado separações banais;[5] escrevi uma veemente homenagem a um fotógrafo que passara 30 anos retratando a mesma família de camponeses mexicanos.[6] Na abertura do MOMA, senti orgulho por estar no subsolo com aqueles artefatos pessoais da experiência humana, enquanto outros críticos contemplavam as obras-primas nos andares superiores. Mas esse orgulho era matizado por uma incômoda sensação de vergonha – a insegurança duradoura de achar tudo maravilhoso: uma folha, um inseto, o rosto de um estranho, a caminhonete da Sociedade Protetora dos Animais cheia de gatinhos sem dono.

Alberto Giacometti passou toda uma década fazendo suas esculturas cada vez menores, até que as figuras fossem pequenos palitos que se quebravam em suas mãos. Às vezes, sinto que estou fazendo algo parecido ao cultivar esse teimoso caso de amor com o banal, numa tentativa insustentável de encontrar beleza em cada momento de cada vida. Se aquela criança brincando na neve é bonita, assim como o rapaz sem jeito bebericando o vinho de sobremesa, e a dona de casa entediada, e aquele abacaxi cortado ao meio recheado de salada de frutas etc. etc. etc., então como em algum momento lhes daremos as costas? Não há fim para essa ideia de profundidade. Não há bordas.

Isso evoca a parábola de Borges sobre um mapa que mostra todos os detalhes do mundo, um mapa – impossível, é claro – que se torna tão grande quanto o próprio mundo. A escritora budista Pema Chödrön conta a história de uma mulher que, desesperada para atingir a iluminação, é orientada a procurar uma velha que vive numa caverna no topo de certa montanha. Quando a velha pergunta se a mulher tem *certeza* de querer a iluminação – e ela confirma –, a velha sorridente se transforma num demônio, se levanta brandindo um porrete e corre atrás dela dizendo: "Agora! Agora! Agora!" Pelo resto da vida, a mulher jamais conseguiu se livrar do demônio que não parava de gritar "agora!".

Essa iluminação incessante e impiedosa é um modo de descrever a infinitude daquelas 100 telas – exibindo tanta humanidade e também sugerindo toda a humanidade para além de seus limites. O sentido é dado: "Agora! Agora! Agora!"

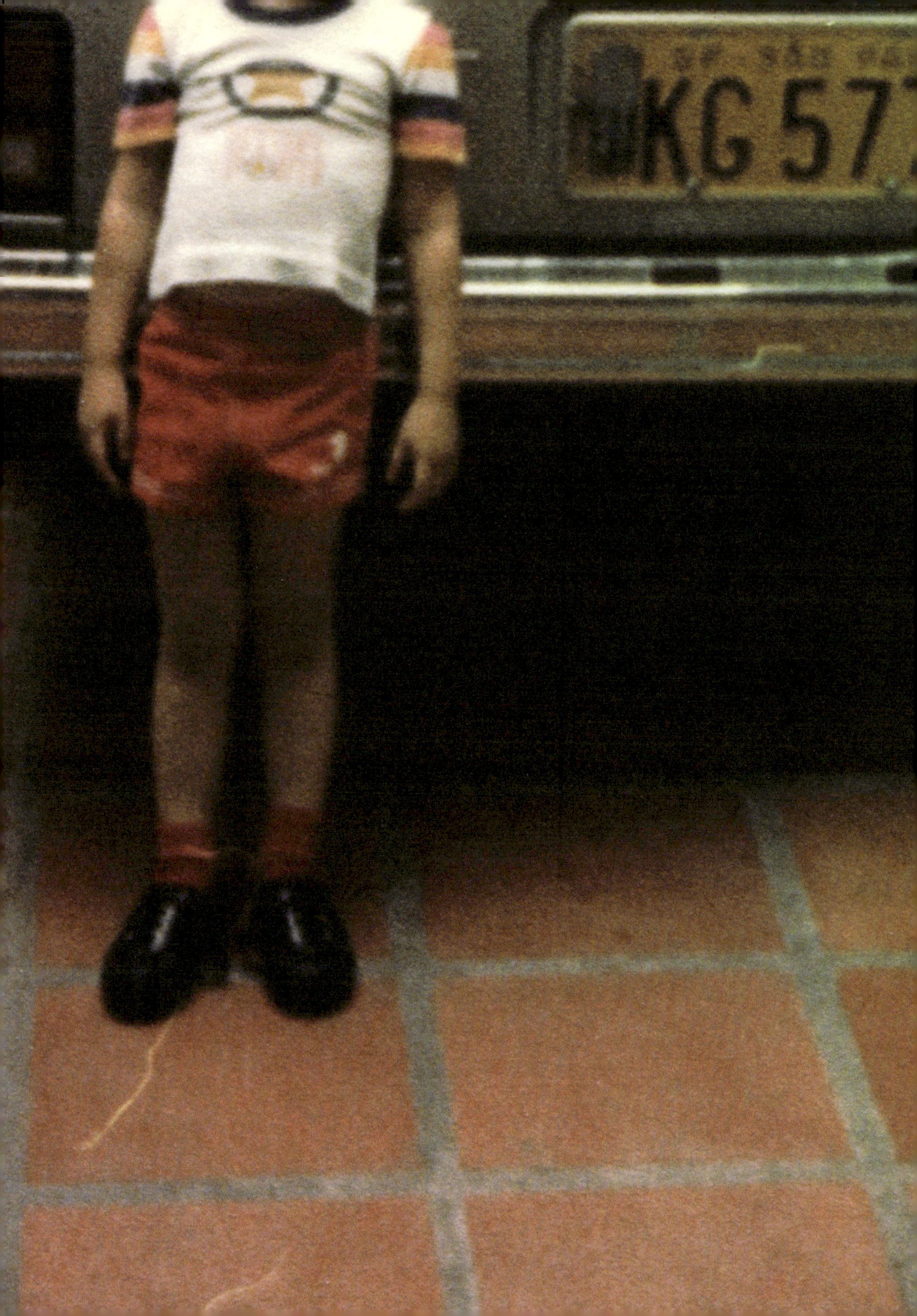
KG 57

Nunca passei tantas horas em museus quanto no primeiro ano de vida da minha filha. Não os frequentava para aprender alguma coisa, mas para passar o tempo. Nos meses gélidos do inverno, eram os lugares onde passava o tempo bem aquecida.

Na maior parte da minha vida adulta, eu via o tempo como uma moeda que poderia ser convertida em várias tarefas definidas – o turno encerrado na confeitaria em que trabalhava, prazos cumpridos, alimentos comprados, tese de doutorado defendida –, mas, com meu bebê, o tempo de repente se tornou outra coisa. Passou a ser um elemento a ser atravessado a nado, como água, em vez de uma moeda que poderia ser trocada pelo talismã de alguma realização. A questão não era concluir uma tarefa, mas simplesmente se movimentar ao longo das horas. Apenas poder dizer: "Vencemos mais um dia!". Esse era nosso único trabalho. Era libertador. Tendo enfiado minha filha em seu casaco de neve branco, eu a carregava através de úmidas estufas nos jardins botânicos, passando em frente a imensas samambaias primitivas, seringueiras, frutas-do--conde roxas pendendo como amoras destinadas a algum gigante. Era como se estivéssemos caminhando pela história do próprio tempo. O cheiro do cocô dela chegava súbito e íntimo. Eu sempre queria mais. De uma forma que eu não me dera conta, a reabilitação tinha se constituído, para mim, como um treinamento para ser mãe – ensinando-me pacientemente que uma experiência pode ser de todo banal, e ainda assim absolutamente profunda.

No Brooklyn Museum, a menos de dois quilômetros de nosso apartamento, passamos horas – de verdade, somando tudo, *horas* a fio – diante de *Uma tempestade nas montanhas, monte Rosalie*. No enorme quadro a óleo pintado por Albert Bierstadt no século 19, há um vasto céu tomado por nuvens negras e pesadas acima de montanhas escarpadas, com intensos feixes de luz cortando a tempestade para iluminar a textura de rochas angulosas e pinheiros altos. Para mim, a pintura decifrava como um mesmo momento pode ser tão cruel quanto consolador. Ela me dizia que os sistemas meteorológicos nem sempre são sequenciais. Às vezes, podemos estar no meio de uma tempestade e, ao mesmo tempo, iluminados pelo sol. Importante também que o quadro estivesse pendurado diante de um banco, o que facilitava a amamentação. Minha filha tirava o que precisava do meu corpo enquanto eu tirava o que precisava da obra, e não apenas prazer pela técnica virtuosa ou uma apreciação da composição, mas algo mais primitivo – uma espécie de alívio pela abertura daquela imensa paisagem em meio à claustrofobia leitosa dos nossos dias. A tela oferecia ar livre. Fazia com que me sentisse pequena num bom sentido – no sentido de estar contemplando algo sublime; uma sensação violenta de abundância. Minha relação com a beleza era então menos uma questão de apreciação estética do que uma sede. Queria aquilo como se fosse água.

Muitas vezes eu media a beleza em termos de ressonância – a forma pela qual um texto literário era capaz de cristalizar um aspecto reconhecível da consciência, por exemplo –, mas aquela beleza não se referia ao reconhecimento. Era a beleza de uma alternativa, do contraste. Minha própria vida era feita de fraldas, amamentação, hora do soninho, amamentação, incontáveis copos d'água, amamentação, chiado de aquecedores, amamentação. Ali havia grandes céus e grandes eventos climáticos, e as pequenas figuras humanas com seus draminhas pareciam modestas em contraste com os picos sombrios. E, no entanto, embora aquela pintura proporcionasse uma janela para fora da minha vida, eu podia sentir como os ritmos dessa mesma vida tinham me treinado e capacitado a olhar para ela. A amamentação me deixava contemplando a paisagem por longos períodos de tempo, e meu olhar sensibilizado reparava em todos os detalhes – cavalos com as crinas agitadas pelo vento, a textura de minúsculos cardos, rachaduras nas árvores derrubadas –, da mesma maneira que havia notado a fonte oculta no jardim, as janelas tingidas de roxo, os olmos-siberianos.

No quadro, o monte Rosalie, com o pico coberto de neve, paira acima de tudo, uma montanha que recebe o nome da amante do pintor e esposa do amigo que o acompanhava na excursão – a mulher com quem o artista mais tarde se casaria. Em forma de montanha, ele pôs no mapa seu amor antes que pudesse possuir a amada por completo. Eu sabia que era uma espécie de ilusão acreditar possuir uma pessoa, por mais que a amássemos, porém, ao segurar minha filhinha diante daquela pintura – com a boca em meu peito, descansando sobre meu antebraço –, era como se ela fosse uma parte de mim outra vez. E, quando eu me perdia na paisagem, éramos nós duas que nos perdíamos, as duas juntas – nossos corpos ligados por aquele fluxo contínuo de leite. Desde antes de ela nascer, eu já queria dar à minha filha a sensação de que o mundo era infinito – difícil, talvez, e doloroso, mas nunca fechado, nunca estático, sempre algo mais, sempre outra nesga de céu por trás das nuvens, uma vista que se descortina de repente na trilha, a possibilidade de um amor imprevisível que uma hora chega.

Só depois de vários meses levando meu bebê ao museu reparei, no quarto andar, num conjunto de fotografias que parecia mostrar uma mulher também levando seu bebê a um museu. Elas documentavam a performance *Mon fils*, de 1968, em que a artista Lea Lublin cuida do filho de sete meses, Nicholas, num berço que instalou numa das galerias do Musée d'Art Moderne de la Ville de Paris. Ela cuidou do filho num museu, e aquilo foi considerado uma obra de arte. Eu estava cuidando de minha filha num museu e... não era arte. Ou era? O que separa o trabalho da arte? Descrevendo sua instalação numa entrevista, Lublin explicou: "No ano anterior, minha grande alegria tinha sido o nascimento do meu filho, e eu disse a mim mesma que a melhor coisa a fazer seria deslocar um momento de minha vida cotidiana para um espaço artístico, o museu". Meu lado crítica sentiu que a palavra crucial ali era "deslocar", que essa sensação de deslocamento era aquilo que transformava em arte seus cuidados com o bebê – a noção chocante de *não pertencer*. Era somente por dominar, explorar e iluminar esse sinal sutil de não pertencer ao museu que sua performance como mãe se tornava artística o suficiente para estar ali.

Seja como for, o que de fato pertence a um museu? Sem dúvida, uma paisagem épica. Um berço? Um bebê? A fotografia de um bebê no berço? Embora com frequência pensemos na arte como representação, ela na verdade opera por meio da exclusão e da distorção. A arte modifica o mundo – destila, transforma, rejeita o mundo – a fim de concentrar e eletrizar nossa atenção. A beleza vem do que sentimos como reconhecível e remoto ao mesmo tempo: a montanha escarpada reluzindo com o amor humano; o berço na galeria de paredes brancas. "Minha grande alegria tinha sido o nascimento do meu filho." A arte não somente replica nossas vidas, sua força reside nos atos de emoldurar e imaginar uma vez mais, em suas justaposições e – como diz Lublin – em seus deslocamentos.

Por isso, sim, meu lado crítica sentiu que a palavra crucial era "deslocar".

Meu lado mãe sentiu que a palavra crucial era "alegria".

—

No âmago do processo criativo existe uma tensão entre vontade e acaso: o artista simultaneamente elabora uma visão e se entrega ao seu feitiço, controlando a obra enquanto procura alguma coisa além de seu controle, em busca do grande mistério daquilo que ele não pode prever ou mesmo compreender inteiramente. O olhar do amador encarna essa entrega: aqueles filmes caseiros no MOMA *já* se puseram à mercê do que quer que venha a acontecer.

Agora que minha filha está aprendendo a andar, não é fácil sentar-me em paz diante de pinturas de paisagens enquanto ela mama, não é tão fácil ruminar em silêncio sobre a relação entre a vida privada e o sublime. As crianças que começam a andar não passam de pequenas parteiras da desordem. Agora minha filha sente vontade de escalar as coisas. Quer inspecionar os bancos, as rampas e as portas automáticas do museu. Quer se ferir de modos audaciosos e inventivos que nunca consigo imaginar antes que ocorram. Ela quer correr como uma louca sobre as grades de aquecimento que se estendem por todo o saguão, abandonando-se ao prazer de fazer as barras de metal tilintarem sob seus pezinhos. Sua alegria também me ensina algo – seu elemento de surpresa, seu encanto. No museu, ela quer fazer todas as coisas que vejo outras crianças fazerem naqueles filmes caseiros no porão do MOMA. Não a levo para ver aqueles filmes, embora eles estejam repletos de seus pares: bebês e crianças que aprendem a andar ainda de fraldas, movendo-se para um lado e para outro, pegando caixas de leite vazias, voando na doce curva de suas barriguinhas. Ao observá-las, em geral, estou pagando a alguém para tomar conta dela. Meu celular se acende com os vídeos de todas as coisas arrojadas e pungentemente prenhes de sua própria humanidade que ela está fazendo em dado momento.

    Deixar minha filha pequena em casa para que eu possa assistir a filmes caseiros de outras crianças da mesma idade é uma iteração do afastamento essencial da arte – a partida e o retorno a que ela convida. A arte nos pede que abandonemos nossas vidas por algum tempo a fim de voltar com uma visão modificada. É o devaneio e o retorno a casa. O importante é o resíduo, o fato de não permanecermos intocados. Quando deixo minha filha pequena para ver filmes de outras crianças pequenas, é como se visse minha própria vida pelo lado errado do telescópio. Ou talvez seja como observar a Terra do espaço, podendo ver o todo de uma só vez. Trata-se de outra versão de trocar a beleza de um museu pela beleza do mundo fora de suas portas, aquele mundo cheio de olmos-siberianos e misteriosas janelas arroxeadas. Atentamos para ele ao deixar o museu. No interior do indivíduo que acorda toda manhã para preparar o mingau do filho, que limpa cuidadosamente a privada e encontra macarrão fossilizado atrás do fogão, há um outro eu – urrando de dor e desejo, sedento por alcançar os tons sublimes. De tempos em tempos, esse eu vem à tona, esgueirando-se por um rasgo na pele, e anuncia: aqui estou.

---

A americana **Leslie Jamison** (1983) é uma das vozes mais originais do ensaio pessoal. Coordenadora do programa de não ficção criativa da Columbia University, é autora, entre outros, de *Exames de empatia* (Globo) e do recente *Make It Scream, Make It Burn* (2019). Este ensaio foi publicado originalmente pela *New York Review of Books* em maio de 2020.
Tradução de **Jorio Dauster**

Nascido em São Paulo, **Edu Marin** (1976) é fotógrafo e artista visual. A série *Infância*, aqui publicada, foi criada a partir de fotos de sua família.

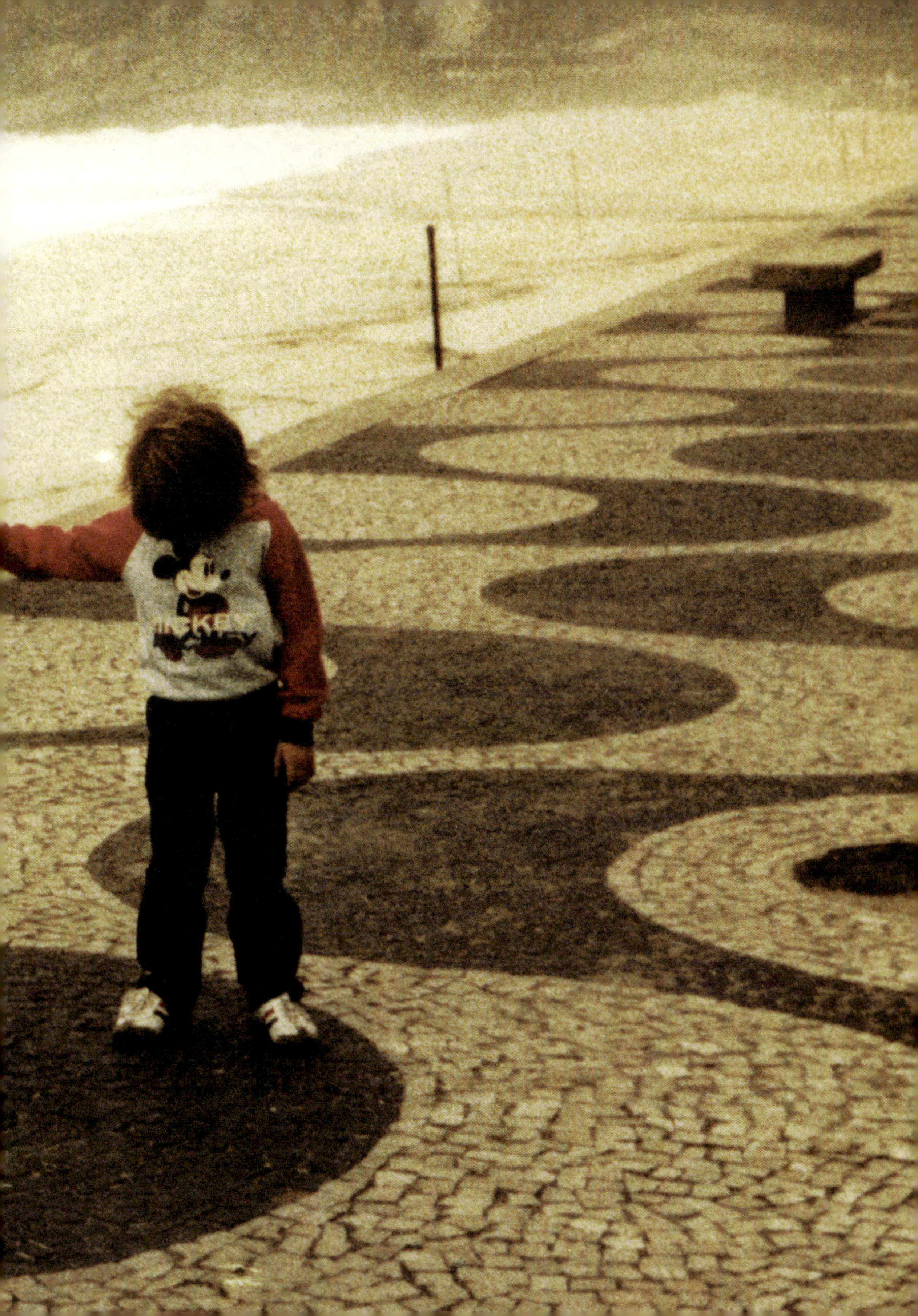

# As coisas como elas são

Valeria Luiselli

**Ao buscar no factual a universalidade, Dorothea Lange criou um vasto arquivo das crises dos EUA ao longo do século 20**

**Dorothea Lange**
Família migrante que perdeu suas terras depois que o pai ficou doente e desempregado, estado de Oklahoma (1938) / Biblioteca do Congresso dos EUA, Divisão de Impressos e Fotografia, Coleção FSA/OWI

Em 1966, o MOMA sediou uma retrospectiva dedicada a Dorothea Lange – a primeira exposição individual de uma fotógrafa no museu. As fotografias de Lange hoje fazem parte da memória coletiva da Grande Depressão. *Migrant Mother* – o retrato de uma mãe segurando seu bebê e cercada pelos filhos, feito num acampamento de trabalhadores rurais temporários na Califórnia – é, talvez, uma das imagens mais reproduzidas da história. Mas, para além de suas fotografias mais célebres da Depressão e do Dust Bowl, Lange produziu um vasto arquivo dos eventos e crises do século 20 norte-americano, desde os campos de concentração para japoneses até a chegada dos primeiros *braceros*, passando pela desigualdade racial e econômica no

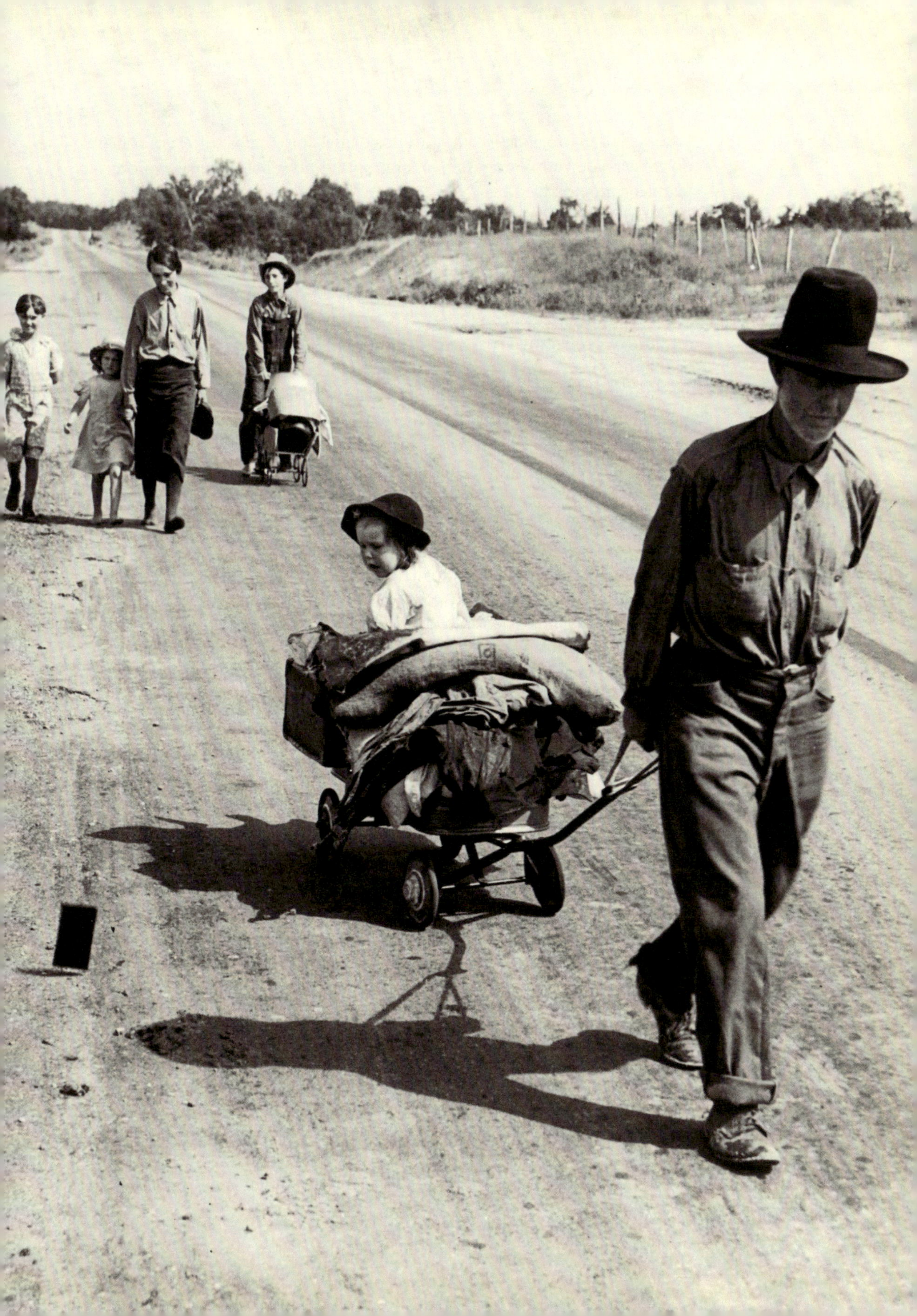

sistema judiciário. Por décadas, muitas dessas fotografias sofreram censura do governo ou simplesmente não foram publicadas pelas revistas que as haviam encomendado.

Quando John Szarkowski, diretor do Departamento de Fotografia do MOMA, abordou-a pela primeira vez, no início dos anos 1960, Lange tinha quase 70 anos e sofria de câncer no esôfago. Ela já havia decidido dedicar o tempo que lhe restava a produzir uma série de retratos intimistas de famílias e, com alguma relutância, concordou com a retrospectiva. Numa cena filmada em 1963, durante os preparativos para a exposição, Lange conversa com um de seus filhos enquanto examina a obra que construiu ao longo de toda a sua vida, e se vê diante de um impasse. O filho diz que ela precisa terminar de uma vez o trabalho, parar de duvidar de si mesma e se apressar. Depois de uma breve pausa, ela responde: "Não se trata de modéstia da minha parte. Não se engane. Não é modéstia. É que estou com medo."

Em fevereiro de 2020, o mesmo museu inaugurou *Dorothea Lange: Words and Pictures*, sob a curadoria de Sarah Hermanson Meister. No início de março, enquanto eu examinava as fotografias de Lange no MOMA, pouco antes de a pandemia interditar tudo, era difícil não me perguntar: do que exatamente ela tinha medo? Talvez simplesmente temesse não conseguir terminar sua seleção a tempo. Talvez tenha pensado que seu trabalho seria mal compreendido, e duvidasse de si mesma como tantas de nós, mulheres, o fazemos quando interagimos com instituições hierarquizadas que nos abrem as portas apenas nos limites permitidos pelas narrativas convencionais. Lange viveu – e nós ainda vivemos – num tempo e numa cultura que dependem da normalização de padrões e condições desiguais, que elegem exceções às regras, mas apenas em seus próprios termos. A honra de encarnar essa exceção deve ter sido um fardo.

Ou talvez fosse simplesmente o medo, tão rotundo e inexplicável quanto intrínseco ao processo criativo – o murmúrio abafado ou o timbre agudo do medo, que às vezes libera e outras sufoca o impulso de imaginar e dar forma a coisas novas. No fim, Lange concordou em escolher 200 imagens para a mostra e dedicou um ano e meio à análise de milhares de antigos negativos e cópias, embaralhando e organizando partes da obra de toda a sua vida numa espécie de narrativa coerente.

—

O primeiro quarto escuro de Dorothea Lange foi improvisado no galinheiro de sua mãe – no quintal da família em Nova Jersey, onde ela cresceu. Nascida em Hoboken, em 1895, Lange contraiu pólio aos sete anos. O vírus a deixou manca pelo resto da vida. Numa série de entrevistas gravadas para o Departamento de História Oral da Califórnia, ela se referiu à deficiência como "talvez [...] a coisa

[1] Reunidas sob o título *Dorothea Lange: The Making of a Documentary Photographer*, as entrevistas foram conduzidas por Suzanne Riess entre 1960 e 1961, para o California Regional Oral History Office (atualmente, UC Berkeley Oral History Center). Muitos livros se desenvolveram a partir delas, incluindo *Dorothea Lange: A Life Beyond Limits*, de Linda Gordon (Norton, 2009); *Lange: Migrant Mother*, de Sarah Hermanson Meister (MOMA, 2018); e *Dorothea Lange, Documentary Photography, and Twentieth-Century America: Reinventing Self and Nation*, de Carol Quirke (Routledge, 2019). Para mais informações sobre Lange, consultar as resenhas de Jonathan Raban sobre o livro de Gordon e sobre *Daring to Look: Dorothea Lange's Photographs and Reports from the Field*, de Anne Whiston Spirn (University of Chicago Press, 2009), publicadas na *New York Review of Books* (19.11.2009).

[2] Conjunto de leis locais que impuseram a segregação racial no Sul dos Estados Unidos entre as décadas de 1870 e 1960. [N. do E.]

mais importante que me aconteceu, e que me formou, me orientou, me instruiu, me ajudou e me humilhou".[1] Quando adolescente, Lange foi matriculada pela mãe – que era divorciada e criava sozinha Dorothea e o irmão – num colégio interno de meninas em Nova York. Apesar das dificuldades de locomoção, Lange matava aulas e passava o dia todo caminhando pela cidade. Para ela, essas longas perambulações foram uma forma produtiva de vadiagem e as primeiras experiências formadoras como fotógrafa, embora na época ela nem sequer possuísse uma câmera. Depois do colegial, pressionada pela mãe, matriculou-se no Barnard College para cursar o magistério. Estudou sem afinco e devotou a maior parte do tempo a aprender fotografia por qualquer meio que estivesse a seu alcance: como operadora de câmera, aprendiz de retratistas e fotógrafos comerciais e assistente de inúmeros estúdios em Nova York.

Em 1918, aos 22 anos, Lange partiu de Nova York para viajar pelo mundo com uma amiga. Ela planejava ganhar a vida vendendo suas fotos, mas as duas foram roubadas em São Francisco e precisaram correr atrás de trabalho. Alguns meses depois, graças ao empréstimo de um conhecido a quem fora apresentada no San Francisco Camera Club, Lange conseguiu alugar uma loja na Sutter Street, perto da Union Square. O lugar se tornou sua segunda câmara escura e logo um estúdio comercial, dedicado a retratos, pois era preciso financiar a compra de material. Num vestido Fortuny, ela recebia seus clientes com o chá preparado num samovar russo. Em pouco tempo atendia a elite da cidade. Trabalhou 18 horas por dia, todos os dias, até conseguir se sustentar.

O estúdio da Sutter Street logo se tornou uma espécie de salão onde outros fotógrafos, escritores e pintores se reuniam. Havia muitas mulheres, incluindo a modernista radical Imogen Cunningham; Alma Lavenson, que fotografava paisagens industriais; e Consuelo Kanaga, uma das primeiras mulheres fotógrafas a documentar a vida no Sul nos tempos de Jim Crow[2] e cujos retratos de escritores e intelectuais negros só se tornaram mais amplamente conhecidos muitos anos depois. O estúdio era chamado de "gabinete matrimonial", provavelmente devido aos muitos relacionamentos amorosos que tiveram início naquelas reuniões noite adentro. Foi ali que Lange conheceu Maynard Dixon – um pintor boêmio que usava botas de caubói e era 20 anos mais velho que ela. Os dois se casaram em 1920, apenas dois anos depois de ela partir de Nova

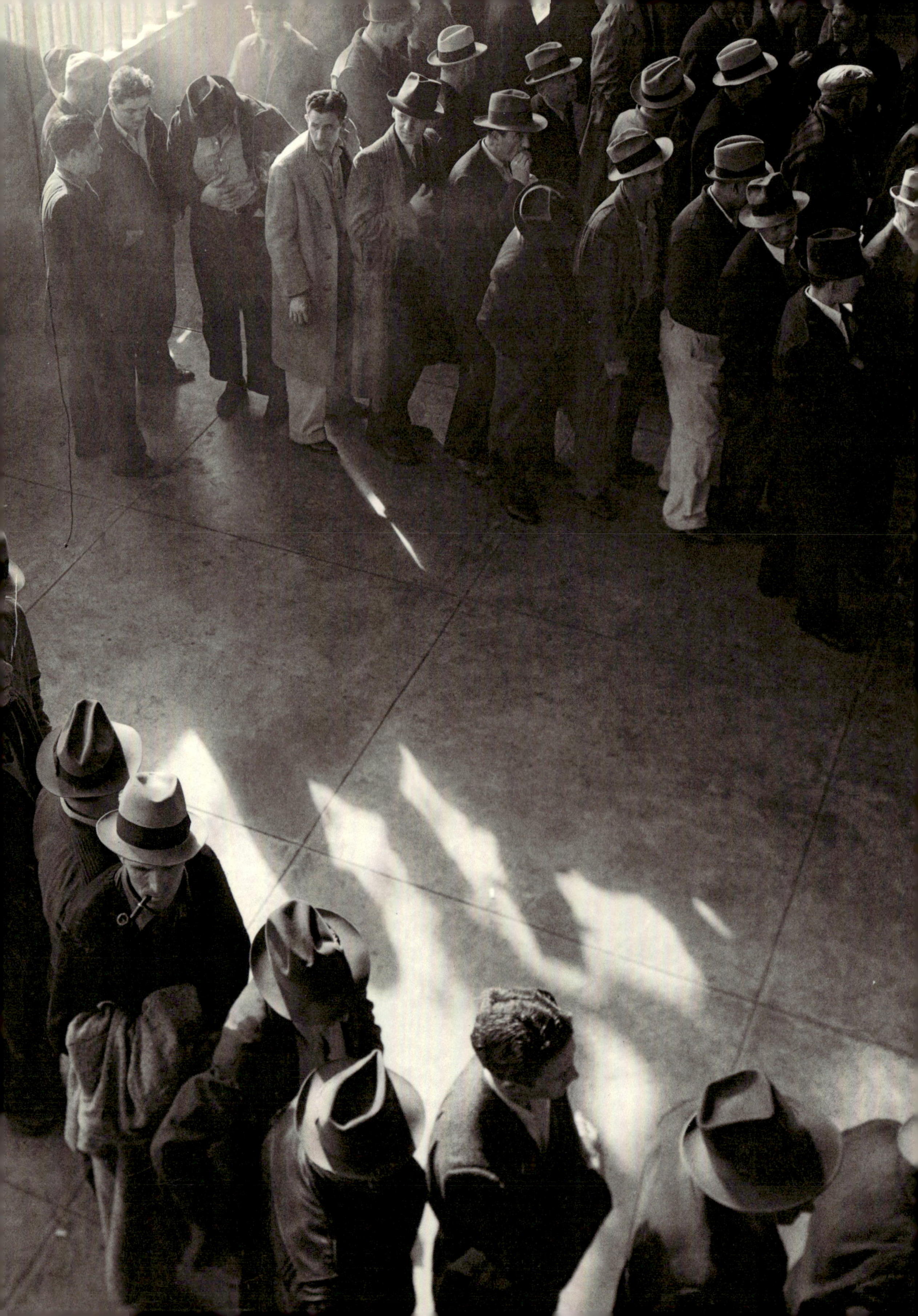

York, e tiveram dois filhos. No final da década, Lange administrava seu estúdio e cuidava dos filhos e da casa praticamente sozinha, raramente ajudada pelo marido.

No início da década de 1930, nos primeiros anos da Grande Depressão, a cena artística de São Francisco ainda era vibrante. Diego Rivera pintava murais no San Francisco Art Institute, no City College e no City Club; artistas locais faziam murais para a Coit Tower; e os fotógrafos que criaram o Group f/64 – incluindo Cunningham, Willard Van Dyke e Ansel Adams, entre outros – exibiam seu trabalho em estúdios e galerias e assinavam manifestos a favor da "fotografia pura [...], que não possui nenhuma qualidade de técnica, composição ou ideia que seja derivada de outras formas de arte".

Lange nunca aderiu a um conjunto tão fixo de princípios estéticos; priorizava a objetividade. Naquela época, ela havia pendurado na entrada de sua câmara escura uma anotação que carregaria consigo por tantas outras câmaras escuras – uma citação de Francis Bacon, o filósofo do século 16, não o pintor do século 20: "Contemplar as coisas como elas são, sem substituição ou impostura, sem erro ou confusão, é em si uma coisa mais nobre do que toda uma safra de invenção".

—

Em 1933, já havia 14 milhões de desempregados no país. Eleito presidente no ano anterior, Franklin Delano Roosevelt executara os primeiros planos do New Deal, mas a economia estava a anos de qualquer tipo de recuperação. Embora Lange continuasse fazendo retratos em seu estúdio, o trabalho escasseava e ela ganhava um terço de sua renda habitual. Abandonou por um tempo seu estúdio na Sutter Street para viajar com Dixon – uma última viagem, uma viagem para salvar o casamento –, deixando os filhos sob os cuidados de uma família mórmon durante a semana.

Quando voltaram para São Francisco, Lange e Dixon enviaram os filhos (de sete e quatro anos) para uma escola em Marin County. Cada um alugou para si um estúdio na Montgomery Street. Esse estúdio foi o terceiro de Lange e, também, onde viveu pelo ano seguinte. Nos depoimentos para o Departamento de História Oral da Califórnia, Lange descreve uma janela, no canto do estúdio, por onde o sol entrava diretamente.

Fila em agência do recém-criado programa estadual de seguro-desemprego da Califórnia, São Francisco (1938) / Biblioteca do Congresso dos EUA, Divisão de Impressos e Fotografia, Coleção FSA/OWI

Com frequência ela ficava ali, analisando suas imagens, observando a rua e as muitas pessoas desempregadas, em desespero, que passavam. Foi olhar por aquela janela, explicou, que a fez seguir "na direção de um tipo de fotografia para a qual, na época, não havia nome. Agora chamam de 'documental' e, embora não seja um bom nome, pegou."

Lange foi às ruas para tirar algumas de suas primeiras fotografias documentais da Depressão, incluindo *White Angel Breadline* (1933), que mostra as costas, os ombros e os chapéus de homens esperando por comida numa fila. Um deles, um homem mais velho, está de frente para a câmera, mas não a encara diretamente. Somente o nariz, o queixo com a barba por fazer e os lábios curvados para baixo são visíveis sob a aba de seu chapéu. As mãos rachadas estão unidas, e há uma caneca de lata entre seus braços. O ângulo é oblíquo, como se Lange tivesse tirado a foto enquanto flutuava a alguns metros do chão. A imagem é evocativa de *Workers Parade* (1926), de Tina Modotti, que flagra do alto um grupo de trabalhadores durante uma manifestação do Primeiro de Maio na Cidade do México. As duas fotografias registram momentos semelhantes de instabilidade política e social. A de Modotti é uma abstração modernista – uma constelação de chapéus e costas –, enquanto na imagem de Lange há uma intimidade profunda e desolada: as mãos, a caneca.

Curiosamente, ambas as fotografias foram expostas em Nova York em 2020 – a de Lange no MOMA, e a de Modotti na mostra *Vida americana*, no Whitney Museum, que tinha como foco a influência dos muralistas mexicanos sobre os artistas norte-americanos que trabalhavam para o Escritório para o Progresso do Trabalho (WPA, na sigla em inglês)[3] durante os anos 1930. Seria esclarecedor ver os trabalhos de Lange e Modotti na mesma parede; ver, por exemplo, *Tractored Out* (1938) – fotografia posterior em que Lange retrata uma casa texana solitária no meio de um campo onde sulcos de terra formam perfeitos semicírculos concêntricos, sem nenhum plantio – ao lado de *Stadium, Mexico City* (c. 1927), de Modotti, imagem de um estádio mexicano recém-construído, com as arquibancadas dispostas como um anfiteatro, também concêntrico, feito de concreto armado. As duas fotografias, uma rural e outra urbana, registram um momento do capitalismo – com toda a sua fé na mecanização e no progresso – que já estava produzindo as galopantes e brutais desigualdades que

[3] Agência criada durante o New Deal para fomentar a economia americana, empregou milhões de trabalhadores na construção de estradas e edifícios públicos. [N. DO E.]

arrancaram as pessoas de suas casas nas zonas rurais e as atiraram nos limiares da pobreza urbana.

*White Angel Breadline* foi a primeira foto de Lange que se tornou conhecida pelo grande público. Foi publicada em 1934 na revista mensal *Camera Craft*, sediada em São Francisco, e dois anos depois a fotógrafa doou uma cópia da imagem para o Museum of Science and Industry, em Chicago. Durante anos, a cópia viajou a diferentes museus e foi vista por milhares, talvez milhões, de pessoas. Décadas depois, em 2005, numa sinistra ironia da economia de mercado, essa fotografia de um homem velho esperando numa fila de assistência social foi vendida em leilão da Sotheby's por 882.400 dólares.

—

Em janeiro de 1934, Lange deixou seu estúdio na Montgomery Street e enviou a todos os seus clientes uma carta notificando a mudança de endereço. A frente do folheto dizia: "Nova Estação/ 1934/ Dorothea Lange/ Fotografias/ de Pessoas/ Novo Local/ 2515/ Gough Street...". Na parte de dentro, ela imprimiu a citação de Francis Bacon de que gostava: "A contemplação das coisas como elas são". Lange havia mudado completamente o rumo de seu trabalho, distanciando-se dos retratos comerciais. Naquele momento, ela fotografava sobretudo pessoas nas ruas, onde o mal-estar econômico crescia, assim como o furor político, fértil de possibilidades.

Os estivadores da costa oeste entraram em greve naquele mês de maio, e a eles se juntaram marinheiros, mecânicos, bombeiros, maquinistas e pilotos. Reivindicavam jornadas e salários justos e o reconhecimento de seus sindicatos – e, além disso, o controle dos sindicatos sobre as contratações (que eram, até então, feitas sob os caprichos dos patrões em enormes pavilhões de recrutamento). As manifestações em São Francisco logo se tornaram violentas: a Guarda Nacional da Califórnia foi acionada, e a presença policial era massiva. Em uma das manifestações, a polícia abriu fogo contra os grevistas e matou dois homens.

Foi o estopim de uma greve geral em que mais de 150 mil trabalhadores paralisaram a cidade por quatro dias. Uma das fotografias de Lange mostra um policial de perfil, arrogante e impassível; atrás de seu rosto, há um cartaz: "Taxem os ricos para bancar o seguro-desemprego". Outra imagem exibe um trabalhador de ombros erguidos, os olhos quase invisíveis sob a sombra de seu chapéu; atrás dele, lê-se num cartaz: "Nos deem comida!". Há ainda uma outra que mostra um policial em pé, imóvel como uma estátua, as mãos entrelaçadas na altura do estômago, um dedo enfiado entre os botões do sobretudo, e as pernas numa espécie de posição de esgrima; atrás dele, uma multidão organizada ergue cartazes com proclamações anti-imperialistas escritas em diversas línguas.

4. Cooperativa de auxílio mútuo criada nos EUA durante a Depressão para oferecer trabalho a pessoas desempregadas. [N. do E.]

*Tractored Out*, 1938 / Biblioteca do Congresso dos EUA, Divisão de Impressos e Fotografia, Coleção FSA/OWI

No verão de 1934, o fotógrafo Willard Van Dyke, do Group f/64, exibiu em seu estúdio em Oakland algumas das fotos feitas por Lange em greves e protestos. Essa foi a primeira exposição de seu trabalho documental num espaço público. Paul Taylor, economista agrícola progressista e professor da Berkeley que havia estudado extensivamente a mão de obra mexicana na Califórnia, viu a exposição e ficou impactado. Pediu a permissão dela para usar algumas imagens como ilustração de um artigo sobre os grevistas que ele havia escrito para a revista de esquerda *Survey Graphic*. Poucos meses depois, os dois viajaram com um grupo de fotógrafos – entre eles, Van Dyke e Cunningham – para documentar as novas comunidades de troca que a Associação de Auxílio entre Desempregados (UXA, em inglês)[4] formou por toda a Califórnia em resposta à Depressão. Após alguns meses de colaboração, Lange e Taylor pediram o divórcio de seus respectivos companheiros e passaram a viver juntos em São Francisco, com os dois filhos dela.

Em meio à Depressão, surgiu o Dust Bowl, uma das mais graves crises ambientais na história dos EUA. As Grandes Planícies do Sul haviam sido campos férteis, mas durante a longa colonização do Oeste os fazendeiros passaram a praticar a aração profunda do solo, estimulada por sucessivos governos que ofereciam lotes de terra aos colonos e encorajavam produtividade e eficiência cada vez maiores. Os fazendeiros aravam a camada superior do solo com tanta frequência e fervor que acabaram removendo permanentemente as matas nativas da região. Já não havia mais nada que mantivesse o solo firme e, assim, quando vieram as secas e os fortes ventos que as sucederam, enormes "nevascas negras" de poeira se espalharam pelos estados de Kansas, Colorado, Oklahoma, Texas e Novo México. Milhares de famílias tiveram de fugir de seus lares.

Lange e Taylor foram os primeiros a fotografar e entrevistar os migrantes do Dust Bowl que chegavam à Califórnia. Taylor trabalhava para o Escritório de Ajuda Emergencial da Califórnia, uma das primeiras agências do New Deal de Roosevelt, e convidou Lange para se juntar ao time. Ela foi contratada como "datilógrafa", pois o orçamento da agência não tinha provisões para "fotógrafa documentarista". Suponho que isso teria sido resolvido de forma diferente caso se tratasse de um homem. Mas Lange estava lá, de fato, para tirar fotos, enquanto Taylor conversava com as pessoas e fazia anotações de campo. Eles documentaram o influxo dos calhambeques estropiados,

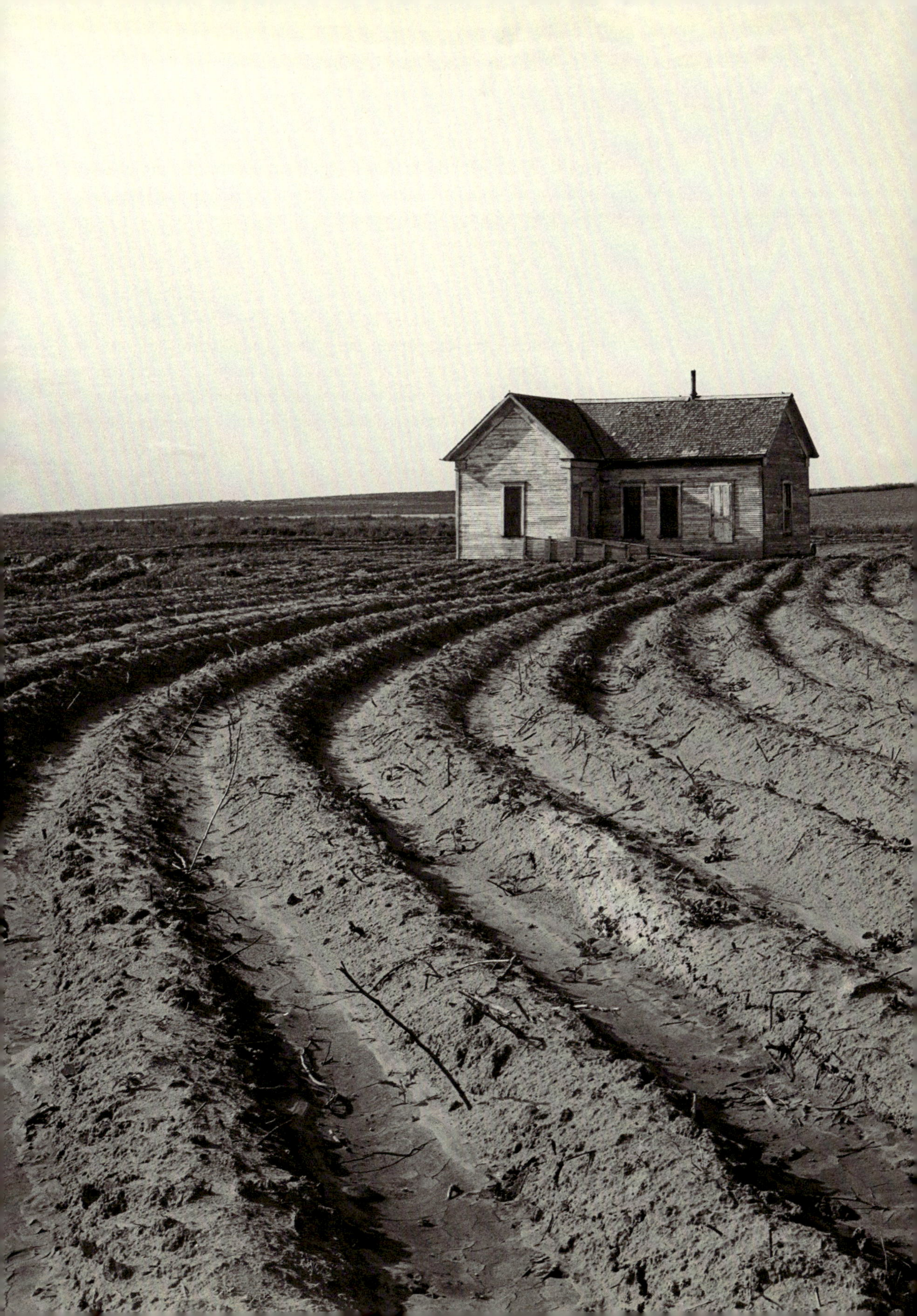

os rostos atordoados das famílias recém-chegadas, as barracas dos assentamentos temporários. A legenda de uma fotografia que Lange fez em Bakersfield, na Califórnia, de uma família de meeiros com suas crianças e bens a reboque diz: "Fomos rejeitados em Oklahoma".

—

O relatório que Lange e Taylor prepararam sobre o trabalho dos migrantes ajudou a garantir financiamento federal para acampamentos temporários que abrigariam os camponeses desalojados. As fotografias de Lange também foram determinantes para a criação da Seção de História da Agência de Segurança Agrícola (FSA, em inglês), que o New Deal montou em 1937 como resposta à devastação da agricultura provocada pelo Dust Bowl. Depois de ver as fotos que Lange fez nos acampamentos, Roy Stryker, o diretor da Seção de História, contratou um grupo de jovens fotógrafos – entre os quais a própria Lange, Walker Evans e Arthur Rothstein – que, ao longo dos anos seguintes, produziria um arquivo público com mais de 80 mil fotografias da Depressão.

Lange e Taylor continuaram a desenvolver e aperfeiçoar seu método: tirando fotografias, entrevistando e fazendo anotações de campo em um diário compartilhado que, depois, os ajudou a organizar seu trabalho de forma coerente. Suas respectivas palavras e imagens não constituíam dois projetos separados e reunidos posteriormente de forma artificial, mas eram cultivadas juntas, tecidas intrincadamente. O ponto culminante de seu trabalho dos anos 1930 foi o extraordinário livro *An American Exodus: A Record of Human Erosion* (1939) – atualmente quase impossível de ser encontrado –, uma narrativa da luta humana contra a maquinaria do capitalismo, que engole constantemente a força de trabalho para produzir fortunas para poucos e miséria para tantos.

O livro documenta vidas estilhaçadas pela indústria do algodão, pela pobreza rural, pela migração aos centros urbanos, pelo esgotamento dos recursos naturais, pela mecanização – e também o absurdo disso tudo, capturado na fotografia de uma cerca de arame farpado que separa duas idênticas extensões de vazio empoeirado. O livro inclui ensaios introdutórios de Taylor, fotografias de Lange e legendas que são, em sua maioria, citações diretas – fragmentos de conversas – das pessoas que eles abordaram:

> Há muitas maneiras de derrubar um homem...
> Tentamos evitar, mas ficaremos na Califórnia por enquanto...
> *Se você morrer, está morto* – é só isso.
> As pessoas ainda não têm mesmo nada a dizer.

"Como você conta aos outros aquilo que acha digno de ser contado, aquilo que você descobriu ou desvendou, ou aprendeu... e que você acha significativo", Lange pergunta à câmera na gravação do filme de 1963, "não o que é moral, mas significativo?" Talvez essa seja a questão mais básica e mais complexa do processo criativo: como dispor o caos ou nossa experiência individual numa narrativa que tenha sentido coletivo? Produzir uma série de fotografias talvez seja algo semelhante ao processo de tomar notas para um romance ou um ensaio. A parte mais difícil vem depois, quando as notas precisam ser revisadas – a maioria, descartada, e algumas, mantidas – para que componham, então, uma narrativa mais ampla. E quando a realização dessa narrativa mais ampla afeta diretamente as pessoas cujas vidas e lutas estão sendo documentadas, como ocorreu no caso do trabalho de Lange, a responsabilidade não é apenas estética, mas também política.

Numa carta a Szarkowski em junho de 1965, Lange escreveu: "Estou trabalhando nas legendas. Essa não é uma questão simples, burocrática, mas um processo... Elas são um tecido conectivo e, ao explicar a função das legendas, como faço agora, acredito que estamos expandindo o suporte do nosso trabalho." Ela estava de fato expandindo o suporte. O trabalho desenvolvido por Lange nos anos 1930, sobretudo em *An American Exodus*, nos permite enxergar e quase escutar as primeiras ruínas do capitalismo americano e dos corpos que ele devasta. Combinar imagens e palavras – palavras que eram as vozes das pessoas retratadas, e não a voz autoritária do artista, curador ou editor – foi uma forma de compreender a fotografia documental como veículo para uma multiplicidade de vozes. De certa forma, o método de Lange prefigura aquele dos jornalistas contemporâneos, a exemplo de Svetlana Aleksiévitch: há uma qualidade coral em sua forma de documentar, uma coleção de vozes que falam, em diferentes tons e texturas, sobre uma preocupação comum.

—

As décadas seguintes foram dramaticamente diferentes para Lange. Em 1941, recebeu uma bolsa do Guggenheim – foi a primeira fotógrafa mulher a conquistá-la – para documentar comunidades cooperativas religiosas, mas a guerra minou seus planos, e ela continuou trabalhando para o governo. Os programas do New Deal, no entanto, estavam sendo desmontados, e nada semelhante ao projeto fotográfico do FSA pôde ser repetido. Em 1942, foi criado o Departamento de Informação de Guerra, que absorveu o FSA. No ano seguinte, o governo federal cortou as verbas do WPA, que havia empregado mais de oito milhões de pessoas na construção de obras públicas.

Então, após dois decretos de Roosevelt, o governo criou a Autoridade de Realocação de Guerra, agência responsável por enviar aproximadamente 120 mil

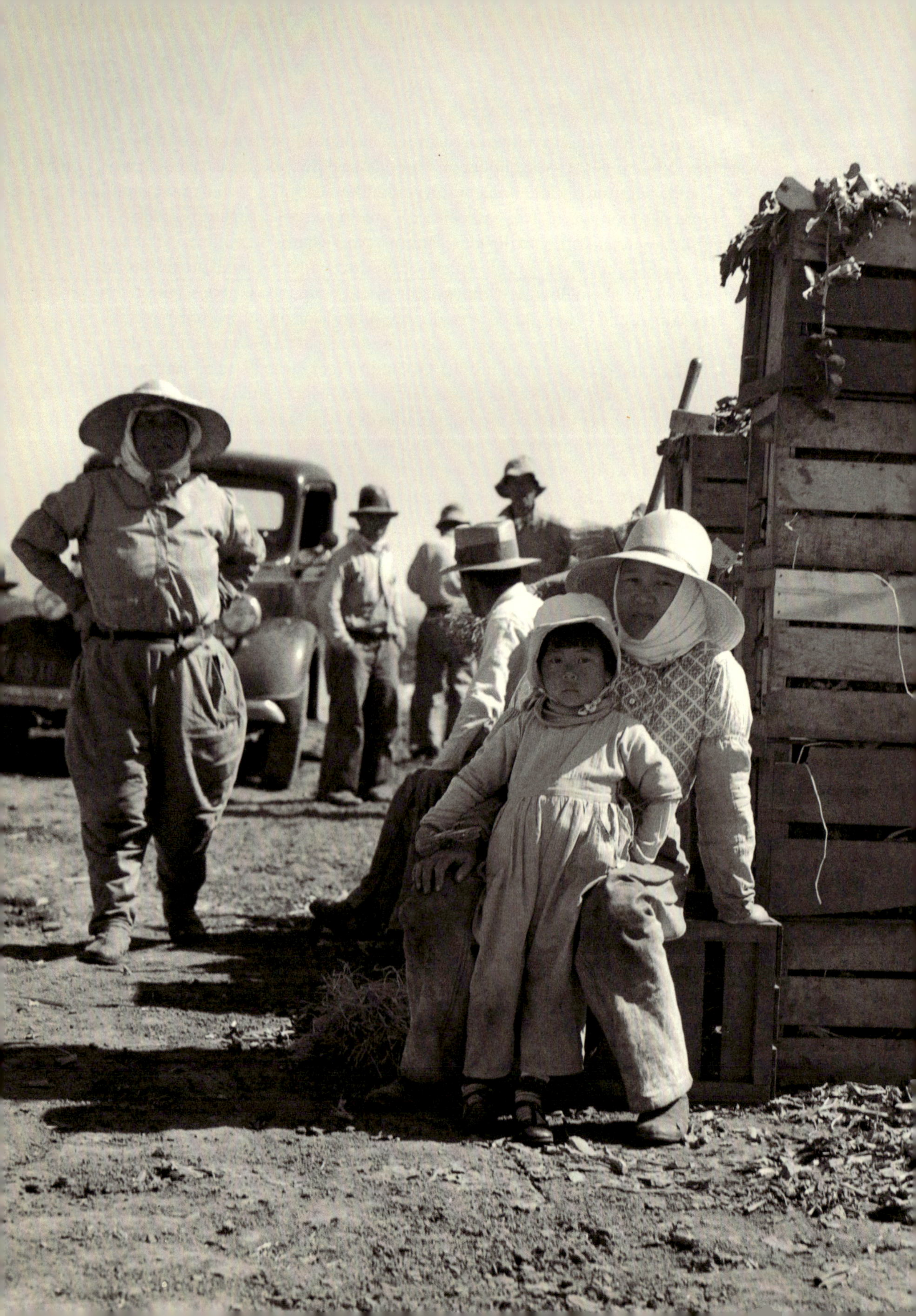

descendentes de japoneses para campos de concentração. Essas alterações burocráticas de nomenclatura são suficientes para dar uma noção clara da direção que o país estava prestes a seguir. Os EUA estavam saindo da Depressão com uma manobra na direção de uma economia de guerra, do encarceramento massivo das minorias, de ataques militares e de intervencionismo no exterior – em outras palavras, na direção de um futuro que é o nosso presente.

Nos anos seguintes, Lange trabalhou para o Departamento de Informação de Guerra, que era abertamente um instrumento de propaganda do governo operando dentro e fora do país. Seu trabalho era fiscalizado e controlado de forma intensa; com frequência ela era acompanhada de um soldado em suas tarefas, e todos os seus negativos tinham que ser enviados ao governo. Em 1942, ela fotografou os primeiros *braceros* – homens mexicanos trazidos aos EUA para trabalhar quando a escassez de mão de obra durante a guerra se manifestou. Os *braceros*, que eram chamados de "trabalhadores convidados" nos EUA, mas se referiam a si mesmos como *"los enganchados"*, foram postos para trabalhar em condições aterradoras, separando ou enlatando produtos nas fazendas e construindo estradas de ferro. Sofriam constante discriminação e, quando a guerra terminou e eles deixaram de ser necessários, foram deportados por meio de uma série de manobras federais, tais como a Operação Wetback, em 1954.

Lange provavelmente tentou registrar as circunstâncias enfrentadas por essas pessoas – o tipo de abordagem que, por uma década, marcou o seu trabalho. Mas as únicas fotografias que vieram a público naquela época foram as da chegada dos *braceros*, que exibem homens jovens e alegres sorrindo e acenando dos trens. Elas foram publicadas em 1943 na *Survey Graphic*, acompanhadas de um artigo que alegava que "trabalhadores estão sendo transportados do México para os Estados Unidos – não como mão de obra forçada, não contra a sua vontade, mas como vizinhos que ajudarão na colheita". Não está claro se de fato essas foram as únicas fotos que Lange conseguiu fazer, ou o que ela pôde ter pensado sobre a forma como, daquela vez, palavras alheias foram justapostas às suas imagens.

Depois de Lange fotografar os *braceros*, a Autoridade de Realocação de Guerra a incumbiu de registrar o processo de internação dos nipo-americanos. Ela hesitou em levar o projeto

Trabalhadores rurais de origem japonesa na Califórnia (1937) / Biblioteca do Congresso dos EUA, Divisão de Impressos e Fotografia, Coleção FSA/OWI

adiante, mas viu nele uma oportunidade para denunciar o programa. Em suas próprias palavras, ela fotografou "pessoas desorientadas, transtornadas", esperando para serem vacinadas em longas filas na rua enquanto o governo colocava o plano de confinamento em ação; pessoas sendo entrevistadas – interrogadas – diante de um "oceano de mesas" e recebendo números que substituíam seus sobrenomes; e, finalmente, pessoas carregando suas bagagens e vestindo suas melhores roupas no dia de suas realocações forçadas.

Todos os negativos e cópias de Lange foram apreendidos pelo governo. "Eles queriam um arquivo, mas não um arquivo público, e [as fotografias] não me pertenciam. Eu estava sob contrato", ela disse. Esses documentos brutais do ódio do país pela comunidade nipo-americana permaneceram praticamente inacessíveis até 2006, quando afinal foram divulgados.

Lange acreditava que uma fotografia documental só pode revelar algo sobre aquilo que registra se abarcar algo maior do que o objeto em si: "Uma fotografia documental não é uma fotografia factual *per se*. É uma fotografia que carrega o sentido e a importância totais do episódio, circunstância ou situação, que só podem ser revelados – pois não é possível recapturá-los – por essa outra qualidade."

Suas fotografias possuem essa "outra qualidade" e se imprimem na mente do observador de tal forma que – num eco involuntário – retornam quando algo no mundo se assemelha ou evoca sua atmosfera. No Centro Residencial Familiar do Sul do Texas, atualmente o maior centro de detenção de imigrantes da Polícia de Imigração e Alfândega (ICE, em inglês) para mães e filhos em situação ilegal, há um misterioso eco do Centro de Realocação Manzanar, que Lange fotografou na época dos internamentos dos japoneses. E nisso reside não apenas o poder, mas também a importância de um olhar documental como o de Lange: ele nos lembra de como tudo contém o rastro de um evento anterior, que continua a reverberar e repercutir no futuro.

Em 1945, Lange parou de trabalhar para o governo. O Departamento de Informação de Guerra lhe pedira para fotografar a primeira conferência das Nações Unidas, que acabara de ser criada, mas ela não concluiu a tarefa. Tinha adoecido, e sua saúde se deteriorou no decorrer dos anos seguintes, forçando-a a viver com dores crônicas e hospitalizações intermitentes. Ela foi menos ativa como fotógrafa durante o final dos anos 1940 e nos anos 1950, embora tenha, em 1952, participado da fundação da *Aperture* – instituição sem fins lucrativos e revista devotada à fotografia – e trabalhado de forma ocasional para a revista *Life*, frequentemente com resultados frustrantes.

Um de seus últimos grandes trabalhos para a *Life*, a que se dedicou entre 1955 e 1957, foi o ensaio *Public Defender*. Em uma das fotografias, *The Defendant*, um homem negro está sentado num tribunal, e seu rosto repousa sobre uma das mãos – uma mão enorme, forte; uma mão desesperada, indefesa. A outra mão, praticamente invisível, está enfiada entre os joelhos. Como já havia feito, Lange buscou documentar aquilo que normalmente passa despercebido ou é propositalmente ignorado. Dessa vez, seu olhar captou o racismo contra pessoas negras entranhado no sistema de justiça norte-americano e o papel crucial dos defensores públicos em garantir um julgamento o mais justo possível àqueles que não podem custear os trâmites do sistema judiciário. (Pouco depois, em 1963, a Suprema Corte determinou, no caso Gideon *vs.* Wainwright, que os estados devem oferecer um advogado aos réus que não conseguem bancar um.)

Embora algumas fotografias dessa série tenham sido incluídas na revista *This Week* em 1960, a *Life* decidiu não publicar *Public Defender*. Por quase duas décadas, do início dos anos 1940 até o fim dos anos 1950, o trabalho de Lange foi vigiado, censurado, usurpado, apreendido, ou simplesmente recusado.

"Destes materiais eu quero extrair [...] a universalidade da situação, não a circunstância", diz Lange diante da câmera enquanto se prepara para a retrospectiva no MOMA, no início dos anos 1960. A fotografia documental nos ensina a observar as coisas historicamente, a entender as conexões entre desigualdades sistêmicas enraizadas profundamente no passado, eventos e crises do nosso presente e os possíveis futuros que ele prenuncia. Hoje, ao estudar as fotografias de Lange, é impossível não se perguntar: como ela estaria documentando os protestos do Black Lives Matter e a violência policial contra as comunidades negras? Que fotografia ela teria feito em 2016 – 80 anos depois de *Migrant Mother* – de uma mãe imigrante num centro de detenção? Como ela teria legendado a fotografia de uma criança trancada numa das jaulas do ICE na fronteira? O que ela teria nos revelado sobre as vidas dos trabalhadores rurais – em sua maioria, mexicanos, centro-americanos e imigrantes ilegais – que alimentam os EUA durante a pandemia da covid-19 enquanto vivem sob a ameaça de deportação?

Dorothea Lange morreu aos 70 anos, em outubro de 1965 – exatamente três meses e meio antes da abertura de sua retrospectiva no MOMA. "Esses terrores do quarto escuro, eles permanecem", ela disse, perto do fim da vida. Eu penso nela trabalhando em uma série de quartos escuros: o galinheiro de Nova Jersey; o "gabinete matrimonial" da Sutter Street; o estúdio da Montgomery Street, de onde ela via através das janelas as ruas dominadas pela Depressão; o estúdio na Gough Street, onde ela revelou suas cópias do Dust Bowl; e seu último estúdio, na casa que dividiu com Taylor em Oakland, onde revisitou toda a sua obra para elaborar uma narrativa coerente.

Talvez os medos de Lange viessem de uma profunda consciência de sua responsabilidade. Depois de documentar quase meio século de crises e as vidas daqueles mais afetados por elas, Lange compreendeu, talvez bem demais, a enorme responsabilidade que acompanha o gesto de narrar qualquer história, mas especialmente a história da luta de outras pessoas. O medo é um conhecimento incorporado, uma intuição quase física dos possíveis resultados, ensinada pelas experiências pregressas. Ele pode derivar em paranoia, nos paralisar, produzir um choque que nos torne impassíveis. Mas também pode ser um impulso poderoso, como suponho que o tenha sido para Lange, que, com todos os seus "terrores da câmara escura", ainda era capaz de documentar o que muitos outros ainda não tinham visto ou não queriam ver. O medo nos permite dar forma a coisas que teimamos não ver ou que não éramos capazes de nomear. O medo é uma forma específica de inteligência, que surge quando o olhar para o passado, a compreensão do presente e a intuição sobre o futuro entram em colisão.

Pertences de uma família migrante na Califórnia (1939) / Biblioteca do Congresso dos EUA, Divisão de Impressos e Fotografia, Coleção FSA/OWI

Nascida no México e radicada nos Estados Unidos, **Valeria Luiselli** (1983) é autora dos romances *Rostos na multidão* (2012), *A história dos meus dentes* (2016) e *Arquivo das crianças perdidas* (2019), todos traduzidos pela Alfaguara, e da coletânea de não ficção *Papeles falsos* (2012). Dela, a *serrote* #26 publicou "Por que você veio?", relato sobre as crianças detidas como imigrantes ilegais nos EUA. Este ensaio saiu originalmente na *New York Review of Books*.
Tradução de **Julia de Souza**

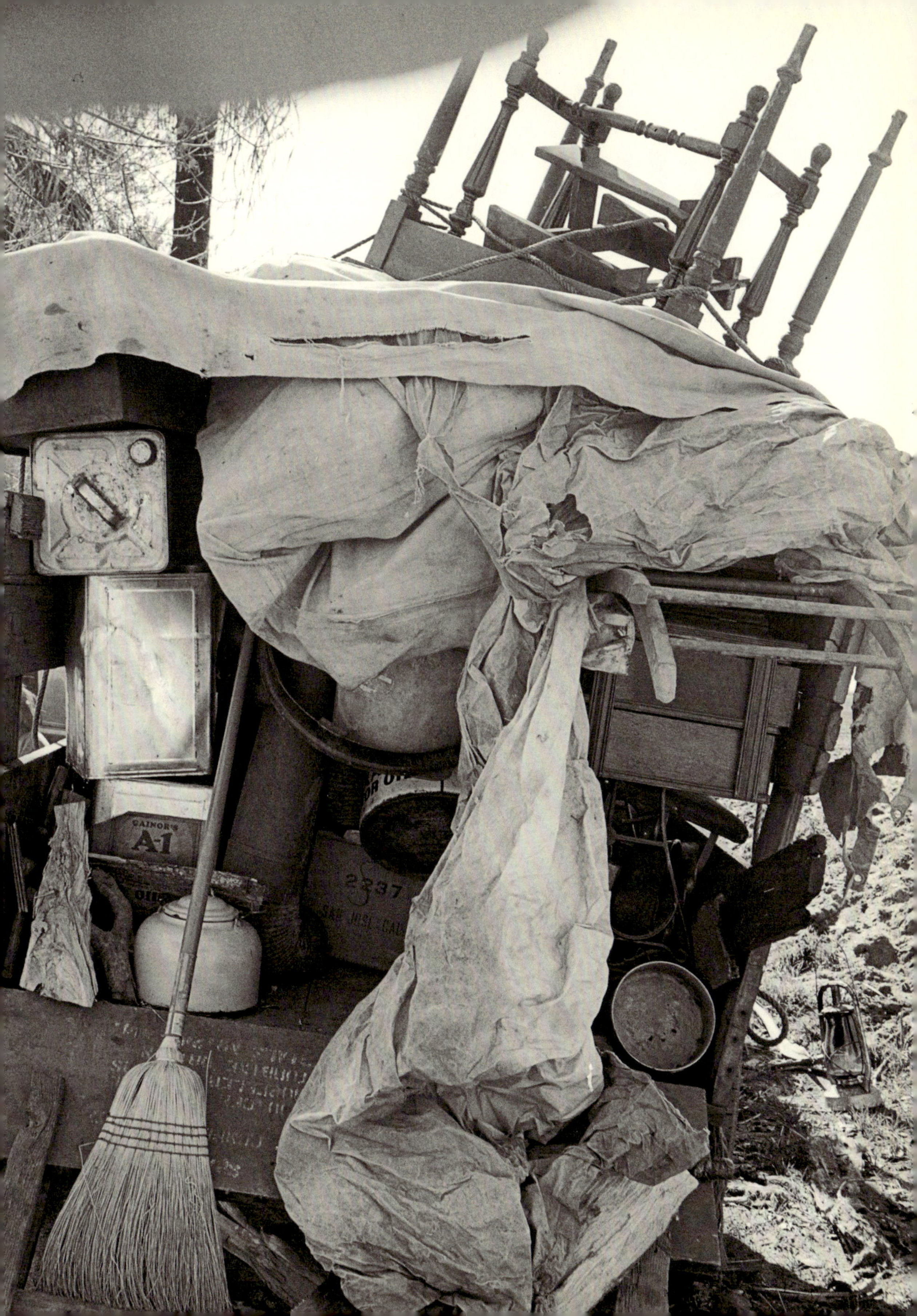
GAINOR'S
A-1
2237

# Contra o racismo, a identidade reafirmada

Serge Katembera

Do *#BlackLivesMatter* à morte de João Alberto, a mobilização das redes mostra identitarismo como fator concreto de união e força

A grande virada epistemológica do século 20 foi conduzida pelos movimentos feministas e negros, dentro e fora da academia, numa conjunção entre produção intelectual e militância, como foi o caso do movimento pelos direitos civis nos Estados Unidos. Ronald Inglehart definiu essa mudança ao descrever, em *The Silent Revolution: Changing Values and Political Styles Among Western Publics* (1977), o deslocamento das demandas populares das questões econômicas e de segurança física para os temas ditos culturais, tais como etnicidade e feminismo.

    Ele apontava especificamente para a emergência das pautas feministas por meio de intelectuais como bell hooks, Angela Davis, Kimberlé Crenshaw, Gayle Rubin, Lélia Gonzalez

**Leandro Júnior**
*Tia Rita*, 2020

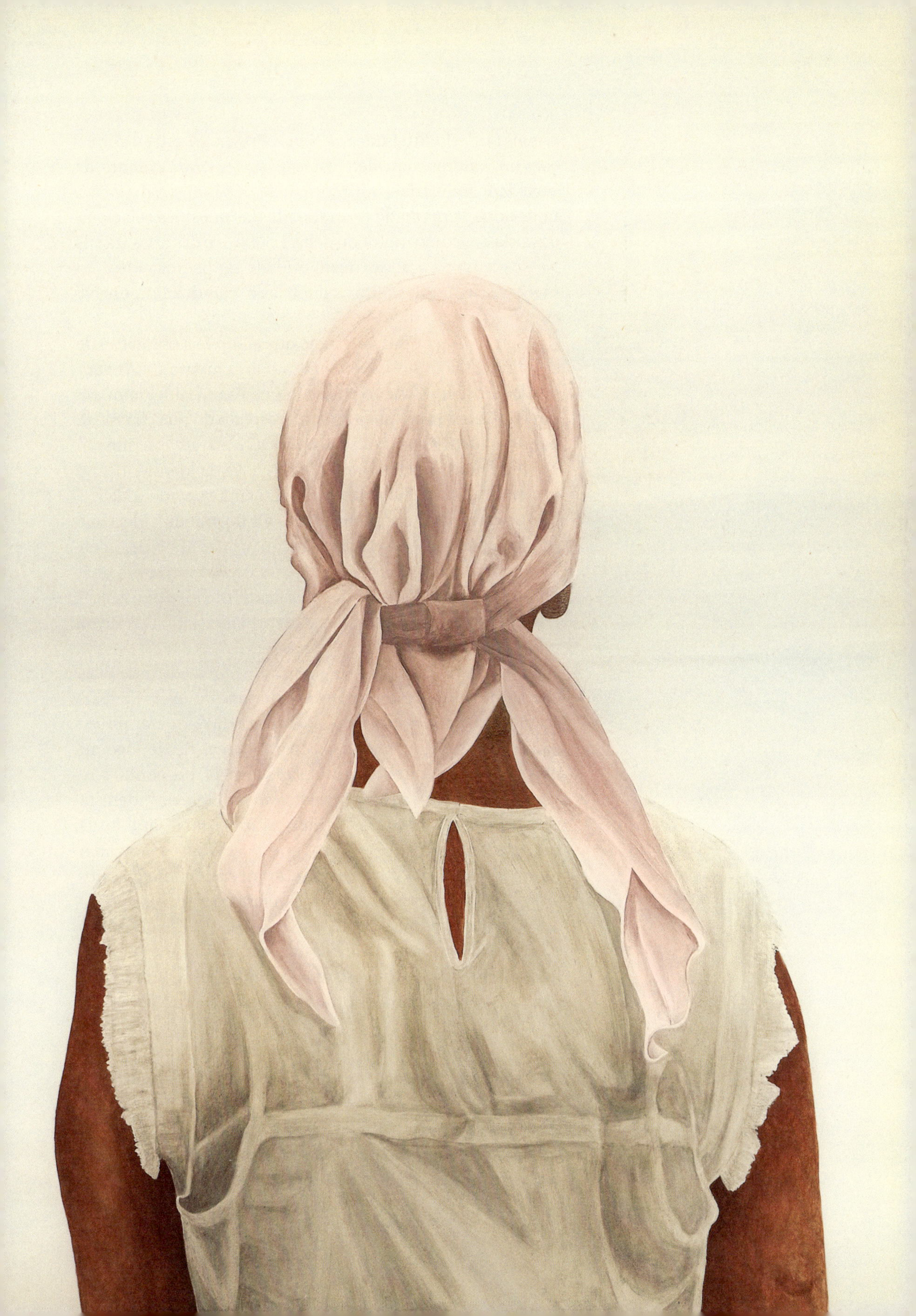

e, mais tarde, Judith Butler ou Nancy Fraser. Essas transformações nos valores coincidem com a passagem, no Ocidente, da sociedade industrial para a sociedade pós-industrial. Constata-se então a perda de centralidade das questões relacionadas a classes como motor do debate público e das lutas sociais. Nesse contexto, a noção de identidade ganha nova força, começa a orientar as políticas públicas e, paradoxalmente, vê crescerem seus críticos.

Falar de "identitarismo" hoje quase supõe a obrigação de se confrontar minimamente com o argumento de *Armadilha da identidade*, o best-seller em que Asad Haider constrói uma linha argumentativa crítica a respeito do que chama de políticas identitárias, ou seja, políticas e estratégias que são implementadas exclusivamente na chave da identidade. Ao comentar o livro, Silvio Almeida argumenta que "identidade é algo objetivo, vinculado à materialidade do mundo", ideia que se contrapõe à tese de Haider, para quem, diz Almeida, "identidade se torna uma armadilha quando se converte em uma política; em uma 'política de identidade' ou 'identitarismo'". Em outras palavras, critica-se a identidade como estratégia política de orientação das reformas sociais.

Quero debater o tema do "identitarismo" a partir de duas chaves de leitura. Na primeira parte, retomo os principais argumentos dos críticos do "identitarismo", que emprego aqui quase sempre entre aspas para marcar desde logo minha discordância fundamental. Na segunda, proponho a releitura de eventos recentes para além da ideia do "identitarismo", pensando desta vez as lutas antirracistas no âmbito da construção de signos discursivos que mobilizam os movimentos negros na perspectiva do Atlântico negro. Os movimentos *#BlackLivesMatter*, *#EndSARS* e as manifestações sociais que mobilizaram os afro-brasileiros após o assassinato de João Alberto no Carrefour de Porto Alegre passam a integrar a mesma dinâmica discursiva que se constrói, sobretudo, nas redes sociais e ganha as ruas dos Estados Unidos, do Brasil ou da Nigéria.

### DA UNILATERALIDADE DAS CRÍTICAS AO "IDENTITARISMO"

De acordo com os críticos do "identitarismo", a identidade se baseia numa compreensão do mundo fora da realidade e das contradições do capitalismo. Desse ponto de vista, a identidade

*Clodo*, 2020

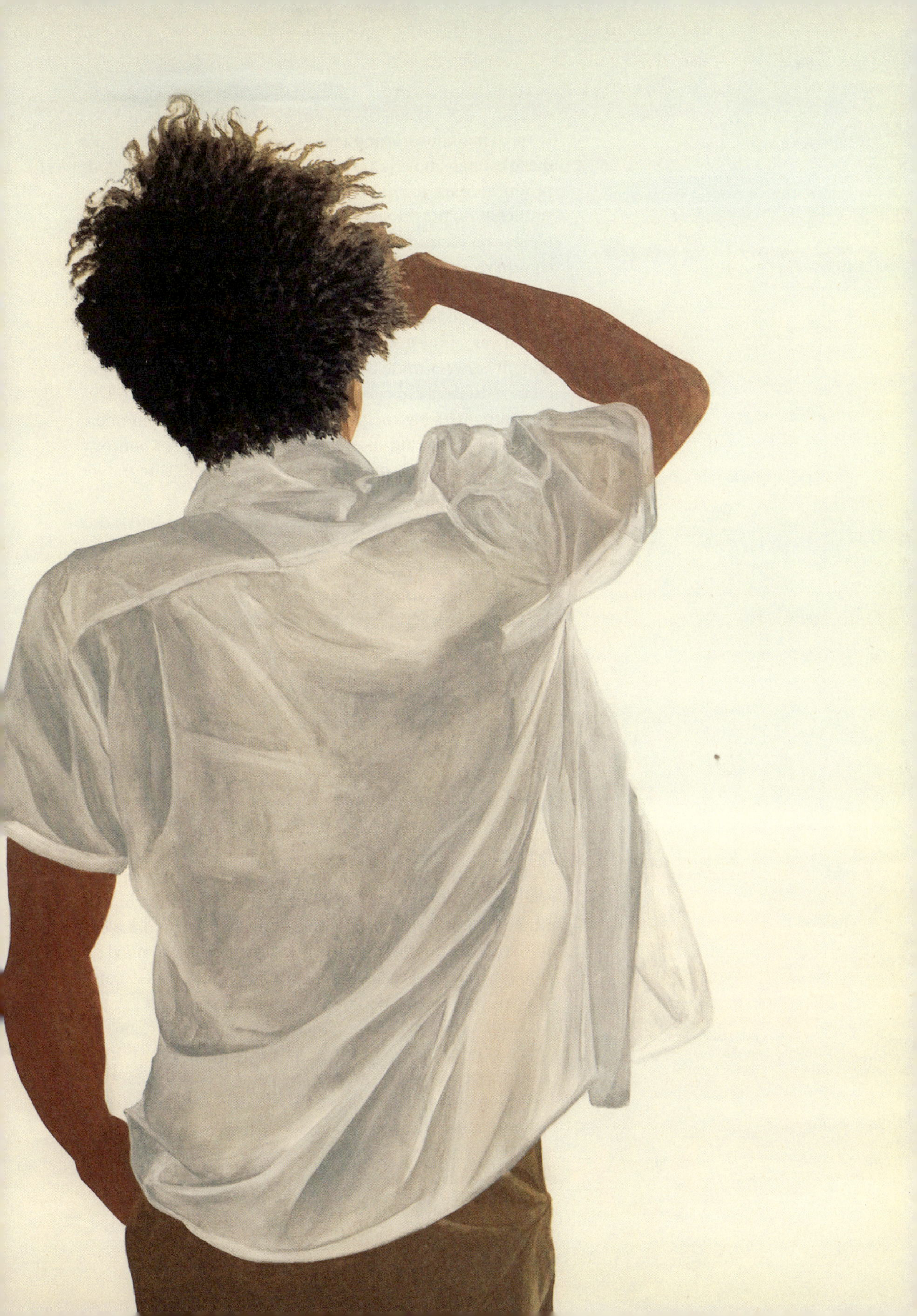

se torna mais ilusória que a própria superestrutura ideológica que o capitalismo cria a partir da mistificação das relações de produção. Para autores como Haider, é na resolução das contradições do próprio capitalismo que se solucionam os problemas da identidade. Ou seja, é possível resolver questões como o racismo ou o machismo sem o "identitarismo".

Claramente marxista, Haider elabora quatro tipos de crítica à ideia de "identitarismo". Digo "tipos de crítica" porque, a meu ver, elas estão baseadas em pressupostos que assim podem ser resumidos: a política da identidade não é concreta; é divisiva em relação ao movimento social; não leva efetivamente à emancipação; e, finalmente, faz com que o sujeito perca sua autonomia. Qualquer um desses pontos é discutível, de modo que a adoção da perspectiva de Haider depende muito de como olhamos a questão.

Em relação ao primeiro pressuposto, se o objetivo dos "movimentos identitários" é promover algumas ações reformistas para atacar aspectos concretos que reproduzem as desigualdades, então, sim, uma política com foco exclusivo na identidade é eficaz. As políticas de cotas, por exemplo, trabalham com esse tipo de justificação. Esse pressuposto, na realidade, questiona o propósito da política da identidade. Seria ela a reforma? Esse problema diz respeito à própria ambição dos movimentos negros ou feministas, por exemplo. A política da identidade como política reformista visa reduzir ou reverter injustiças históricas criadas por concepções sociais racistas ou machistas. É nesse contexto que se encaixam as ações afirmativas que visam, por exemplo, a paridade no sistema de representação política.

A pressuposta imaterialidade das questões identitárias também causa estranheza em quem lê Haider, principalmente se atentarmos à discriminação sofrida no dia a dia, que, ao contrário do que muitos pensam, têm potencial de mobilização. Nesse sentido, o artigo "Infância, raça e 'paparicação'",[1] de Fabiana de Oliveira e Anete Abramowicz, oferece uma ótima perspectiva sobre os efeitos do racismo na vida das pessoas racializadas. As autoras realizaram uma pesquisa de campo, de grande valia antropológica, para observar como a questão racial se revela nas práticas de uma instituição de educação infantil. "Crianças negras", concluíram, "vivem diversas experiências que as levam a constituir uma autoestima negativa."

[1] Fabiana de Oliveira e Anete Abramowicz, "Infância, raça e 'paparicação'". *Educação em Revista*, Belo Horizonte, v. 26, n. 2, ago. 2010, pp. 209-226.

A partir das diferenças de tratamento manifestadas na linguagem não verbal, nos gestos de carinho, no tom de voz, na "paparicação", elas observaram que crianças brancas ganham mais colo das professoras do que crianças negras e também ganham mais apelidos carinhosos e gestos afetivos, como beijos. O que esse estudo dimensiona é a concretude tanto de ações e comportamentos baseados em concepções racistas quanto seus efeitos práticos e diretos na construção da identidade dos indivíduos racializados.

Para uma criança negra, não receber carinho de sua professora é algo muito concreto e com consequências duráveis. Para uma mulher negra, ser seguida numa loja é algo extremamente danoso e prejudicial à saúde mental. Além disso, a construção dos valores e padrões estéticos sobre raça pode ter desdobramentos futuros que levem ao genocídio de uma determinada população. Dessa forma, a sociedade produz um ideário no qual o corpo de um negro, de uma mulher, de um homossexual ou de uma pessoa trans é visto como um campo de exercício da violência. O corpo dessas minorias se torna mero objeto de execução de arbitrariedades, que podem levar ao extermínio.

A afirmação, no segundo pressuposto, de que a política da identidade divide os movimentos sociais parece supor que outras formas de política não os dividem, o que é um absurdo. Defino "formas políticas" pelas categorias centrais que articulam um pensamento ou uma estratégia políticos. Ao confrontar-me portanto com um argumento marxista, meu ponto é justamente afirmar que a categoria de classe social também carrega uma dimensão identitária, e que sua compreensão organiza a distinção dos espectros ideológicos de esquerda e direita, como também determina divisões no próprio campo de esquerda.

O terceiro pressuposto de Haider diz respeito ao horizonte emancipatório que as políticas de identidade oferecem ao campo progressista. Consideremos o caso do movimento negro. Se a ideia é inscrever a luta antirracista dentro da grande luta contra o capitalismo, está claro que a identidade é insuficiente por si só. Ela precisaria se aliar à dimensão da luta de classe para alcançar esse horizonte. No entanto, não é errôneo enxergar as duas lutas como sendo capazes de caminharem juntas, às vezes em paralelo e, em determinadas ocasiões, se cruzando. Como negro, não me parece pouca coisa uma luta antirracista contra o capital – ainda que sem pretensões revolucionárias.

O tema da revolução é central na construção do argumento contra a identidade. Mais uma vez, entramos no terreno das ambições assumidas ou não pelos movimentos intelectuais e políticos ditos identitários. Do meu ponto de vista, mudanças epistemológicas comportam também uma dimensão revolucionária. No entanto, a crítica marxista costuma reduzir a uma forma de alienação toda formulação intelectual que não ambicione abertamente a superação do capitalismo. É inegável que a crítica ao chamado "identitarismo" ganhou força quando foi assumida por um setor da esquerda. Evidentemente, o debate que proponho se situa nesse campo ideológico. Não pretendo me engajar aqui numa disputa com a direita.

No fundo, a questão central que divide o campo da esquerda diz respeito ao lugar da reforma como ação política. Para um setor da esquerda, ele é limitado. Para outro, ao contrário, a reforma é a melhor maneira de operar mudanças substanciais dentro de um regime capitalista em constante adaptação. E a crítica ao "identitarismo" trabalha com o pressuposto de que o reformismo inviabiliza qualquer ação de caráter coletivo.

De Judith Butler, Haider recupera, em seu quarto pressuposto, a ideia do duplo sentido que ela confere à noção de sujeito: por um lado, o sujeito é autor e ator político; por outro, objeto de dominação do Estado. Este segundo momento seria acentuado pela política de identidade. Portanto, de acordo com essa linha de pensamento, a política de identidade tira a autonomia do sujeito. Se a leitura de Butler é interessante, não deixa de ser uma armadilha teórica e prática. Independentemente do motivo que está na origem da ação política – seja a identidade (feminista, antirracista etc.), o "sentido do trabalho" ou o regime de produção – dentro das relações que os indivíduos constroem diante do Estado, o cidadão se posiciona sempre a partir de uma lógica que implica direitos e obrigações. Cidadania é isso. Se estamos falando das relações entre cidadão e Estado, o indivíduo será colocado inevitavelmente em posição de "demandante". A origem do Estado corresponde a uma perda de soberania por parte dos indivíduos e, igualmente, a uma série de responsabilidades por parte do Estado. Portanto, usar esse argumento contra a identidade é um falso problema.

A crítica recorrente que é feita às políticas ditas de identidade ou ao "identitarismo" se baseia, portanto, em premissas equivocadas – quando não unilaterais – e tem por objetivo deslegitimar movimentos políticos que as instituições políticas tradicionais ainda não conseguem enquadrar. A identidade pode orientar a construção de movimentos sociais relevantes para a transformação da sociedade, extrapolando os limites e as barreiras nacionais, como acontece, por exemplo, nas experiências de autoinscrição dos movimentos negros na África e no continente americano.

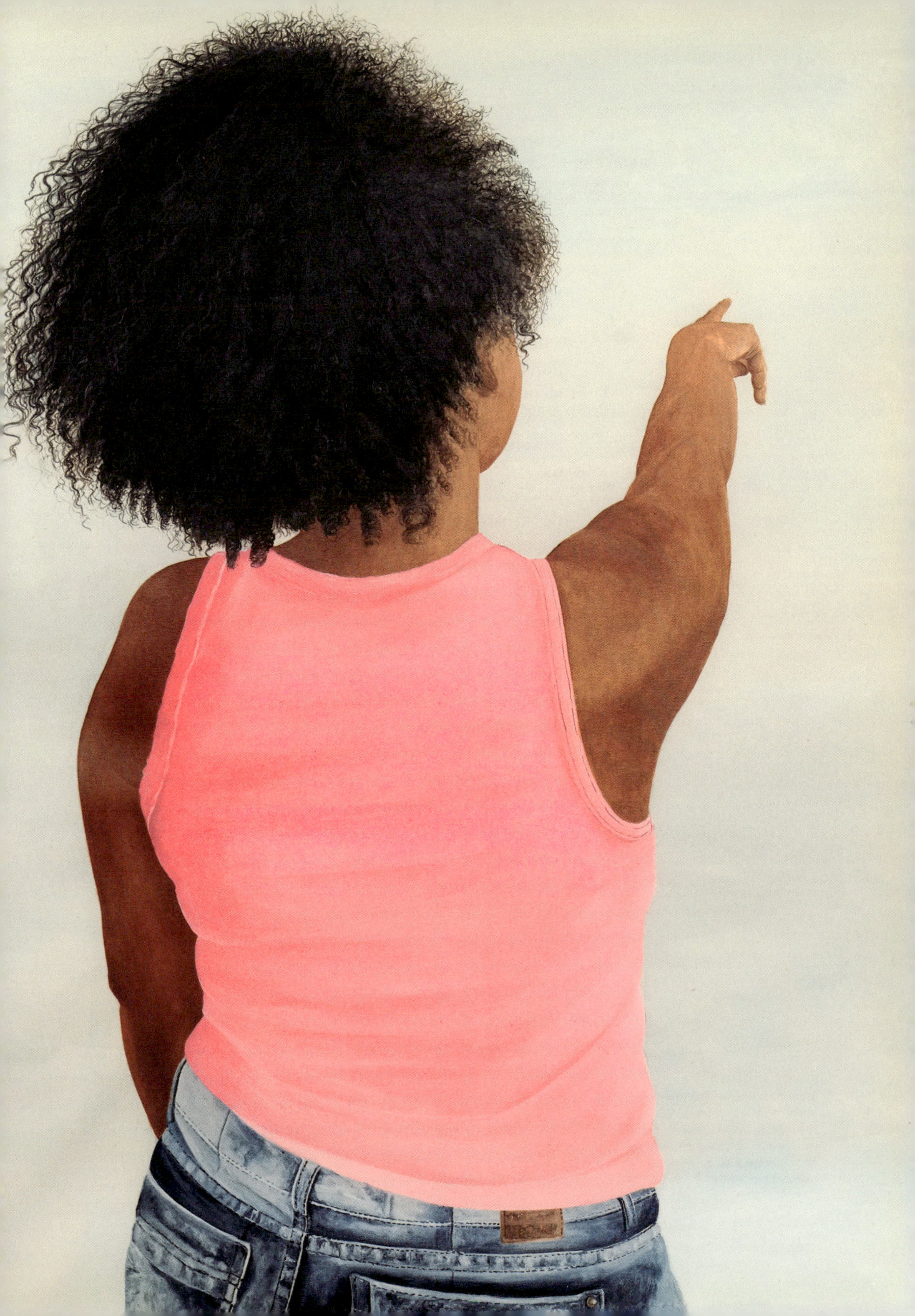

**CONTRA A SOBERANIA**

O ativismo negro nas redes sociais tem conseguido construir um horizonte de ações com potencial emancipatório que vão além das configurações convencionais de poder. Fundamentalmente, desafia-se a ideia de soberania e de limites territoriais impostos pelos Estados às ações políticas, tanto coletivas quanto individuais.

Organizados a princípio localmente, ativistas negros dos dois lados do Atlântico se mobilizam e fazem ecoar suas vozes além das fronteiras de seus respectivos países. Criam signos discursivos cujos sentidos alcançam pessoas nos subúrbios de Soweto, nas ruas de Lagos, nos bairros pobres de Baltimore ou nas ruas de Porto Alegre. Apesar das distâncias culturais, linguísticas e muitas vezes de renda, o que aproxima esses ativistas? O uso articulado das redes sociais, é claro, mas principalmente os regimes de repressões que agem sobre e contra eles.

Durante a minha pesquisa de doutorado sobre mobilizações sociais na África francófona, a ideia de observar convergências nos regimes de opressões que se aplicam contra os povos me foi sugerida por uma ativista camaronesa residente em Paris que assessora a associação Internet Sans Frontières em matérias de liberdade na internet.

Os regimes de opressões diferem em intensidade de acordo com os países, mas conservam uma certa lógica. É bastante recorrente, por exemplo, que, ao se aproximarem os períodos eleitorais, diferentes governos no continente africano operem um bloqueio da internet para o conjunto de suas populações. Entre 2016 e 2018, a ONG Access Now registrou mais de 300 *shutdowns*[2] em todo o planeta, com as configurações do bloqueio de internet variando de um país para outro de acordo com o grau de liberdade de cada um. Um *shutdown* pode ser total, como no caso da maioria dos países africanos, ou parcial, como costuma ocorrer em países de maior liberdade, especialmente no continente europeu ou na América Latina.

O mais curioso É que, em alguns casos, um *shutdown* nem sequer é percebido como tal pela sociedade civil, devido à falta de especialistas que ofereçam uma interpretação adequada a certos tipos de restrição de acesso à internet. Para tomarmos um exemplo apenas no Brasil, nos últimos anos juízes determinaram a interrupção dos serviços do aplicativo de mensagens WhatsApp em todo o território nacional.[3]

[2]. Nome técnico que se dá ao bloqueio de internet em determinados territórios.

[3]. Em 2016, um juiz determinou o bloqueio do WhatsApp por 72 horas em todo o território nacional. Disponível em: www.conjur.com.br/2016-mai-02/juiz-determina-bloqueio-whatsapp-partir-14h-segunda.

Alegando "utilidade pública", as decisões comprometem direitos fundamentais, como o acesso à informação e até mesmo a liberdade de expressão.

Em 2016, um juiz de Alagoas determinou o bloqueio do aplicativo caso a plataforma não fornecesse à Justiça o acesso a mensagens privadas trocadas entre traficantes. O aplicativo, de sua parte, não cumpriu a ordem judicial, alegando que seu sistema de encriptação não permitia acesso às mensagens privadas. Decisões ilegais como essas, que na prática interrompem os serviços do aplicativo por algumas horas, muitas vezes nem sequer são lidas pela imprensa como casos de *shutdown*. No entanto, órgãos internacionais de acompanhamento à liberdade na internet classificam os casos como censura ou violação das liberdades individuais ou coletivas.

Na África e na Ásia, os casos de violações de direitos e restrições de liberdade na internet costumam ser drásticos. Nos últimos três anos, países como Camarões e Congo tiveram interrupção total do acesso à internet durante pelo menos três meses. No caso do Congo, o governo alegou questão de segurança nacional e preservação da soberania antes da organização das eleições presidenciais. Na realidade, essas medidas servem para controlar a circulação da opinião e, sobretudo, limitar a oposição ao governo. Em 2017, em Camarões, o governo interrompeu o acesso à internet na região norte como uma forma de minar as reivindicações secessionistas da parte anglófona do país.[4]

Os governos africanos também costumam impor outras formas de restrições das liberdades às populações, alegando defesa da soberania nacional. Como indicou o filósofo camaronês Achille Mbembe,[5] desde o fim da colonização o continente africano criou vários espaços intermediários com formas particulares de soberania que impõem políticas de extração de impostos às populações locais. Grupos militares e paramilitares extorquem as populações com ou sem a cumplicidade dos governos nacionais, em dinâmicas políticas que fortalecem o domínio autoritário desses novos atores soberanos. Em outras palavras, Mbembe descreve regimes contemporâneos de erosão da soberania dos Estados, que se fazem com ou sem consentimento dos governos, dando lugar a novos tipos de soberania mais violentos, verdadeiros territórios de guerra. Essas configurações criam um paradoxo em contextos geopolíticos em que as fronteiras herdadas da época colonial são pouco

[4]. Disponível em: www.jeuneafrique.com/479146/politique/cameroun-acces-limite-a-internet-dans-les-regions-anglophones-avant-la-declaration-symbolique-dindependance.

[5]. "À la lisière du monde: frontières, territorialité et souveraineté en Afrique", 2006. Disponível em: horizon.documentation.ird.fr/exl-doc/pleins_textes/divers10-07/010035247.pdf.

contestadas, e novas soberanias convivem com as antigas em novos regimes temporais e espaciais, operando também sob novas jurisdições.

Os ativistas digitais e membros das sociedades civis de diferentes países africanos se movem nesses ambientes de extrema violência e, muitas vezes, ausência de direito. Apesar dessas condições que mesclam autoritarismo e pobreza, os ativistas se organizam não apenas em nível nacional, mas também no âmbito de organizações transnacionais, em associações que militam a favor da democratização da sociedade no continente. O Afriktivistes é uma dessas associações, que nasceu na segunda década dos anos 2000 reunindo ativistas africanos de vários países e incorporando, em suas diferentes ações, integrantes haitianos. A experiência dos haitianos, apresentada num encontro de ativistas digitais realizado em 2016 em Uagadugu, tem suas peculiaridades em relação à dos outros membros do grupo, ainda que algumas similitudes possam ser encontradas se pensarmos em uma realidade muito próxima à vivida no Brasil – como, por exemplo, o fenômeno das *fake news*. Desde que o Haiti sofreu o terremoto que destruiu boa parte do país e causou centenas de milhares de mortes, alguns criminosos perceberam que as *fake news* podiam ser um negócio lucrativo, já que operam de acordo com a lógica de clique e da visibilidade na internet, alimentando o mercado da publicidade online. No Haiti, a explosão de *fake news* tinha relação com supostas ocorrências de terremotos ou outras catástrofes naturais como os furacões, igualmente recorrentes na região.

Os ativistas haitianos desenvolveram um aplicativo a que chamaram Thomas, em referência ao apóstolo conhecido por seu ceticismo. O objetivo era criar um ranking de confiabilidade dos sites de notícias para que se pudesse diferenciar falsas notícias de informações autênticas. Ao receber uma informação, o usuário submete o link da notícia ao aplicativo, que fornece uma nota de confiabilidade de acordo com a reputação do site acessado. Trata-se de uma forma local de trabalhar com *fact checking*, que se mostrou eficaz naquele contexto. Essas e outras experiências e repertórios de ações foram compartilhados por ativistas digitais haitianos com seus colegas africanos em diversos encontros pelo Afriktivistes.

Esses fatos ilustram de que maneira experiências concretas de repressão e de violações de direitos podem ser lidas em chaves que superem os limites territoriais nacionais,

*Guilherme*, 2020

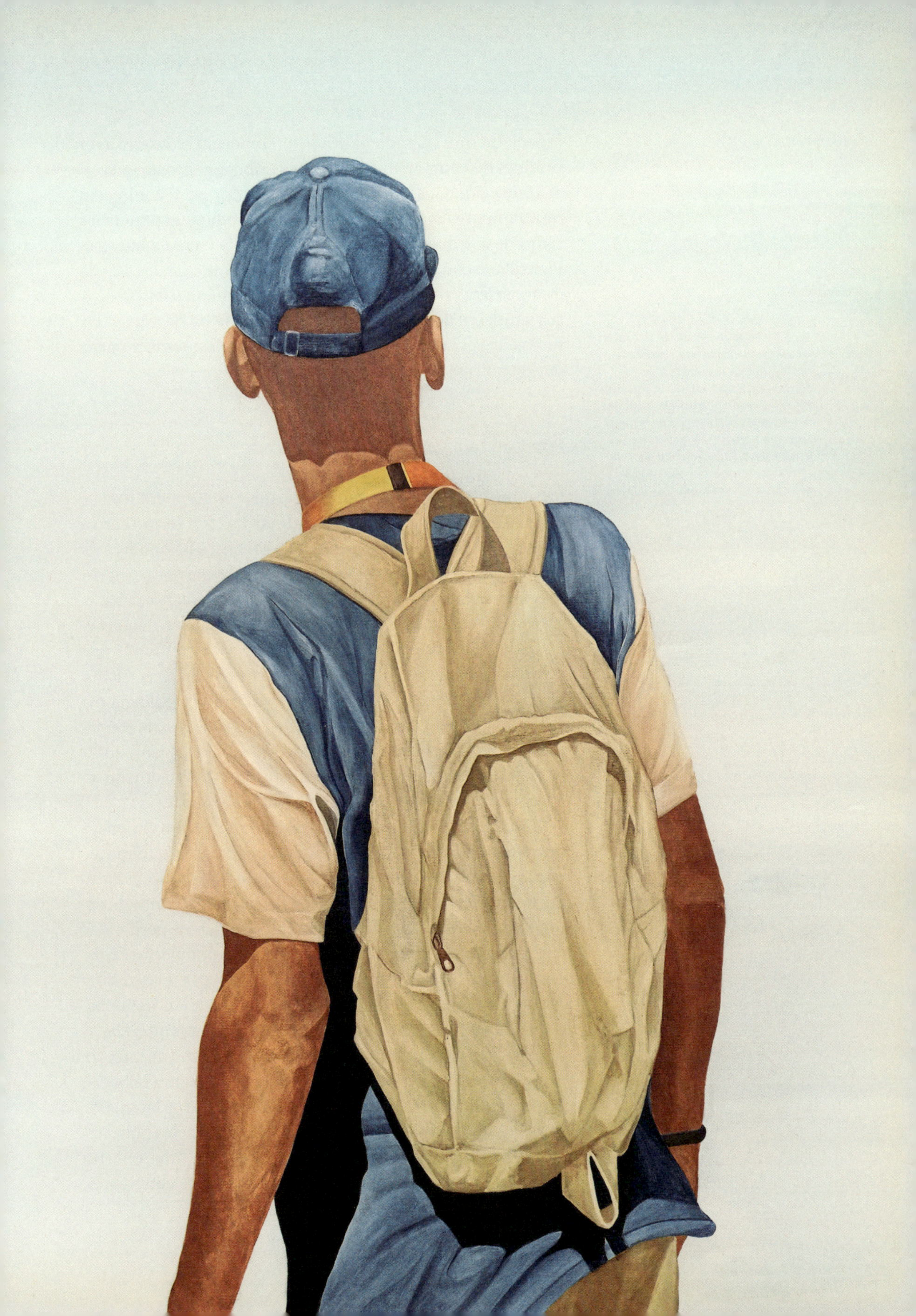

especialmente quando os ativistas começam a desenvolver práticas de compartilhamento de conhecimento. Revela-se aí como cidadãos espalhados pelo mundo se reconhecem mutuamente como sujeitos que compartilham experiências tanto de sofrimento quanto de resistência e resiliência. Sua identidade comum, que é também negra, emerge da tomada de consciência sobre uma repressão comum ou sobre processos similares de exclusão, pobreza, miséria ou descarte.[6] Os meios de resistência se desenvolvem precisamente a partir dessa reafirmação da identidade.

6. Aqui, a noção de *"brutalisme"* de Mbembe (*Brutalisme*. Paris: La Découverte, 2020) é fundamental para entender o processo que ele denomina "devir africano do mundo" ou "devir negro do mundo", o qual consiste justamente em mecanismos de exploração, de extração da energia humana (carbonização), de descarte das populações pelos poderes soberanos e em outros processos que radicam na degradação do meio ambiente.

7. *Ibidem*.

8. Paul Gilroy, *O Atlântico negro*. São Paulo: Editora 34, 2012.

### ATIVISMO DIGITAL NO ATLÂNTICO NEGRO

Fatos recentes mostram que a globalização também universaliza o estado de exceção, para adotarmos um termo caro a Mbembe.[7] Meu argumento é que os governos nacionais e os Estados soberanos são solidários uns com os outros quando é necessário adotar medidas de restrições de liberdade e práticas repressivas contra as sociedades civis. A globalização enquanto fluxo de informações e circulação de pessoas e afetos não proporciona apenas a mobilidade de práticas democráticas. Ciente dessa ambivalência, é necessário globalizar a resistência e o ativismo das sociedades civis contra a globalização da repressão. Defendo principalmente um ativismo digital no âmbito da política do Atlântico negro, adaptando a abordagem de Gilroy[8] à realidade das resistências das diásporas africanas.

Movimentos recentes mostraram que é possível pensar essa resistência das diásporas negras além das fronteiras nacionais, por meio da produção de sentido e de emoções capazes de mobilizar os atores sociais em diferentes continentes. Conectar a violência policial contra as populações periféricas na França com a violência que extermina a população negra nos Estados Unidos, ou relacionar a violência e a repressão contra as periferias na Nigéria com a morte de crianças por balas perdidas em favelas do Rio de Janeiro, pode ser uma chave de produção dos conteúdos nas plataformas digitais. Conectar emoções na perspectiva do Atlântico negro significa mostrar, por exemplo, que tanto em Soweto quanto em Atlanta, em Paris ou no Rio de Janeiro as vítimas das violências policiais são as populações negras. A internet oferece uma oportunidade única na história humana de criar esses conectores emocionais para além das nações e dos continentes. Nessa mesma dinâmica, que consiste em unir os signos e discursos que carregam a mensagem da luta antirracista em diferentes continentes, se enquadra o movimento de derrubadas de estátuas de figuras históricas da colonização e da escravidão que ocorreu em várias cidades do mundo, de Bristol a Bruxelas, da Cidade do Cabo a Baltimore. De maneira espontânea, por meio de suas redes sociais, ativistas digitais do mundo inteiro conectaram esses signos para além das fronteiras.

Esses repertórios e modos de atuação que visam internacionalizar as lutas locais contra o racismo e o extermínio das minorias exigem alguns requisitos básicos. Em primeiro lugar, é importante que os ativistas desenvolvam certas competências linguísticas que permitam se sobrepor às limitações idiomáticas, como é muitas vezes o caso quando pensamos territórios e fronteiras. O movimento *#BlackLivesMatter*, que milita contra a violência policial nos Estados Unidos e o extermínio negro naquele país, teve repercussão global porque, entre outros motivos, conseguiu mobilizar os afetos a partir do uso da língua inglesa nas redes sociais. É necessário, portanto, que ativistas africanos e brasileiros desenvolvam competências linguísticas diferenciadas. A internet é também um espaço de disputa linguística. Pouco se destaca o fato de que, na rede, predominam conteúdos em inglês, o que resulta na imposição de uma agenda midiática e cultural ao resto dos países. É por isso que grandes blocos linguísticos como a Francofonia[9] – que são potencialmente blocos políticos – promovem projetos que tornem sua língua mais presente online. Isso implica apoiar iniciativas editoriais como a criação de plataformas digitais de blogueiros ou a produção de cinema francófono em diferentes continentes. Em outros termos, é necessário que os ativistas incorporem a ideia de que também fazem parte de uma disputa geopolítica que se desenvolve em termos linguísticos.

Em outubro de 2020, um movimento cidadão da Nigéria mobilizou as redes sociais em dinâmica até então inédita. O *#EndSARS*, movimento contra a unidade de polícia nigeriana Special Anti-Robbery Squad,[10] ganhou forte repercussão internacional nas redes sociais basicamente porque mobilizou os mesmos signos políticos que o *#BLM*. Além disso, criou uma identificação entre as diferentes populações das diásporas africanas, que se conectam tanto pela similitude das formas de repressões às quais estão expostas quanto pela questão racial.

---

9. Me refiro especialmente ao trabalho de *soft power* desenvolvido pela Organisation Internationale de la Francophonie (OIF).

10. A SARS é uma unidade especial da polícia nigeriana especializada em repressão de roubos e conhecida por seus excessos de violência.

No Brasil, o assassinato de João Alberto no supermercado Carrefour criou um movimento tão importante quanto o #BLM e o #EndSARS. Em suas redes sociais, os representantes do #BlackLivesMatter manifestaram solidariedade e apoio aos afro-brasileiros, também vítimas de extermínio e de violência das forças de segurança públicas e privadas. Os ativistas digitais ligados aos movimentos negros no Brasil desenvolveram diferentes estratégias de ação e adotaram repertórios que amplificaram suas reivindicações em proporções globais, de modo a mobilizar as emoções das diásporas africanas além das fronteiras brasileiras. Eles publicaram mensagens e denúncias em inglês e francês contra a rede francesa de supermercados Carrefour e direcionaram suas reivindicações explicitamente contra os dirigentes internacionais do Carrefour, obrigados a se manifestar publicamente, em português, sobre a morte de João Alberto.

A mobilização não se limitou a essas iniciativas. Artistas e esportistas negros como Rihanna e Lewis Hamilton, que já haviam se manifestado no âmbito do #EndSARS, também se mobilizaram contra a repressão policial no Brasil e contra o extermínio da população negra, abordando explicitamente o racismo no país. A novidade, no entanto, é a repercussão internacional de um caso de assassinato de um negro, o que não ocorrera no caso do assassinato da menina Agatha no Rio de Janeiro ou na morte do menino Miguel em Recife. O único paralelo possível seria com a execução, ainda não esclarecida, da vereadora Marielle Franco.

Ao contrário do que se costuma apontar, as lutas antirracistas e as mobilizações contra a violência policial se ancoram na concretude das relações materiais. Não se trata apenas de lutas ideológicas. A perda de vidas humanas que as populações negras sofrem não é ideológica, a violência policial sobre os corpos negros não é uma mistificação ideológica que invisibiliza a luta de classes. Pelo contrário, estamos no coração de uma luta histórica e material que deve mobilizar cada vez mais diferentes estratos sociais e étnicos da população mundial.

**Serge Katembera** (1986) é mestre e doutorando em sociologia pelo PPGS/UFPB.

Nascido em Cachoeira, município de Chapada do Norte, no vale do Jequitinhonha (MG) e radicado em São Paulo, **Leandro Júnior** (1984) é pintor, escultor e professor.

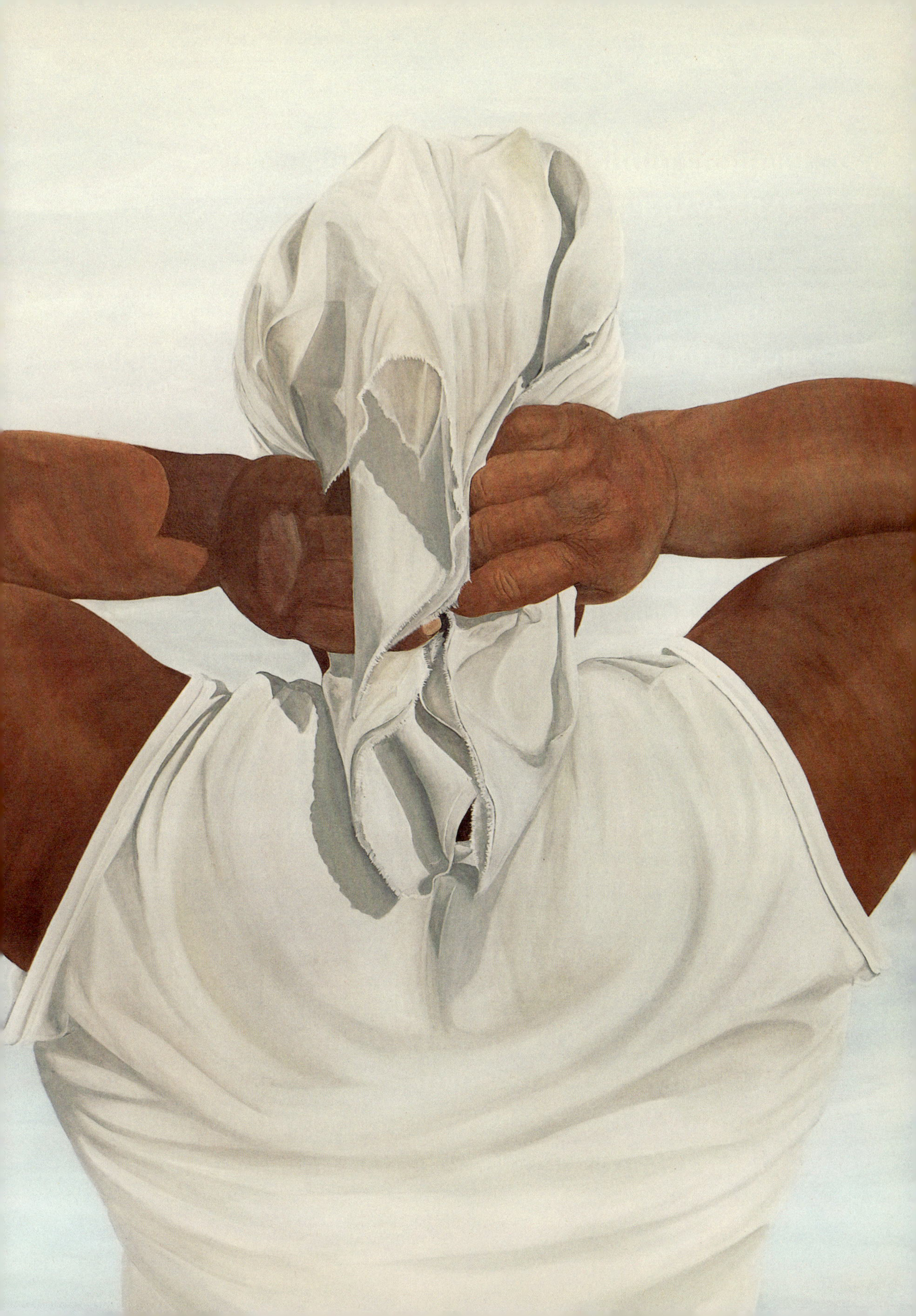

## Pequena biblioteca de livros lidos
PINKY WAINER

Como tudo que não tem porquê, essas aquarelas começaram do nada. Uma insônia em busca de ideias, um olhar cansado em volta, ah, vou fazer as capas dos meus livros do coração. ◖ Quase todos os livros aqui tentam me explicar o mundo pelo olhar do outro, numa escolha aparentemente aleatória. Aos 66 anos, ainda tento entender a realidade e acho que por isso leio pouca ficção (afinal, "o que é ficção perto da realidade em que vivemos?", como concluiu Gabriel García Márquez em seu discurso "A solidão da América Latina" em Estocolmo, 1982, ao receber o prêmio Nobel). ◖ Há mais de 6 anos dando aulas diárias de aquarela, disciplinadamente, já experimentei milhares de materiais e técnicas, pintei muito, ensinei e aprendi, e assim aprofundei meu conhecimento de cada cor, cada papel, cada pincelada. Me conheci também. Com o fazer intenso, foi-se a ansiedade, a intolerância ao erro, o medo. ◖ Portanto, aquarelar essas capas foi uma delícia: sem vaidade, sem pressão, só água, pigmentos Winsor & Newton, papel *satiné* Fabriano 300 g/m² e pincéis de pelo de marta. O melhor do melhor.

PABLON
ERUDAPA
BLONEI
RUDAPA
BLONERU

Hannah **Arendt**

Les origines du totalitarisme
Eichman à Jérusalem

Quarto Gallimard

Trotsky Ma vie

CLASSIQUES MODERNES

# TCHEKHOV

NOUVELLES

A PROSA DO MUNDO

Isaac Bashevis Singer
# A FAMÍLIA MOSKAT

ALBERT CAMUS

# LA PESTE

nrf

GALLIMARD

ALBERT CAMUS

# L'ETRANGER

nrf

GALLIMARD

**STEFAN ZWEIG**

Autobiografia:
o mundo de ontem

ZAHAR

# Doris Lessing
## O Quarto 19

Ryszard Kapuściński

# Ébano

Minha vida na África

C. Lévi-Strauss

Tristes tropiques

Louise Bourgeois

Destruction du père
Reconstuction du père

# Andy Warhol

## The Philosophy of Andy Warhol
### (From A to B and Back Again)

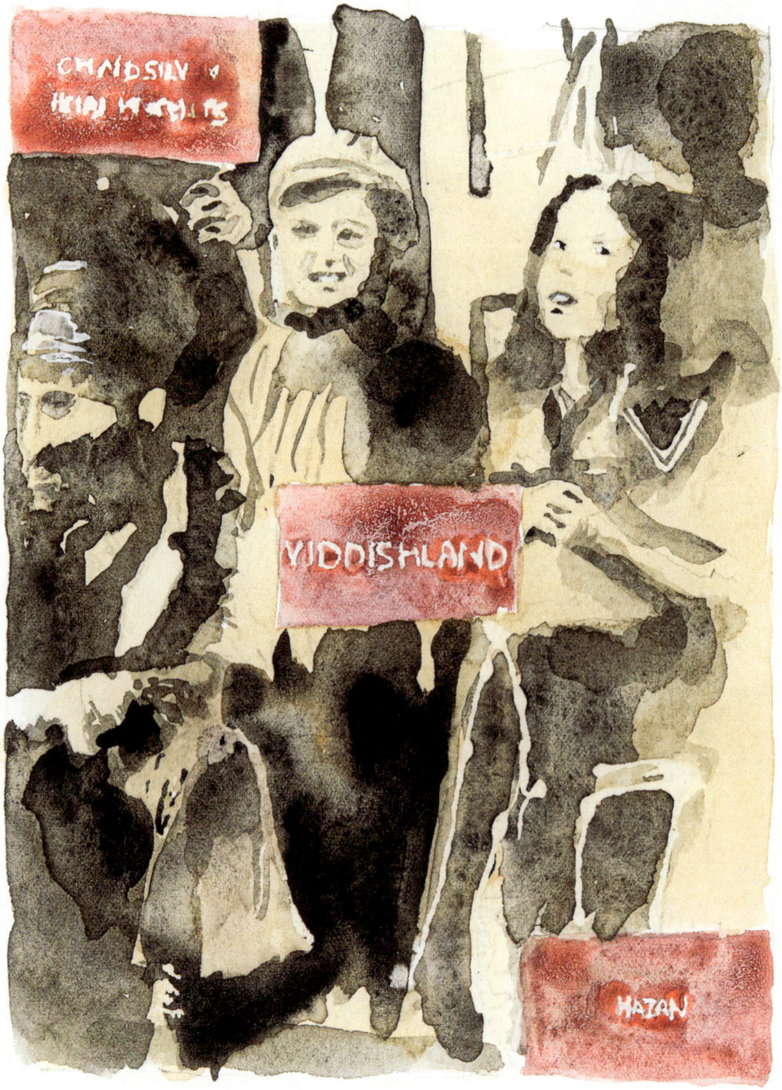
YIDDISHLAND
HAZAN

# Thinking Is Form
## The Drawings of Joseph Beuys

# JORGE AMADO

## A Descoberta da América pelos Turcos

RECORD

A artista plástica **Pinky Wainer** (1954) é também ilustradora e designer gráfica.

Pablo Neruda, *Antologia poética*. Trad. Eliane Zagury. Rio de Janeiro: Sabiá, 1968. Capa: Ziraldo e Fernando Sabino. Execução: Belmiro Pires. A imagem é da quarta capa.

Hannah Arendt, *Les origines du totalitarisme/ Eichmann à Jérusalem*. Paris: Gallimard, 2002. Coleção Quarto.

Leon Trotsky, *Ma vie*. Paris: Gallimard, 1978. Coleção Folio.

Anton Tchekhov, *Nouvelles*. Paris: L'Âge d'Homme, 1993.

Isaac Bashevis Singer, *A família Moskat*. 2. ed. Rio de Janeiro: Francisco Alves, 1984. Coleção A Prosa do Mundo.

Albert Camus, *La Peste* e *L'Étranger*. Paris: Gallimard, 1947 e 1942. A Coleção Blanche publica desde 1911, com o mesmo *design*, obras fundamentais da literatura e da crítica francesas.

Stefan Zweig, *Autobiografia: o mundo de ontem*. Trad. Kristina Michahelles. Rio de Janeiro: Zahar, 2014. Capa: Claudia Warrak e Raul Loureiro.

Doris Lessing, *O quarto 19*. Trad. Tati Moraes. Rio de Janeiro: Record, 1975.

Ryszard Kapuściński, *Ébano: minha vida na África*. Trad. Tomasz Barcinski. São Paulo: Companhia das Letras, 2002. Capa: Angelo Venosa sobre foto de Pierre Verger.

Claude Lévi-Strauss, *Tristes tropiques*. Paris: Plon, 2014. Coleção Terre Humaine. Capa sobre foto feita pelo autor.

Louise Bourgeois, *Destruction du père, réconstruction du père: écrits et entretiens, 1923-2000*. Paris: Daniel Lelong Éditeur, 2000. Capa: Nadine Goleno, a partir do projeto de Peter Willburg para a edição inglesa de 1998.

Andy Warhol, *The Philosophy of Andy Warhol: From A to B and Back Again*. San Diego/Nova York/ Londres: Harvest, 1975.

Gérard Silvain e Henri Minczeles, *Yiddishland*. Paris: Hazan, 1999. Capa: Atalante.

Joseph Beuys, *Thinking Is Form: The Drawings of Joseph Beuys*. Filadélfia/ Nova York: Philadelphia Museum of Art/The Museum of Modern Art, 1993. Capa: Nathan Garland, sobre detalhe da obra *For Felt Corners*, 1963.

Jorge Amado, *A descoberta da América pelos turcos*. Rio de Janeiro: Record, 1994. Capa: Pedro Costa.

# 19
# 18

# O ano da gripe

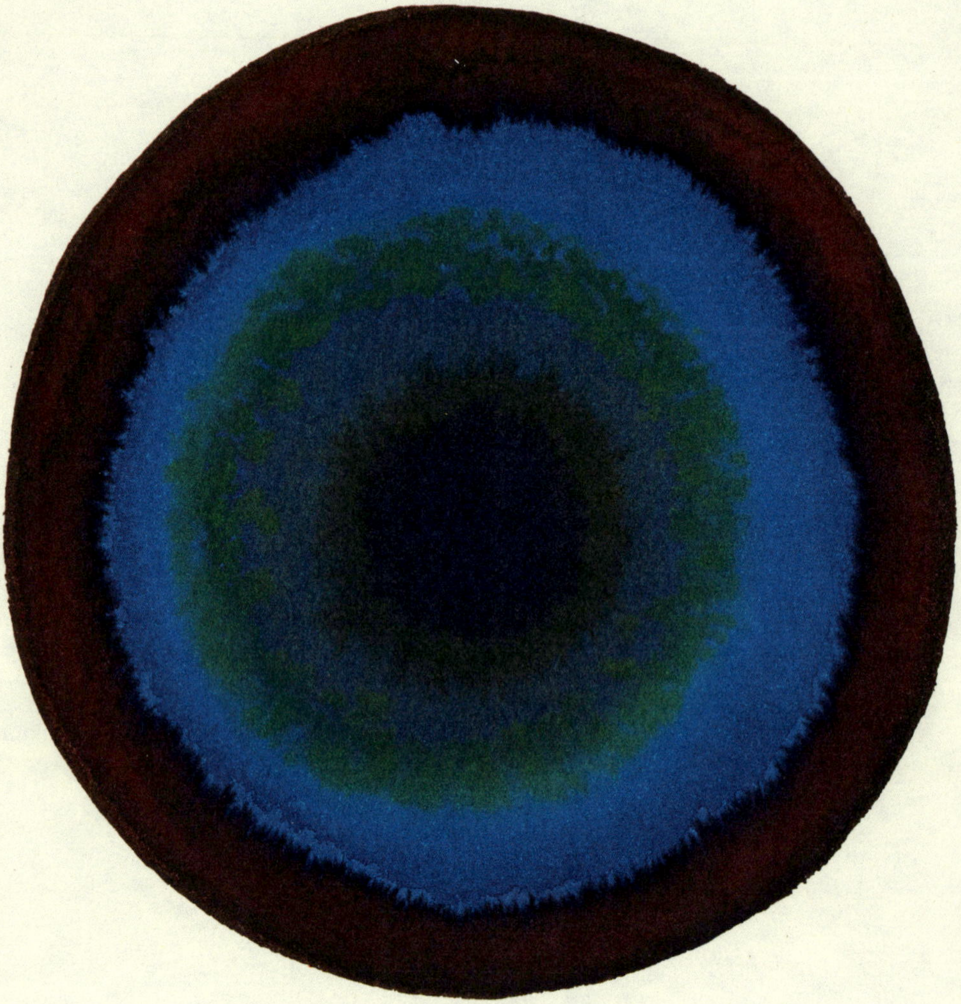

# Morrer a própria morte

Enlutado pela perda da filha preferida,
vítima da gripe espanhola, Freud
reformulou a teoria da pulsão de morte,
numa reflexão que ajuda a pensar
o mundo sob a pandemia de covid-19

Jacqueline Rose

*Quero saber por que, como girassóis de cabeça para baixo, nos voltamos para o lado sombrio e não para a luz.*

RACHEL BERDACH, *The Emperor, the Sages and Death* (1938)

O que sobra da vida interior quando o mundo se torna mais cruel, ou parece se tornar mais cruel do que jamais foi antes? Quando cambaleia depois de receber vários golpes – pandemia, guerra, fome generalizada, devastação climática ou tudo isso junto –, o que acontece com a estrutura da mente? Será que sua única opção defensiva é fechar as escotilhas, suspender a ponte pênsil, ou simplesmente sobreviver? E será que isso deixa espaço para lamentarmos não apenas aqueles que se foram, mas também os cacos e fragmentos confusos que fazem de nós o que somos? Cerca de seis meses após o início da Primeira Guerra Mundial, no dia de Natal de 1914, Freud escreveu para Ernest Jones queixando-se de que o movimento psicanalítico "agora perece na luta entre as nações" (os dois se encontravam em lados opostos na guerra). "Não me iludo", ele escreveu. "A primavera de nossa ciência foi abruptamente interrompida [...], tudo que podemos fazer é manter as chamas tremeluzindo em algumas lareiras até que ventos mais favoráveis possibilitem que de novo aticemos o fogo." Numa época de pandemia, como a que vivemos hoje, haverá espaço para alguma coisa como o complexo ajuste de contas com a vida e a morte que é por excelência o terreno da psicanálise?

Quando nossas telas exibem o número de mortos, é difícil não se chocar com a escala de uma tragédia que tem obrigado nossos entes queridos a morrerem sozinhos, relegado os enterros a um nível abaixo da decência, banido aqueles rituais familiares que tornam a morte administrável, ou quase. Para não falar da interminável contabilidade que reduz os seres humanos a abstrações, nos roubando pela segunda vez cada perda individual. "Quando as estatísticas ameaçam me derrubar, tento simplificar as coisas ao máximo", diz a dra. Rachel Clarke, especialista em cuidados paliativos, sobre sua luta para restaurar a dignidade dos que morrem no hospital.

Nesses momentos, talvez seja ainda mais difícil admitir nossa ambivalência emocional tanto em relação aos mortos quanto aos vivos. Em nossa existência não pandêmica – se um mundo

**Danilo Oliveira**
Série *Contaminações controladas*,
2021

assim pode voltar a ser imaginado –, esse é o nosso sustento psíquico cotidiano. Diz-se que a verdade é a primeira vítima da guerra, mas não estamos falando aqui da verdade psíquica. A guerra e a pandemia esvaziam a mente. Têm em comum a capacidade brutal de eliminar nosso repertório psíquico. Por um mero segundo, e mesmo que apenas na consciência coletiva, fazem o sofrimento parecer puro. Saudamos os soldados que partem para a batalha e choramos quando eles tombam; permanecemos crispados e impotentes quando a pandemia abre seu caminho devastador em casas que nos permitiam gozar da ilusão de segurança. "Você, minha pobre filha, viu a morte surgir na família pela primeira vez, ou ouviu falar disso e talvez tenha estremecido diante da ideia de que para nenhum de nós a vida pode se tornar mais segura", escreveu Freud a Mathilde, sua filha mais velha, quando Heinrich Graf, tio dela e cunhado dele, morreu subitamente em 1908. Ele não ofereceu falsos consolos. Não vivemos num mundo seguro. Mas insistiu que, para pessoas idosas como ele, a consciência do fim inevitável dava à vida um valor especial – Freud faria em breve 52 anos, um dos vários momentos na sua vida em que estava convencido de que morreria.

No dia 25 de janeiro de 1920, a filha predileta de Freud, Sophie Halberstadt-Freud, morreu durante a terceira gravidez devido a complicações decorrentes da gripe espanhola, que desde o primeiro caso registrado, em 4 de março de 1918, matara milhões de pessoas em toda a Europa. Sua filha foi uma das vítimas tardias, tombando como um soldado às vésperas da declaração de paz – o que fez sua morte ainda mais dolorosa, pois a onda derradeira que a vitimou não consistiu de modo algum na mais letal das três. Para além de sua simultaneidade histórica, a peste e a guerra foram desastres que se somaram. O destino de uma estava ligado ao da outra. Erich Ludendorff, o comandante das forças germânicas, declarou que a gripe espanhola lhe roubara a vitória. As coisas começaram a degringolar para as Potências Centrais em abril de 1918, quando a doença surgiu pela primeira vez nas trincheiras: até março daquele ano, os alemães acreditavam que poderiam vencer a guerra.

A gripe espanhola se transformou num algoz silencioso da história, raramente incluída na lista dos tormentos modernos do mundo, muito embora o número de mortes por ela causado chegue perto do total das duas guerras mundiais. Laura Spinney – autora de *Pale Rider*, livro sobre a gripe espanhola publicado antes da chegada da covid-19 – sugere que o que pode ser tranquilamente descrito como o pior "massacre" do século 20 foi apagado da história. O próprio Freud quase não a menciona, apesar de a gripe ter eliminado 15 mil vienenses. No outono de 1918, escolas e teatros na cidade foram intermitentemente fechados a fim de reduzir o risco de infecção. Em 1919, um ano antes da morte de Sophie, três dos outros filhos de Freud, Anna, Ernst e Mathilde, tinham ficado doentes. Em maio daquele ano, Martha, sua mulher, após anos de subnutrição enquanto tentava cuidar de toda a família durante a guerra, foi acamada com um caso de "gripe-pneumonia", com ondas seguidas de febre alta, tendo levado dois meses para se recuperar.

As condições não melhoraram com o fim da guerra, quando uma Áustria derrotada se tornou, nas palavras de Stefan Zweig, "a traseira de um animal mutilado, sangrando por todas as artérias". A essa altura, Freud, que já não apoiava as Potências Centrais com euforia como antes, reagiu positivamente ao desmonte do império dos Habsburgos: "Não verto uma única lágrima por *esta* Áustria ou *esta* Alemanha" ("toda a minha libido está com a Áustria-Hungria", ele havia declarado em 1914, reagindo à declaração de guerra). "Nós todos estamos lentamente perdendo peso e a saúde", escreveu em 1919 a Jones. Sua família estava subsistindo com uma "dieta de fome" ("*Hungerkost*"). Um ano depois, Freud e sua mulher não puderam estar com a filha doente porque não havia trens – "nem mesmo um trem de crianças", ele escreveu em 27 de janeiro de 1920 para o pastor suíço Oskar Pfister, referindo-se aos trens da associação internacional das crianças que as levavam para fora da Áustria, devido à falta de alimentos.

Nos anos anteriores, a maior inquietação de Freud tinha sido com Martin e Ernst, os filhos que haviam se alistado entusiasticamente quando a guerra começou (um terceiro filho, Oliver, rejeitado no serviço ativo, serviu como engenheiro no exército). Os riscos que eles corriam no front perturbavam os sonhos paternos. Um pesadelo em 1915 teve, como conteúdo manifesto, "muito claramente a morte de meus filhos, começando com a de Martin" – ele o chamou de "sonho profético". Todos os filhos sobreviveriam à profecia noturna do pai, porém Freud tinha razão de temer por eles. Feito prisioneiro de guerra na frente italiana, Martin terminou voltando para casa em abril de 1919, mas foi um dos afortunados. Mais de um milhão de soldados austro-húngaros morreram em batalha ou devido a doenças. Em nenhum momento Freud teve o menor presságio – e por que teria? – de que, por conta da gripe espanhola, era o destino de sua filha o que ele mais devia temer.

---

[1]. A conferência, baseada neste ensaio, foi realizada sem público presencial. Com transmissão direta para o Museu Freud de Viena, Jacqueline Rose leu o texto no Museu Freud de Londres, num pódio posicionado entre o famoso divã em que Freud atendeu seus pacientes e um outro, onde ele passou seus últimos dias. A íntegra pode ser assistida em: youtu.be/uPCGf2pqxng. [N. do E.]

Eu deveria ter realizado a Conferência Sigmund Freud de 2020, que até então acontecia todos os anos em Viena no dia 6 de maio, aniversário de seu nascimento. Mas gradualmente ficou claro que, devido à covid-19, isso seria impossível. Decidiu-se, portanto, adiá-la para outra data não menos significativa, 23 de setembro, que marca o aniversário de sua morte, em 1939.[1]

A mudança parece adequada, consoante com os tempos atuais, embora também ecoe a tensão entre afirmação e destruição, entre vida e morte que, a partir de 1919, esteve cada vez mais no âmago da obra de Freud. Foi sem dúvida reagindo a esse contexto preocupante que me vi mais atenta à infelicidade que se abateu sobre a família Freud em Viena, entre as paredes do que é agora o Museu Freud, de início durante a Primeira Guerra Mundial e o período subsequente, e mais tarde durante a Segunda Guerra Mundial, ainda mais mortífera. Tive plena consciência da forma como os desastres da história penetram na mente e são repudiados por ela – incluindo a minha, porque, ao longo de uma vida dedicada a Freud, eu antes não entendera de todo a amplitude dessa realidade.

A psicanálise começa com uma mente em fuga, uma mente que não consegue dimensionar sua própria dor. Isto é, começa com o reconhecimento de que o mundo – ou aquilo a que Freud às vezes se referia como a "civilização" – faz aos seres humanos exigências demasiado grandes para serem suportadas. Relendo as famosas biografias – Jones, Peter Gay, Max Schur –, o que agora me impressionou foi como Freud era exposto e vulnerável aos males, grandes e pequenos, daqueles tempos, bem como os violentos contrastes em seus estados de espírito, entre a cegueira e a acuidade, a equanimidade e o desalento. Freud expressava-se com clareza sobre o que pessoalmente achava mais insuportável: as dívidas eram seu maior medo (ao final da guerra, tinha perdido 95% de suas economias em dinheiro vivo); aos acometidos pela pobreza ele destinava um misto de compaixão e temor; odiava o racionamento; fazia o possível e o impossível para obter os preciosos charutos que o estavam matando. Apesar de todo o privilégio, aquela família vienense passou perto da penúria, além de ter enfrentado problemas para manter o bem-estar e a saúde. Como vimos recentemente com absoluta clareza, o desastre põe a nu as linhas de fratura materiais e raciais de uma sociedade, mas também revela impiedosamente a verdade de que nenhum ser humano é poupado – nas palavras de Freud: "A perplexidade e impotência da raça humana".

Ler Freud contra esse pano de fundo é observar alguém capaz das mais extremas flutuações, percorrendo toda a gama de estados de espírito transitórios a que todas as pessoas que conheço, afetadas pela atual pandemia, sucumbiram num ou noutro momento. "Não estamos sofrendo nenhuma restrição, nenhuma epidemia, e mantemos o bom ânimo", ele escreveu para Jones no início da guerra, antes que sua equivocada fé nas Potências Centrais começasse a se dissipar. "Curiosamente meu ânimo não foi abalado", escreveu ao psicanalista húngaro Sándor Ferenczi, um de seus mais importantes interlocutores, em fevereiro de 1917, quando os alimentos eram escassos e, devido à falta de aquecimento, seus dedos congelavam, tornando impossível qualquer outra coisa além de escrever cartas. "Prova", continua ele a Ferenczi, de "quão pouca justificativa na realidade precisamos para nosso

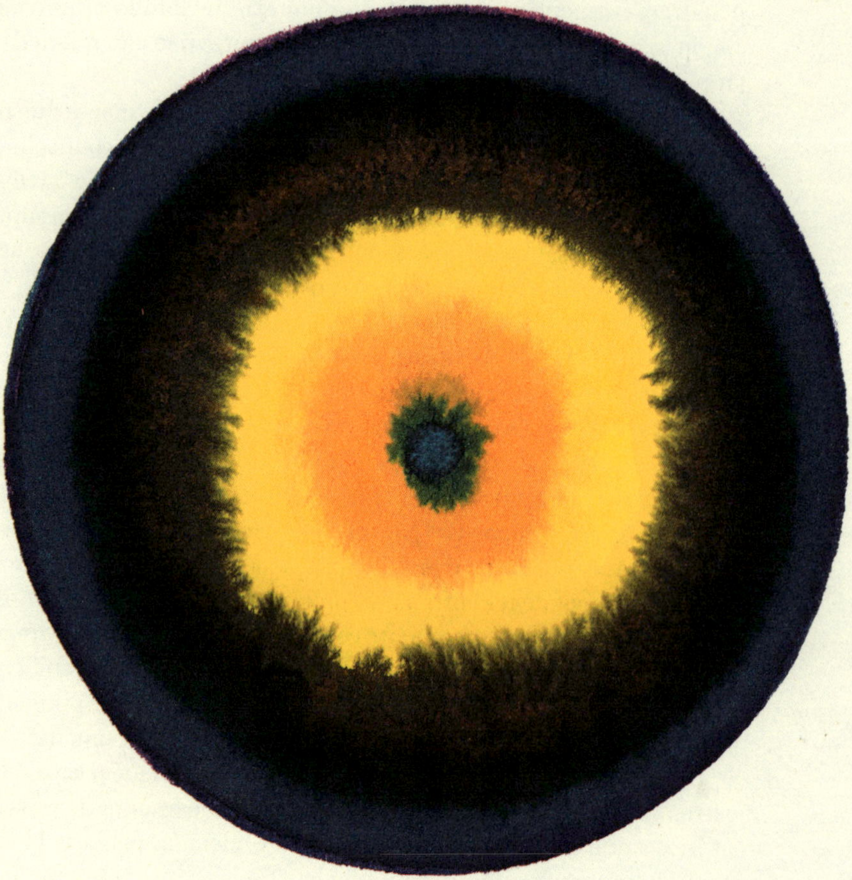

bem-estar interior." Em agosto de 1918, escreveu a Karl Abraham para dizer que podia mais uma vez se aventurar a "participar do prazer do mundo e da dor do mundo".

Freud também podia mergulhar em pensamentos sombrios. "Precisamos utilizar todos os meios possíveis para fugir à assustadora tensão que existe no mundo", escreveu para Ferenczi em 1916. "É algo impossível de ser suportado." Em novembro de 1914, quando todo o horror da guerra começava a ficar visível, ele escreveu a Lou Andreas-Salomé: "Eu e meus contemporâneos nunca mais veremos um mundo alegre. É pavoroso demais." A humanidade era um experimento fadado ao insucesso e não merecia sobreviver. "Temos de abdicar", continuou, "e o Grande Desconhecido, gente ou coisa que se esconde por trás do Destino, algum dia irá repetir tal experimento com outra raça." Num gesto extraordinário de abnegação radical – não exatamente um comportamento pelo qual é mais conhecido –, Freud estava pronto a, como diríamos hoje, sacrificar a humanidade para salvar o planeta. Mais tarde, na década de 1930, com a próxima guerra no horizonte, ele mais uma vez especulou que a raça humana estava chegando ao fim, agora que "o aperfeiçoamento dos instrumentos de destruição" permitia que dois inimigos se exterminassem mutuamente. Nosso grande erro, sugeriu, foi o abismo que "períodos anteriores de arrogância humana haviam alargado entre os seres humanos e os animais". O desespero de Freud era global e dizia respeito a todas as espécies (um fato que parece nunca ter suscitado comentários devido à visão comumente distorcida de que suas preocupações se restringiam à pequena e privilegiada elite de Viena). Mas foi a tragédia mais próxima de casa, a morte de Sophie, que conduziu seu desespero a uma nova fase – embora só três anos depois, após a morte por tuberculose aos quatro anos de idade de seu neto Heinele, segundo filho de Sophie, ele tenha declarado que toda sua alegria no mundo desaparecera para sempre. "Eu tinha consciência", escreveu para seus amigos húngaros Katà e Lajos Lévy, "de nunca haver amado tanto um ser humano, certamente não uma criança." Anos depois, escreveu ao amigo Ludwig Binswanger, que acabara de perder um filho: "Vamos permanecer inconsoláveis e jamais encontrar um substituto [...]. É a única maneira de perpetuar o amor ao qual não desejamos renunciar" – uma ideia que não poderia estar mais distante de seus famosos escritos sobre o luto como uma tarefa que deve ser completada.

—

No centésimo aniversário da morte de Sophie Halberstadt-Freud, podemos nos perguntar o que, afinal, a perda da filha causou a seu pai, Sigmund Freud? E como essa história pode nos ajudar a enfrentar o horror de nosso próprio tempo, quando mortes inimagináveis – Freud descreveu a guerra como "inconcebível" – são de novo tão numerosas? Em 1924, Fritz Wittels, o primeiro biógrafo de Freud, sugeriu que havia uma ligação entre a morte de Sophie Halberstadt e *Além do princípio do prazer* (1920), em que Freud apresentou a ideia da pulsão de morte. A refutação de Freud não demorou. A sugestão era implausível, ele disse. O primeiro rascunho tinha sido escrito em 1919, quando Sophie ainda estava viva. Acontece que Freud havia se antecipado a Wittels – em julho de 1920, quatro anos antes de a biografia ser publicada, ele escrevera a Max Eitingon: "Você poderá confirmar que o livro estava semiacabado quando Sophie se encontrava viva e alegre". Isso já é estranho – "semiacabado" deixa bastante margem para acréscimos após a morte dela. Por que, podemos perguntar, o fato de estar completo antes que ela morresse deveria ser apresentado como algo que, num futuro não especificado, precisaria ser confirmado? Atualmente, graças aos esforços incansáveis de Ilse Grubrich-Simitis, especialista em Freud que pela primeira vez divulgou os manuscritos originais de suas obras, sabemos que ele estava sendo evasivo. Todo um capítulo novo, o sexto, de longe o mais longo, foi acrescentado a uma versão posterior, consistindo em quase um terço do texto publicado. E no novo capítulo figura, pela primeira vez impressa, a expressão "pulsão de morte". Anteriormente, o termo havia aparecido em duas cartas para Eitingon de fevereiro de 1920, algumas semanas após a morte de Sophie. Acho que é correto afirmar que Freud deve a ela a gênese desse conceito sem precedente.

Em sua resposta a Wittels, Freud reconhece apenas um acréscimo ao texto: um "raciocínio acerca da mortalidade ou imortalidade dos protozoários". Aqui ele está, sem dúvida, demonstrando o que chamou de "lógica da chaleira" do inconsciente, segundo a qual um acusado expõe uma série de argumentos em que cada um é invalidado pelo seguinte: ele já tinha concluído o texto; não há nada significativo nos acréscimos; o único material novo tinha a ver com a imortalidade e/ou mortalidade da vida biológica – como se tal tópico não pudesse ter a menor relação com a morte de um filho. Em carta a Pfister depois que Sophie morreu, Freud descreve como ela teria sido "roubada [...], como se nunca tivesse existido". "A indisfarçada brutalidade de nosso tempo", ele continuou, "pesa dolorosamente sobre nós." Como se agarrar a qualquer sugestão de um futuro após a morte – na forma de plasma germinativo imortal ou alma eterna – quando as pessoas estão morrendo como moscas a seu redor?

*Além do princípio do prazer* é uma das mais importantes obras da segunda parte da vida de Freud. É a culminância de seu pensamento sobre a topografia da mente e apresenta o novo dualismo das pulsões. Despertou apaixonado entusiasmo e virulenta hostilidade em partes iguais. Max Schur faz grandes esforços para desacreditá-lo, o que pode parecer estranho, uma vez que seu livro é dedicado a entender o papel da morte na vida e obra de Freud. Mas pode-se dizer que a ideia de um princípio demoníaco inconsciente, impulsionando a psique à loucura, sabota de uma vez por todas a visão do homem exercendo controle sobre a mente – e, para Schur como para muitos outros, era por isso um anátema. Schur foi o médico de Freud em seus últimos anos. Quando a dor do câncer fez com que sua vida não mais tivesse valor nem significado, Schur – com base num acordo verbal entre os dois – administrou uma dose fatal de morfina. Este era inquestionavelmente o desejo de Freud, e Schur é eloquente sobre a dignidade com que ele chegou ao fim da vida após 16 anos de sofrimento. Correndo o risco de fazer uma análise selvagem, minha leitura é que Schur só seria capaz de viver com o que fizera se pudesse confiar na capacidade do ser humano de subordinar sua vontade à razão e – contrariando, na verdade, o próprio espírito da psicanálise – de sempre fazer o que é melhor para si mesmo.

A quem pertence a morte? Se isso se tornou uma questão durante a atual pandemia é porque a ausência de provisão pelo Estado, a carência de suprimentos médicos, a falta de equipamentos e o isolamento do contato humano fizeram com que muitos sentissem pela primeira vez que a morte é algo de que as pessoas – o moribundo e seus próximos – podem ser roubadas. Freud e sua mulher não puderam chegar à filha doente por não haver transporte: não puderam estar presentes quando ela morreu. Isso pode nos ajudar a entender as seguintes linhas, notáveis, de *Além do princípio do prazer* no que agora sabemos ser seu novo capítulo seis: "Se nós mesmos vamos morrer, e antes disso perder para a morte aqueles que nos são especialmente queridos, é mais fácil nos submetermos a uma impiedosa lei da natureza, à sublime ανάγκη [necessidade], do que a um acaso do qual talvez pudéssemos haver escapado". No capítulo anterior, Freud vinha elaborando a compulsão à repetição, que identificara pela primeira vez em soldados que voltavam dos campos de batalha e se sentiam revivendo suas piores experiências, em sonhos à noite e enquanto acordados. Traçando lentamente essa tendência do front até o consultório (pacientes casados com seus sintomas), Freud conclui que tal compulsão constitui uma propriedade de todos os organismos vivos. A ânsia de toda a vida orgânica é restaurar um estado anterior das coisas. Daí deriva um considerável rebaixamento no *status* das pulsões de autopreservação e controle, que anteriormente eram as chaves para sua topografia da mente e agora são vistas a serviço da necessidade do organismo de seguir o caminho para sua própria morte: "O organismo deseja morrer apenas de seu próprio modo". "*O objetivo de toda vida*", diz Freud naquela que talvez seja uma de suas afirmações mais contrárias à intuição, "*é a morte.*"

Nessa trajetória teórica – segundo ele mesmo, uma das mais especulativas que percorreu –, Freud está se movendo entre a elegia e o tratado filosófico, entre a tristeza e a ciência: "Somos fortalecidos em nossa crença", ele diz,

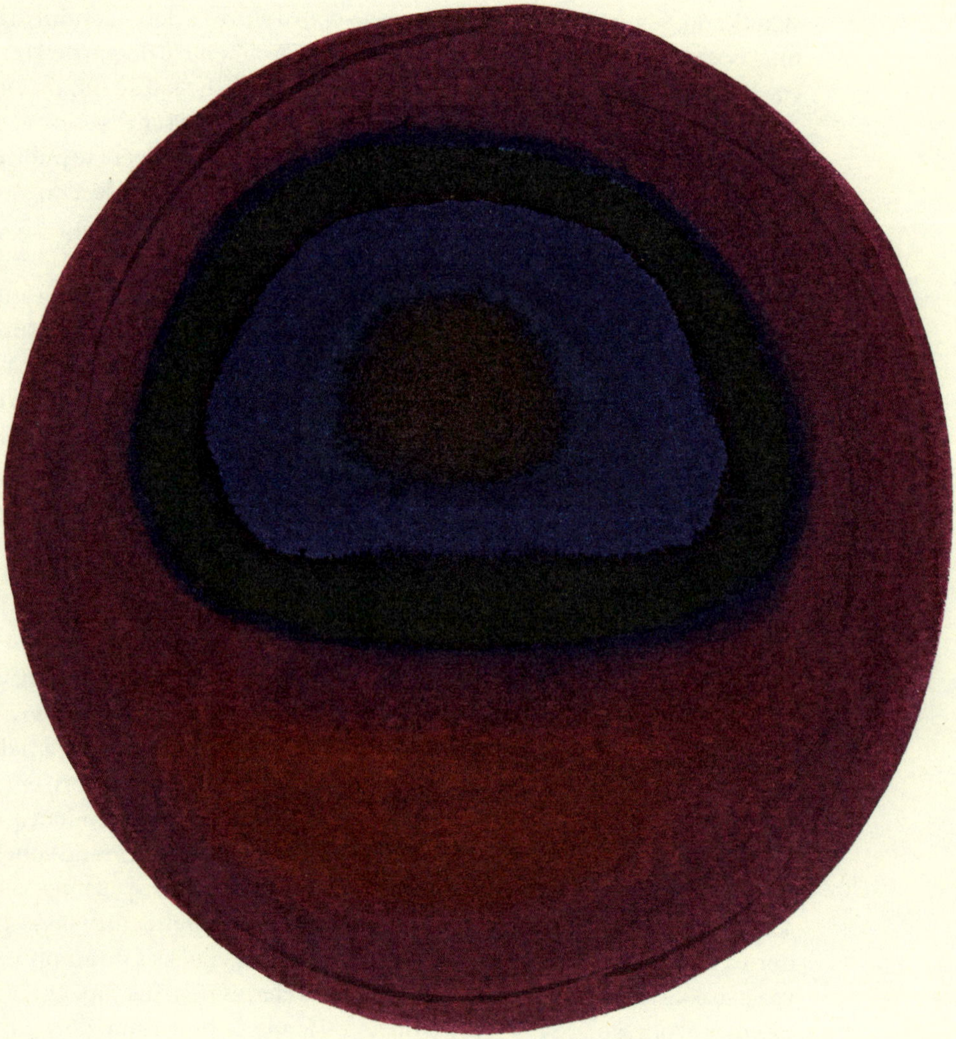

"pelas obras dos poetas". Para mim, o que transparece aqui é uma dimensão que parece fazer parte de seu pensamento a partir da morte de Sophie. Melhor a morte como uma companheira silenciosa do que a morte que cai dos céus. Uma impiedosa lei da natureza é preferível a uma morte que deveria – ou poderia – não haver ocorrido. Sabemos que todos os escritos de Freud fluem de seu mundo interior, mas não consigo pensar em nenhum outro momento em que ele tenha posto suas cartas psicológicas na mesa com tamanha transparência. Nada pior que a ideia da morte como parte de uma série de acidentes. Devido à impiedosa aleatoriedade de suas mortes, as vítimas da pandemia e da guerra são privadas da essência da vida. É isso que Freud está tentando dar de volta à filha, restaurando a herança a que ela fazia jus. Em termos simples: sem a crença de que a vida deve mover-se ao longo do caminho para seu próprio fim, a morte súbita dela – cinco dias depois de adoecer – seria demais para ele suportar: "Mais fácil nos submetermos a uma impiedosa lei da natureza [...] do que a um acaso do qual talvez pudéssemos haver escapado". "Pode ser", ele acrescenta, citando Schiller, "que essa crença na necessidade interna de morrer seja apenas outra dessas ilusões que criamos '*um die Schwere des Daseins zu ertragen*' [para suportar o ônus da existência]." Ele estava afugentando o destino dela, mostrando como era absurdo. Numa época como a nossa, apesar de todas as gritantes diferenças de classe e raça que ditam como, onde e quem é atingido pela pandemia, cabe incluir praticamente todo mundo nessa perspectiva. Freud está oferecendo uma filosofia do pesar, ajudando-nos a entender por que o que está acontecendo agora entre nós pode ser sentido tanto como uma catástrofe interna quanto externa. A morte numa pandemia não é uma maneira correta de morrer.

—

Na correspondência com Wittels, Freud nos obriga a refletir sobre a negação de suas próprias elucubrações acerca da imortalidade do plasma germinativo. Como se a imortalidade não fosse algo em que alguém provavelmente se veria pensando após a morte de um filho. Isso talvez explique em parte a razão pela qual, numa carta escrita a Ferenczi duas semanas depois da morte de Sophie, tão pesaroso quanto estava, Freud descreveu a perda da filha como um "insulto narcísico", a ser descoberto sob as obrigações cotidianas em que ele estava encontrando seu caminho de volta para a vida. "Um sério golpe no narcisismo de alguém", escreveu a Pfister dois dias depois que Sophie morrera.

Um exame mais aprofundado do capítulo seis de *Além do princípio do prazer*, em que se vê Freud na trilha da morte biológica, talvez possa nos guiar aqui. Sua pergunta é se a biologia confirmará sua convicção de que a morte é uma propriedade inerente a toda vida orgânica, ou se há algo imortal nas substâncias vivas. De acordo com o biólogo evolucionista August Weismann, a morte só pertencia a organismos multicelulares cujo soma morre no momento da reprodução, quando o plasma germinativo penetra numa nova forma viva. Os organismos unicelulares, por outro lado, não parecem morrer, e sim se reproduzir eternamente. Ou, tal como Max Hartmann em *Morte e reprodução* (1906), é possível argumentar que a morte não pode ser reduzida à aparência de um corpo morto, pois descreve o momento em que uma célula, chegando ao fim de seu desenvolvimento individual, sofre uma mutação e passa ao estágio seguinte da vida.

O que importa aqui não é se a biologia pode de fato sustentar o problemático conceito de Freud acerca da pulsão de morte. Como ocorre com frequência em sua obra, a questão é o que essas preocupações permitem que ele continue a pensar. "Nesse sentido", Freud escreve com inegável satisfação, "os protozoários também são mortais; no caso deles, a morte sempre coincide com a reprodução, mas é até certo ponto obscurecida por ela, uma vez que toda a substância do animal progenitor pode ser transmitida diretamente ao filho." A única coisa que salva o organismo de morrer é sua passagem, por inteiro, para o rebento – salve-se quem puder, poderíamos dizer! Transpondo isso para a vida humana, a morte de um filho biológico se torna um insulto narcísico porque é somente através da existência dos filhos que os pais têm uma chance de alcançar a eternidade. O que Freud está dizendo aqui é tão arrepiante quanto simples: a única coisa que mantém vivo um pai ou uma mãe são seus filhos.

Assim, a pulsão de morte de Freud parece se perder em minúcias da vida orgânica. Porém, ao mesmo tempo, alcança o mundo político externo: ao contrário do que se sugere com frequência, os dois domínios do pensamento de Freud funcionam em conjunto. Cumpre lembrar que a guerra foi o pano de fundo essencial do conceito da compulsão à repetição, quando os soldados que retornaram reviviam os perigos infligidos pelo mundo externo. As preocupações de Freud com a vida orgânica e com os perigos do mundo, com o processo biológico mais profundo e com as agruras externas se tornaram cada vez mais entrelaçadas em seu pensamento, exatamente como a questão do que herdamos sem saber (nossa predisposição) e do que cai sobre nossas cabeças (os acidentes da vida) começaram a aparecer na mesma página. Não tenho dúvida de que foi a covid-19 que recentemente me alertou para essas estranhas alianças, até mesmo porque eu luto, como tantos outros, para colocar em alguma sintonia psíquica a dor de minha vida interior e a tragédia que se desenrola do lado de fora da minha porta. Como ligar essas áreas se torna a preocupação da segunda fase da vida profissional de Freud. É isso que a guerra causa à teoria. Em seu próprio relato, um soldado traumatizado fica cruelmente dividido entre as demandas de lealdade a seu ego – que lhe diz para evitar o perigo a todo custo – e a lealdade à sua nação, que dele exige estar preparado para morrer.

A guerra e a pandemia são as piores coisas que podem acontecer à humanidade? Se à primeira vista essa parece uma pergunta insana – embora, como veremos, não tão insana quanto a resposta de Freud –, ela não obstante tem ressonância na tarefa que ele se impôs de tentar rastrear o impacto do mundo sobre quem vive nele, assim como das eras passadas sobre a atualidade. Vimos que uma preocupação com a imortalidade, a duração e a transmissão está presente no capítulo seis de *Além do princípio do prazer*, em que Freud tentou lidar com a morte da filha e encarar o fato de que um elo na cadeia do ser tinha se rompido sem possibilidade de reparo. Em outro trabalho escrito no meio da guerra, Freud seguiu o caminho diferente da pré-história. Dessa vez não se trata da vida do plasma germinativo, e sim de uma época muito distante, quando a existência podia ser descrita, sem exagero, como o inferno na Terra – a guerra e a pandemia empalidecem a seu lado. Estou me referindo ao 12º ensaio metapsicológico, que ele não queria que viesse à luz e que, uma vez mais, não teríamos conhecido não fosse a devoção acadêmica de Grubrich-Simitis, que o publicou em 1985 com o título *Uma fantasia filogenética* – um dos sete ensaios metapsicológicos que Freud descartou ou destruiu. Recuperando-o contra os desejos do autor, Grubrich-Simitis fazia o papel de Max Brod com seu Kafka. Ela o chama de um "documento de fracasso" – é de fato extravagante –, mas também o trata com o máximo de respeito, argumentando que é o texto em que as teorias de Freud sobre a pulsão e o trauma, tão frequentemente vistas como incompatíveis, revelam sua mais profunda afiliação.

*Uma fantasia filogenética* ou *Visão geral das neuroses de transferência* faz as especulações contidas em *Além do princípio do prazer* parecerem ciência exata. No início, segundo Freud, uma Idade do Gelo tornou o homem um animal ansioso quando "o mundo até então predominantemente amigável [...] se transformou numa massa de perigos ameaçadores". "Os alimentos não eram suficientes para permitir um aumento das populações humanas, e os poderes dos indivíduos não eram suficientes para manter vivos tantos seres impotentes." Confrontado com uma emergência "fora de seu controle", o homem se impôs a proibição de reproduzir, uma vez que propagar a espécie numa era de tamanha carência era colocar em risco sua própria existência: nenhum filho, nenhum futuro, nenhum vislumbre de vida eterna. A reação do homem a essa limitação brutal de suas pulsões foi a histeria: as origens da histeria de conversão em que a libido é um perigo a ser controlado. O homem também se tornou um tirano, arrogando-se uma dominação sem limite como recompensa por seu poder de salvaguardar as vidas de muitos: "A linguagem era mágica para ele, seus pensamentos lhe pareciam onipotentes, ele compreendia o mundo de acordo com seu ego". Adoro isso. A tirania é a companheira

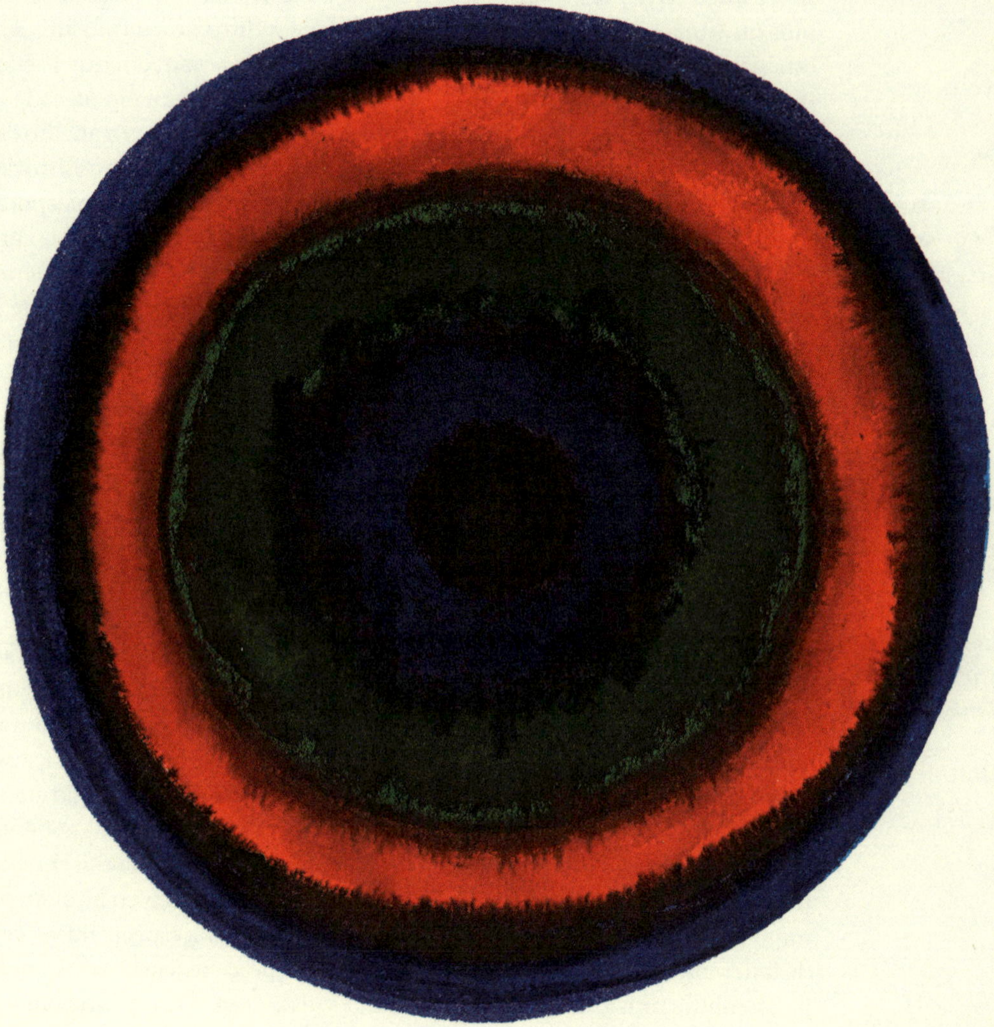

silenciosa da catástrofe, como foi flagrantemente demonstrado pelo comportamento de governantes de várias nações, em especial Donald Trump. Como se dissessem: eu o salvarei, mas você tem de me fazer rei (não que esses governantes salvem alguém). Para não falar da ideia correlata de que o tirano foi o primeiro histérico: a ideia do pânico corporal como o subtexto tácito do poder masculino é tão inesperada – e tão progressista – como qualquer outro pensamento de Freud. Cumpre notar o quão político ele está sendo num texto que, com grande facilidade, podemos pôr de lado como mera fantasia, inclusive pelo próprio Freud. Sugiro que vejamos esse ensaio como um experimento intelectual que lhe permitiu fazer avanços mentais enormes e sem precedentes.

O que se transmite pelas gerações, bem fundo na psique das pessoas, é, portanto, a ansiedade. Ansiedade como reação a um mundo em perigo, mas também como reação à tirania dos poderes que surgem para enfrentar tais perigos. É isso que as crianças trazem no curso das gerações: "As crianças carregam a ansiedade do início da Idade do Gelo". A criança está repetindo a história da espécie, oferecendo apoio a Freud em sua crença na transmissão filogenética – a "preponderância da disposição filogenética sobre todos os demais fatores". Uma ênfase que, ele também insiste, não elimina a questão da aquisição: "Apenas a transfere para uma pré-história ainda anterior". O que essa estranha meditação não publicada nos permite inferir é que o conceito da filogênese constituiu sua forma de reconhecer o estado terrível da humanidade: carência, pobreza, sofrimento e dificuldades, as catástrofes da história, o ônus do passado. A psicanálise moderna fala de "assombração transgeracional", a passagem inconsciente do trauma histórico de uma geração à seguinte. Trazemos nossos antepassados em nossa esteira, o que significa que, embora possamos morrer nossas próprias mortes, também morremos em nome dos que estiveram aqui antes de nós. Mais uma vez à frente de seu tempo, Freud tomou essa realidade, que agora é reconhecida clinicamente, e a injetou na veia da humanidade. O organismo transmite toda sua substância para a geração seguinte. Diante de um mundo de desastres, o ensaio de Freud, escrito em 1915, nos faz lembrar do preço a pagar. Como Grubrich-Simitis disse numa palestra feita em 1987 sobre esse tópico, Freud estava escrevendo um guia para nossos próprios tempos, "caso queiramos imaginar uma nova Idade do Gelo feita pelo homem, e pensar em termos psicanalíticos sobre as consequências de um inverno nuclear". Inverno nuclear então, pandemia ou catástrofe climática agora: o ensaio não tem menos ressonância, e sua ressonância não é menos alarmante.

—

Ainda não terminamos com a pulsão de morte. No relato de Freud, essa pulsão não diz respeito apenas ao domínio da quiescência, ao lento e constante retorno do organismo vivo a um estado inanimado. Se a pulsão de morte é uma das teorias mais controvertidas de Freud, isso não se deve exclusivamente à palidez mortal que projeta sobre a vida. É também – talvez principalmente – porque faz da violência uma propriedade interna de cada ser humano. Esse aspecto da pulsão provou ser ainda mais escandaloso que a crença anterior de Freud na pulsão de prazer como o mais importante motivador da vida humana. E isso porque acabou com a deliciosa ilusão de que os males do mundo são a responsabilidade de todos, menos da própria pessoa. Em 1929, Freud escreveu para Einstein:

> Toda nossa atenção está dirigida para o lado de fora, por isso os perigos nos ameaçam e a satisfação acena para nós. No que diz respeito ao interior, só queremos ser deixados em paz. Por isso, se alguém tenta chamar nossa atenção para dentro, à força, então toda nossa organização resiste – exatamente como, por exemplo, o esôfago e a uretra resistem a qualquer tentativa de reverter a direção normal da passagem.

Essa deve ser uma das declarações mais viscerais acerca dos motivos para as reações hostis à psicanálise. "Não há nada menos adequado às habilidades humanas do que a psicanálise", escreveu em 1911, de forma algo mais decorosa, para Binswanger.

Mais uma vez, essa ideia elaborada pela primeira vez no capítulo seis de *Além do princípio do prazer* está profundamente imbricada com a guerra. Podemos conjecturar que a tarefa de Freud teria se tornado fácil demais, sua própria dor fraudulenta, se ele não houvesse considerado a forma pela qual a guerra destrói a inocência da mente humana – afinal, para começo de conversa, toda sua libido tinha estado no lado da guerra. O que enlouquece as pessoas na guerra é, após toda uma vida de proibição e contenção, sua capacidade de assumir a violência. Não somente porque matar coloca o homem diante de um conflito, como diz Freud, entre "as exigências da humanidade" e "as demandas de uma guerra nacional". Mas porque o confronta com a violência, que é uma parte interna do ser humano. "Consideremos a Grande Guerra que ainda está arrasando a Europa", escreveu Freud em 1916, na palestra introdutória sobre a censura de sonhos. "Pensem no imenso volume de brutalidade, crueldade e mentiras que é possível espalhar pelo mundo civilizado. Vocês realmente acreditam que um punhado de homens ambiciosos e enganadores, sem consciência, teria sido capaz de deixar à solta todos esses espíritos maus caso seus milhões de seguidores não compartilhassem da culpa deles?" Como em 1916, o mesmo se deu em 2016 com a eleição de Trump e, para além disso, na era de Bolsonaro, Modi, Erdoğan, Orbán,

Duterte *et al.* "Enfatizamos mais o que há de mau nos homens", ele continuou, "apenas porque outras pessoas o negam, com isso fazendo a mente humana não melhor, mas incompreensível."

Comecei sugerindo que a atual pandemia está nos privando da ambivalência do sofrimento humano. Mas, enquanto escrevia, me pareceu pouco surpreendente que Freud surgisse nessas páginas como um pensador do desastre. Num mundo entorpecido pela incompetência, pelas mentiras e pelo falso triunfalismo, suas ideias podem nos ajudar a restaurar em primeiro lugar a verdade nua e crua sobre o que está acontecendo, e depois – mas somente a partir de tal base – todos os matizes de nosso mundo interior que vivem e morrem no inconsciente. Numa seção relativamente pouco conhecida de *Reflexões para os tempos de guerra e morte*, escrito em 1915, Freud descreve as dores de parto da vida ética que ocorreram quando o homem, antes de ser conspurcado pela civilização, confrontou o misto de emoções – desespero, raiva, ódio e prazer – que sentiu diante da morte, em especial em relação aos entes mais queridos. Dessa mistura surge o primeiro mandamento ético, "não matarás": "Isso foi estabelecido", ele escreve, "em relação aos mortos que eram queridos como uma reação à satisfação oculta por trás do pesar por eles, sendo gradualmente estendido a estranhos que não eram entes amados e, por fim, até aos inimigos". No entanto, observa ele ao contemplar a guerra em curso, o que se perdeu no chamado "homem civilizado" foi essa disposição para incluir os inimigos, assim como o "veio de sensibilidade ética" que lhe é próprio.

Ao dar aulas sobre Freud, uso esse trecho para mostrar aos alunos que, em momentos decisivos, ele era bem menos etnocêntrico do que com frequência se pensa. Mas o que faz essas reflexões tão relevantes na atualidade é a mensagem implícita, quase impossível de ser ouvida num momento em que o segredo de polichinelo da hora é o exílio da psique nas margens da existência. Só ao admitir a ambivalência, mesmo em relação àqueles que mais amamos, teremos alguma chance de abranger todos os seres humanos, inclusive os supostos inimigos: a China, por exemplo, um país que o mundo ocidental está sendo aconselhado agora a odiar; os negros que são assassinados nas ruas; os cidadãos de outro país que, na corrida pela vacina da covid-19, pode estar um pouco à frente; todos aqueles que também estão sofrendo por causa da guerra, da pandemia ou, como todos os demais, pelo fato de sermos humanos. Para que isso aconteça, é necessário que os atuais líderes narcisistas, em sua maioria homens, antes de mais nada reconheçam seus erros – algo de que parecem incapazes por sua própria natureza e que implicaria abandonarem seus ódios casualmente dispersos e cuidadosamente visados. "Eu, é claro, pertenço a uma raça", Freud escreveu para Romain Rolland em 1923, "que na Idade Média foi considerada responsável por todas as epidemias."

Ainda que Freud tenha observado que é difícil explicar o impulso de empatia no ser humano e que a compaixão pode funcionar como um véu para o narcisismo, há momentos em seus escritos, mais uma vez em *Além do princípio do prazer*, em que os traços mais simples de tal impulso podem ser vistos: o escudo protetor da psique que se deixa morrer a fim de salvar as camadas mais profundas da mente de um fim similar; ou a comunidade de células que sobrevive mesmo se células individuais têm de morrer. Algo está operando no texto de Freud – na leitura de Derrida, um "*socius* primitivo", ou uma nova forma de vida comum que evita as armadilhas do ego singular, nunca tão necessária quanto agora. Uma vida em que a dor dos tempos seja compartilhada, e em que todos os seres humanos, independentemente de raça, classe, casta ou sexo, sejam capazes de participar. Isso pode ser o que significa lutar por um mundo em que cada um esteja livre para morrer sua própria morte.

—

Permitam-me que termine com dois escritores que vim a conhecer apenas recentemente, cujas vidas se ligaram à de Freud e que, de maneiras diferentes, põem esses assuntos em nítido relevo. A primeira é Rachel Berdach, que conheceu Freud em 1938, pouco depois que ele chegou a Londres "para morrer em liberdade". Ambos haviam escapado dos nazistas; quatro das cinco irmãs de Freud, que haviam permanecido em Viena, foram deportadas para Theresienstadt; uma morreu no gueto; as outras três, no campo de extermínio de Treblinka. Berdach tinha lhe enviado seu romance, *The Emperor, the Sages and Death* – um "livro misterioso e bonito", Freud escreveu a ela, que "me agradou tanto que fiquei em dúvida sobre minha avaliação". "Quem é você? Onde adquiriu todo o conhecimento expresso em seu livro?", perguntou. Ele a convidou para encontrá-lo, presumindo que ela devia ser muito moça, dada a proeminência que o romance dá à morte. Freud estava certo e errado. Em 1938, ela tinha 60 anos; Freud, 82. Mas, segundo Theodor Reik, que tinha sido o analista dela, Berdach compusera o romance mentalmente quando jovem, recitando-o para si mesma palavra por palavra durante décadas, não querendo transcrevê-lo para o papel devido a um medo que se instalara nela após a morte de alguém que amava. Somente depois das perdas bem maiores que sofreu nas mãos dos nazistas ela fora capaz, por fim, de escrever o romance.

O livro é orquestrado como um conjunto de diálogos filosóficos entre Frederico II, imperador germânico do século 13 e déspota esclarecido, Avicena, médico egípcio, e o rabino Jacob Charif ben Aron. Também são personagens vários antissemitas católicos. Cruzando fronteiras de raça e credo religioso, o romance encena um encontro e o embate de mentalidades. As ressonâncias psicanalíticas estão por toda parte, do desejo do imperador de compreender a propensão do homem às trevas à definição, pelo rabino, do conhecimento judaico como uma busca não apenas do que está sendo mantido em segredo, mas do desconhecido. Como Freud observou, trata-se de um romance sobre o ato de morrer. "Quero me manter consciente até o fim", afirma o imperador, "de modo a não perder a parte mais misteriosa da vida." No entanto, como todos sabemos, morrer a própria morte não é a mesma coisa que morrer sozinho num mundo que parece deserto. Nas últimas páginas, o rabino acorda certa manhã num mundo imóvel, cinzento e silencioso do qual todas as pessoas parecem ter fugido. Lentamente, dando-se conta de que alguma coisa horrível aconteceu, ele é invadido por um único desejo, alcançar aqueles que sem dúvida estão prestes a serem confrontados com um "terror inesperado": "Não deveria ele compartilhar o destino de todos antes de morrer?". Mas chega tarde demais. Os homens, os animais e as plantas se foram – a morte engoliu a Terra. Não estando distante um milhão de quilômetros do inverno nuclear de Grubrich-Simitis ou da catástrofe da mudança climática, essa poderia ser a crônica das mortes anunciadas para a era em que estamos vivendo. O rabino morre na solidão, mas é para a solidariedade às pessoas em meio ao desastre – "Não deveria ele compartilhar o destino de todos?" – que dedica seu último suspiro.

Em 1937, um ano antes do encontro entre Berdach e Freud, o psicanalista e neurologista alemão John Rittmeister voltou da Suíça para a Alemanha a fim de completar sua análise didática – correndo um risco considerável, pois as autoridades conheciam suas simpatias comunistas. Nomeado diretor do Instituto Göring, a instituição psicanalítica que sobrou depois do expurgo dos judeus e teve permissão de assim funcionar sob Hitler, ele trabalhou para a resistência até ser preso pela Gestapo por traição em 1942 e executado na penitenciária de Plötzensee em 1943. Há duas entradas notáveis em seu diário de prisão. Na primeira, de 24 de dezembro de 1942, Rittmeister se refere a seu "destino abominável", e imediatamente se repreende: "Falo de 'meu destino abominável' esquecendo rápido demais os milhões de 'destinos abomináveis' que se cumprem em toda a Europa e outros lugares, sem que haja um fim à vista para o sangue, o sofrimento, as lágrimas e o medo. Como alguém que perde o paladar porque o prato do vizinho está vazio, esse sofrimento me impede de gozar os prazeres da vida." Na segunda, de 12 de janeiro de 1943, ele reflete sobre dois modos diferentes de ser ético no mundo. Um é dominado pela subjetividade e pelo egocentrismo. Absorvendo os outros em sua própria esfera mental, as pessoas os transformam somente numa oportunidade de ampliarem seu próprio ego. O segundo caminho, pelo contrário, concede autonomia aos outros – deixando-os livres para subsistirem de seu próprio jeito. Essa forma de ser – expansiva, aberta – pertence, ele escreve, ao âmago da obra de Freud, que nos ensina "amor, não introversão".

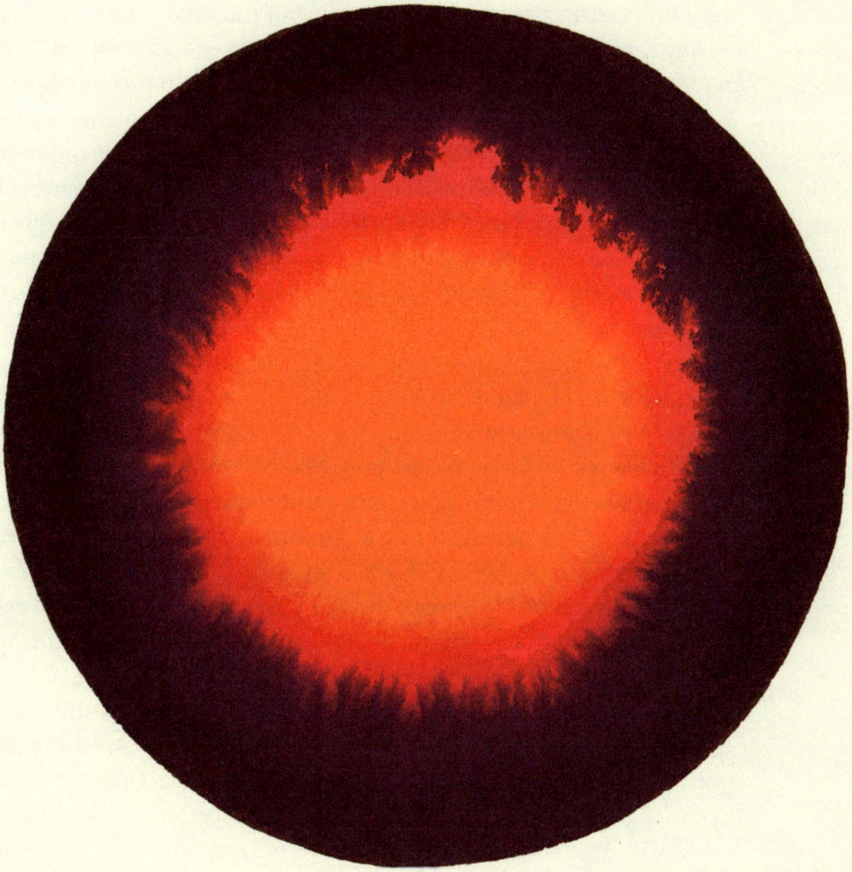

Desafiando todas as probabilidades, Rittmeister estava morrendo sua própria morte. Mas como, é razoável perguntar, poderia um homem prestes a ser executado pelos nazistas encontrar espaço para pensar nos milhões de outros seres fadados a um destino abominável, expressando uma visão mais ampla? Hoje, no meio de uma pandemia aparentemente sem fim, há chamamentos para novas formas de solidariedade na vida e na morte, assim como para uma nova consciência política inclusiva. Como, porém, encontrar um lugar nessa nova realidade para os aspectos mais sombrios do ser humano que, como girassóis de cabeça para baixo, permanecem no centro do projeto inacabado da psicanálise? Se não conseguirmos isso, mesmo com toda a boa vontade no mundo, qualquer movimento que fizermos nessa direção se comprovará a longo prazo um gesto vazio. Para ter certeza de que isso não aconteça, há coisas piores do que voltar a Freud.

**Jacqueline Rose** (1949) é uma das mais ativas intelectuais feministas britânicas. Codiretora do Birkbeck Institute for Humanities, na London University, é autora de livros como *Women in Dark Times* (2014), *Proust among the Nations: from Dreyfus to the Middle East* (2011) e *On Violence and on Violence against Women* (2021) – todos inéditos no Brasil. É colaboradora frequente da *London Review of Books*, onde este ensaio foi originalmente publicado.
Tradução de **Jorio Dauster**

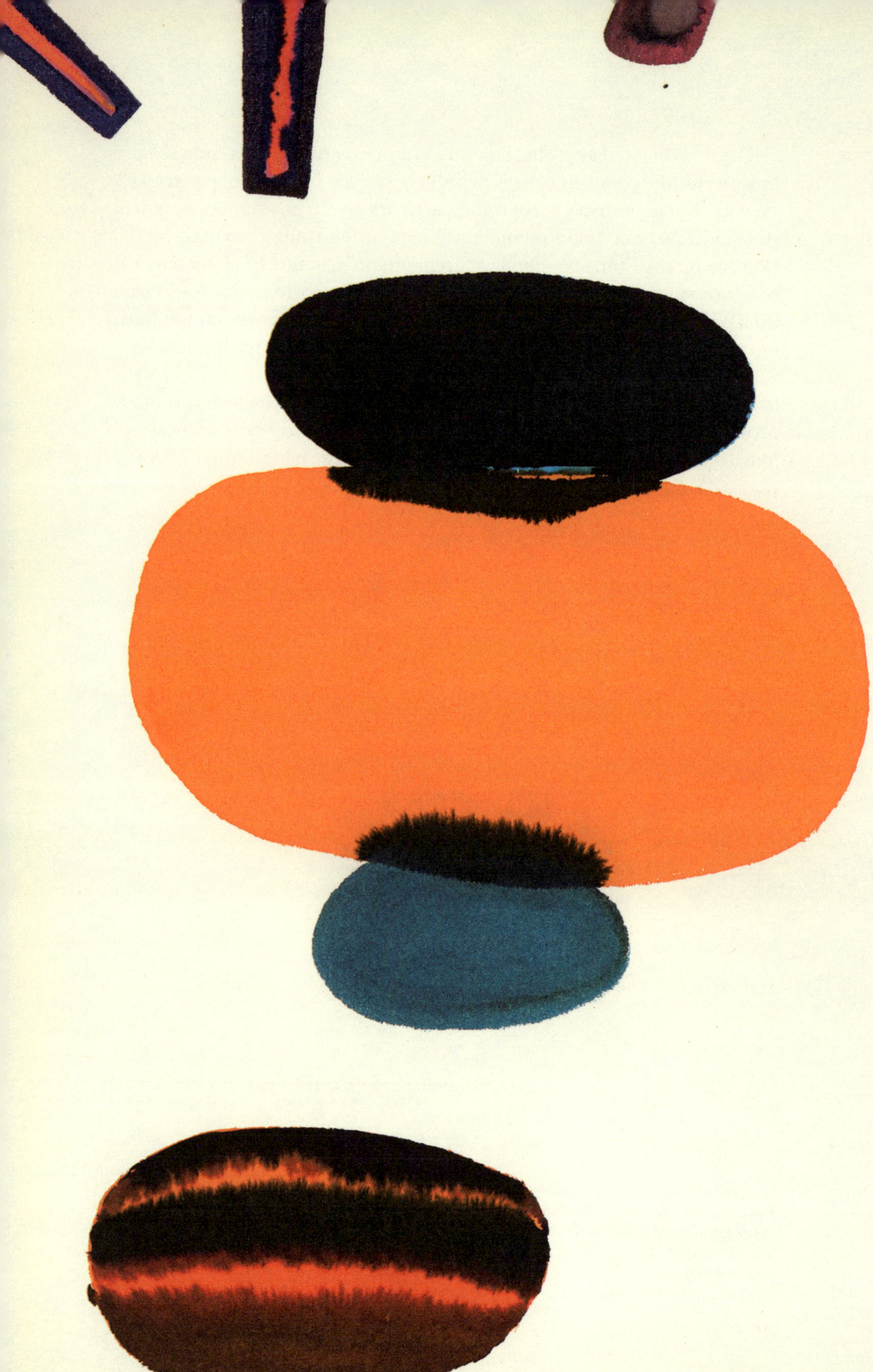

# Vanguarda pandêmica

Em *Pauliceia desvairada*,
Mário de Andrade reelabora com sutileza
e sofisticação poética as marcas da gripe
espanhola na São Paulo dos anos 1920

## Susanne Klengel

No início de abril de 2020, uma série de fotografias aéreas circulou pelo mundo: da perspectiva de um drone, mostrava inúmeras covas bem próximas umas às outras no solo vermelho do grande cemitério de Vila Formosa, em São Paulo. Os túmulos abertos prenunciavam o que ocorreria na pandemia da covid-19: imagens igualmente evocativas tinham sido vistas de Bergamo, na Itália, onde em meados de março caminhões militares foram usados para remover aqueles que tinham morrido nos últimos dias e horas. Em meio à inundação de informações na mídia, os flagrantes pareciam por um momento referir-se ao inimaginável – à morte, que em pouco tempo fez colheitas tão ricas que a administração pública viu-se incapaz de lidar com a dinâmica dos enterros. As imagens são tão assustadoras não apenas porque exibem a catástrofe em curso da virose letal e as exigências imensas feitas ao Estado e à sociedade, mas também por tornarem claro que cenas idênticas e ainda mais perturbadoras se davam em outros lugares, cenas que em breve se dissolverão ou não mais ficarão gravadas na memória. O choque, a supressão e o esquecimento estão fortemente entrelaçados.

A literatura sobre a chamada "gripe espanhola", até hoje a pandemia mais séria que o mundo enfrentou, em 1918 e 1919, enfatiza reiteradamente a rapidez com que a epidemia foi esquecida tão logo perdeu força, muito embora o tremendo número de mortos tenha sido maior que o de vítimas da Primeira Guerra Mundial. No altamente elogiado *Pale Rider: The Spanish Flu of 1918 and How It Changed the World*, Laura Spinney menciona o "esquecimento coletivo do maior massacre do século 20. A gripe espanhola infectou uma em cada três pessoas no mundo, ou seja, 500 milhões de seres humanos. Entre o primeiro caso registrado em 4 de março de 1918 e o último, em março de 1920, ela matou entre 50 milhões e 100 milhões de pessoas, ou entre 2,5 e 5% da população global – uma faixa que ainda reflete a incerteza que cerca o assunto." Por muito tempo a historiografia também tratou a pandemia apenas como nota de rodapé. Só no final da década de 1980, a pesquisa sobre esse acontecimento e tópicos similares se intensificou, devido à epidemia do HIV e dos novos surtos pandêmicos de gripe. O mesmo se aplica à pesquisa no Brasil, onde os estudiosos têm apresentado mais e mais trabalhos sobre as diferentes regiões e locais onde a gripe espanhola grassou.[1]

A introdução de *Metrópole à beira-mar: o Rio moderno dos anos 1920*, de Ruy Castro, é dedicada à Primeira Guerra Mundial

---

[1] Cf., por exemplo, "As dimensões político-sociais de uma epidemia: a pauliceia desvairada pela gripe espanhola", de Christiane Maria Cruz de Souza, uma resenha detalhada do livro de Claudio Bertolli Filho, *A gripe espanhola em São Paulo, 1918* (2003), que apresenta uma boa visão da pesquisa histórica, a começar pelas teses de mestrado da década de 1980.

e à gripe espanhola, que fizeram um número especialmente grande de vítimas na então capital do país. O autor descreve como, após meses de ansioso autoisolamento e confronto diário com a doença e a morte, os moradores da cidade comemoraram euforicamente o Carnaval de 1919, quando a epidemia cessou repentinamente e antes que a catástrofe logo caísse em esquecimento.[2] Em *A gripe espanhola em São Paulo, 1918*, o historiador Claudio Bertolli Filho descreve um cenário semelhante, com uma visão mais matizada de seu rescaldo na cidade: "A influenza epidêmica foi, imediatamente após sua ocorrência, abolida da memória paulistana oficial, integrando-se marginalmente ao discurso médico e administrativo como uma experiência de pouca importância dentro de uma conjuntura progressista. [...] Apesar de eliminada do discurso médico-administrativo e do interesse dos pesquisadores contemporâneos, na sua versão paulistana, *ficou para sempre gravada na memória e também no corpo* de todos aqueles que vivenciaram o grande flagelo." [grifo meu]

Os vestígios da pandemia na produção literária daqueles anos não foram, até agora, objeto de grande atenção.[3] É evidente que, mesmo em meio ao rebuliço da modernização social e das novas formas de literatura, poesia e arte no início da década de 1920, o drama da pandemia mortal não foi simplesmente esquecido. Em geral, as posições estéticas radicais de poetas e artistas de então são analisadas tendo como referências a Primeira Guerra e a Revolução de Outubro de 1917, raras vezes levando em conta a experiência traumática da epidemia. *Pauliceia desvairada*, de Mário de Andrade, permite no entanto mostrar como a gripe espanhola exerceu uma influência que não deve ser subestimada sobre o desenvolvimento de uma estética de vanguarda em São Paulo e em todo o Brasil.

Publicada em julho de 1922, cinco meses após a espetacular Semana de Arte Moderna, *Pauliceia desvairada* é uma coletânea de poemas modernistas – incluindo um oratório laico, "As enfibraturas do Ipiranga" – precedida por um "Prefácio interessantíssimo", que consiste em reflexões e posturas teóricas com características de manifesto. Consta ali que a obra foi concluída em 14 de dezembro de 1921, tendo sido composta ao longo de um ano, como se pode ver na folha de rosto da primeira edição: "Dezembro de 1920 a dezembro de 1921". Há uma certa ambiguidade quanto à gênese temporal do livro, uma vez que nenhum manuscrito sobreviveu e Mário repetidamente fez

---

2. Castro não volta depois à gripe, circunstância que confirma a hipótese da repressão histórica do tema ou, pelo contrário, mostra que ele só se conscientizou da relevância do evento histórico ao escrever o prefácio. Devo mencionar aqui o importante estudo cultural-histórico de Nicolau Sevcenko, *Orfeu extático na metrópole: São Paulo, sociedade e cultura nos frementes anos 1920* (1992), que também vê o Carnaval em São Paulo no ano de 1919 como um sinal da superação psicológica da gripe e de outras pestes, embora considere as possíveis consequências da epidemia como totalmente secundárias em comparação com os efeitos da Primeira Guerra Mundial.

3. Mesmo Bertolli Filho só identifica dois testemunhos literários ou autobiográficos para o caso de São Paulo: o romance autobiográfico *Adolescência tropical*, de Enéas Ferraz (escrito em Roma em 1924 e publicado originalmente em francês em 1931), que termina com uma drástica descrição da remoção diária dos mortos no Rio de Janeiro; e *Famiglia*, de Orlando Magnoli (publicado pela primeira vez em 1981). Ele cita também memórias, como as de Paulo Duarte e Pedro Nava. Liane Bertucci também se refere com frequência a memórias em seu estudo.

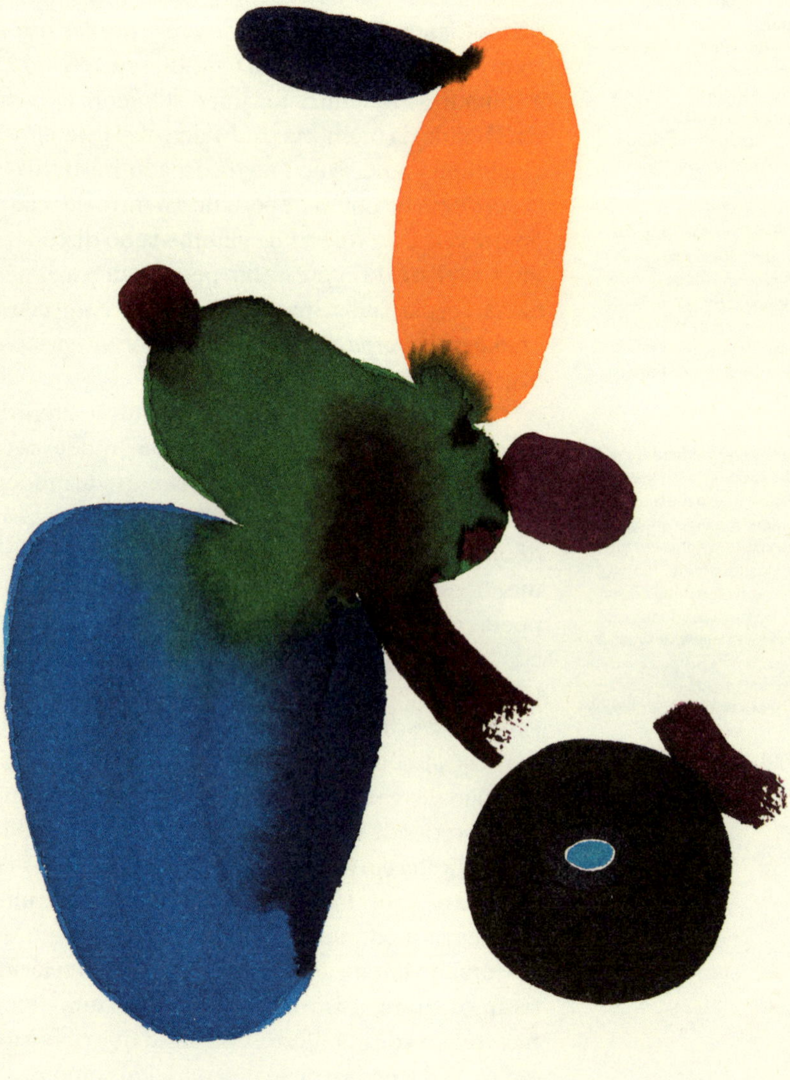

afirmações diferentes sobre a origem dos poemas. "Ao longo dos anos, em tantas cartas, o tempo da invenção de *Pauliceia* afirmou-se no imaginário do autor, fixando-se em expressões definidoras de um estado de espírito arrebatador, desarrazoado, bélico", comenta Marcos Antonio de Moraes em "*Pauliceia desvairada* nas malhas da memória".

Em que medida e extensão os poemas são produtos de inspiração instantânea é um ponto sempre discutido – e a correspondência de Mário com Manuel Bandeira é particularmente instrutiva a esse respeito. Em 3 de outubro de 1922, Bandeira faz uma crítica amistosa a algumas das idiossincrasias estilísticas da obra, mas manifesta admiração por sua modernidade radical. Mário responde no mesmo mês, referindo-se a um longo e difícil período de latência criativa: "Se te não disse ainda, digo-te agora a razão por que os conservei. Trata-se de uma época toda especial da minha vida. *Pauliceia* é a cristalização de 20 meses de dúvidas, de sofrimentos e cóleras. É uma bomba. Arrebentou!" Se levamos a sério esses "20 meses de dúvidas", a gênese da obra retrocede até quase os meses da gripe e de suas consequências, pois, de acordo com as informações oficiais, a pandemia começou a grassar violentamente em São Paulo em 9 de outubro de 1918 e causou mais de cinco mil mortes entre o dia 15 daquele mês e 19 de dezembro.[4] O medo de uma segunda onda de infecções só diminuiria em fins de março de 1919.

Nesses anos, Mário estava vivendo uma fase de agitação artística. Buscava uma nova linguagem poética comprometida tanto com a tradição brasileira quanto com a vanguarda europeia e mundial. Dessa época, entretanto, restam poucos indícios de sua produção intelectual e criativa. Um estudo de seu trabalho como crítico de música de *A Gazeta*, a partir de julho de 1918, proporciona uma ideia de suas experiências cotidianas. O jovem crítico testemunhou como a gripe interrompeu a temporada de ópera do Teatro Municipal: cantores, músicos e público ficaram doentes ou se mantiveram distantes por medo, levando ao fechamento do teatro. A vida pública precisou ser reorganizada: "O medo imiscuiu-se na cidade adoentada. Nas esquinas, nas casas, bares e porões, nos jardins públicos e privados, a peste insinuava-se", escreve Bertolli Filho. Alguns dias depois dos primeiros casos, parques, museus, teatros e escolas foram fechados, negócios e fábricas cessaram suas atividades. O Carnaval e os eventos esportivos foram adiados; por fim, o Teatro Municipal e o conservatório cerraram suas portas.

**4.** Refiro-me aos dados oferecidos por Bertolli Filho, que se baseiam nas mortes registradas. A taxa de mortalidade flutua muito dependendo do bairro e das condições sociais. Em vários trechos de seu livro, Bertolli Filho refuta o discurso corrente sobre o efeito igualizante e democrático do vírus: "Apesar da permanência da ideia de ser a influenza de 1918 uma que atingiu indistintamente qualquer cidadão, a melhor averiguação dos dados permite observar que, como qualquer outra enfermidade, a gripe espanhola atingiu de forma desigual os diversos segmentos da sociedade paulistana, causando um coeficiente de mortalidade bem superior entre os grupos menos favorecidos".

"O Teatro Municipal e o Conservatório Dramático e Musical, mesmo sendo entidades oficiais, foram os últimos a encerrar as atividades escolares e artísticas na cidade", afirma o historiador. "Desde há alguns dias a plateia vinha se reduzindo drasticamente. Era a fuga silenciosa que esvaziava os lugares antes cheios de festivos paulistanos."

Em outro trecho de *A gripe espanhola em São Paulo, 1918*, o autor cita as memórias de Paulo Duarte, que recorda como os cidadãos precisaram se acostumar a uma vida cotidiana em que carros fúnebres com inúmeros caixões passavam o tempo todo pelas ruas: "a avenida Paulista, onde fui tomar o bonde, quase deserta [...]. Em toda a rua da Consolação, e isso era geral em toda a cidade, muito pouca gente a pé, alguns automóveis, principalmente de médicos e os caminhões carregando cadáveres para os cemitérios. Esta paisagem tornou-se rotina. Já não se prestava atenção àqueles montes de caixões de defuntos, todos iguais, uns sobre os outros nos caminhões. Em São Paulo, os mortos tiveram todos o seu caixão simples sem revestimento, não acontecendo o que se deu no Rio, onde cadáveres eram amontoados no caminhão, alguns até nus."

Em *Um homem sem profissão: sob as ordens de mamãe*, seu livro de memórias, Oswald de Andrade também evoca cenas similares: "O episódio trágico da gripe amortalha a cidade. Chamam a doença de 'espanhola'. Tomou conta do mundo. Caiu também sobre São Paulo, enlutando tudo. Seis semanas lívidas, intérminas. Sinto que a peste é pior do que a guerra, pois chega quieta e tira o sentido de orientação para qualquer defesa. A gente não sabe de onde vem o obus silencioso. A cidade mobilizou médicos, hospitais, enfermeiras. Os enterros povoam as ruas. Grandes coches fúnebres atravancam o Centro. Inúmeros caixões desfilam pelos bairros." Oswald acrescenta que perdeu muitos amigos e conhecidos para a gripe. Para assegurar que os enterros pudessem ser feitos noite e dia, os cemitérios receberam iluminação elétrica. Somente o isolamento em casa parecia oferecer segurança, mas o cenário nas ruas, visto da janela, era aterrador, segundo Bertolli Filho: "Foi no isolamento domiciliar que a cidade encontrou possibilidades de não se deixar vencer pela influenza. [...] Como se sentiam essas pessoas que viam passar em frente de suas residências seguidos caminhões, bondes e carroças carregadas de urnas funerárias?"

—

"As enfibraturas do Ipiranga", título do oratório laico de Mário de Andrade, se refere ao local onde foi proclamada a independência do Brasil em 1822. Na forma de um libreto, o eu lírico ou o autor do libreto imagina a realização de um tremendo espetáculo musical. Visualiza os moradores da cidade cantando juntos durante um dia inteiro, com o número de cantores correspondendo à população de São Paulo por volta de 1920. A evolução do espetáculo é regulada por numerosas instruções e marcações. Assim, as 550 mil pessoas são divididas em quatro grupos (sociais), cada qual formando um imenso coro, mais cinco mil músicos. Os cantores são agrupados em torno do vale do Anhangabaú, no centro da cidade, e de um extenso parque em estilo francês lá criado: estão atuando num palco urbano de proporções gigantescas. Com vários graus de radicalismo, os coros dão expressão a seus respectivos princípios e preferências estéticos. O grupo de "Orientalismos convencionais" ("escritores e demais artífices elogiáveis") ocupa os terraços e o venerável Teatro Municipal. O canto deles é impressionante, polifônico e multifacetado; eles são acompanhados pela orquestra situada no terraço que dá para o jardim. Os representantes do grupo "Senectudes tremulinas", composto por milionários e burgueses, só tem sopranos, que são dispostos nos palácios, hotéis, prédios da Prefeitura e edifícios públicos em torno do vale. Seguem sem grande imaginação os padrões tradicionais e os mais impressionantes "Orientalismos convencionais". O grupo de "Juvenilidades auriverdes" é descrito como um "nós" coletivo; o eu lírico evidentemente tem a maior simpatia por esse grupo, bem como o público talvez tenha por ele um interesse especial. O jovem coro de tenores corporifica o despertar artístico: representa a invenção de uma nova estética e um estilo orientado para o futuro, embora seja inicialmente derrotado na competição. Os jovens "auriverdes" estão comprometidos com a modernidade de São Paulo e a identidade cultural do Brasil. Os cantores estão firmemente plantados no solo do parque, da cidade e da nação. Usam versos e ritmos livres, esforçando-se para romper com todas as formas e regras tradicionais. Criticam severamente a alta sociedade no Teatro Municipal e nos palácios; o libreto fornece inclusive um espaço em branco a ser "preenchido com o palavrão mais pesado que o leitor conheça", e depois cantado.

Essa parte extremamente teatral da *Pauliceia desvairada* tem muitas vezes atraído a atenção dos críticos literários: Vicky Unruh, por exemplo, em seu estudo comparativo da vanguarda latino-americana, enfatiza o caráter de performance do oratório, tratando em detalhe dos vários grupos sociais, suas declarações e as instruções correspondentes no libreto. Ela refere-se ao estudo de Benedito Nunes, de 1984, que, sob o título sugestivo "Mário de Andrade: as enfibraturas do Modernismo", assim descreve o livro:

> *Pauliceia desvairada* é uma viagem lírica no espaço tenso e contraditório de São Paulo em via de transformar-se na grande cidade industrial sul-americana, onde o novo começa a sobrepujar o velho, onde gentes de várias nacionalidades misturam os seus falares, tal como se misturariam, nos poemas, a história pessoal do poeta e a memória histórica do Tietê, o rio dos bandeirantes de dois séculos atrás, que agora acompanhava largas avenidas asfaltadas, trilhos de elétricos (bondes) trepidantes e automóveis pagos com os lucros do café, enquanto em meio a um passado provinciano, de missas na Igreja de Sta. Cecília, de passeios nos parques, a antiga classe senhorial dos fazendeiros paulistas metamorfoseia-se, abandonando os seus antigos hábitos, em burguesia financeira.

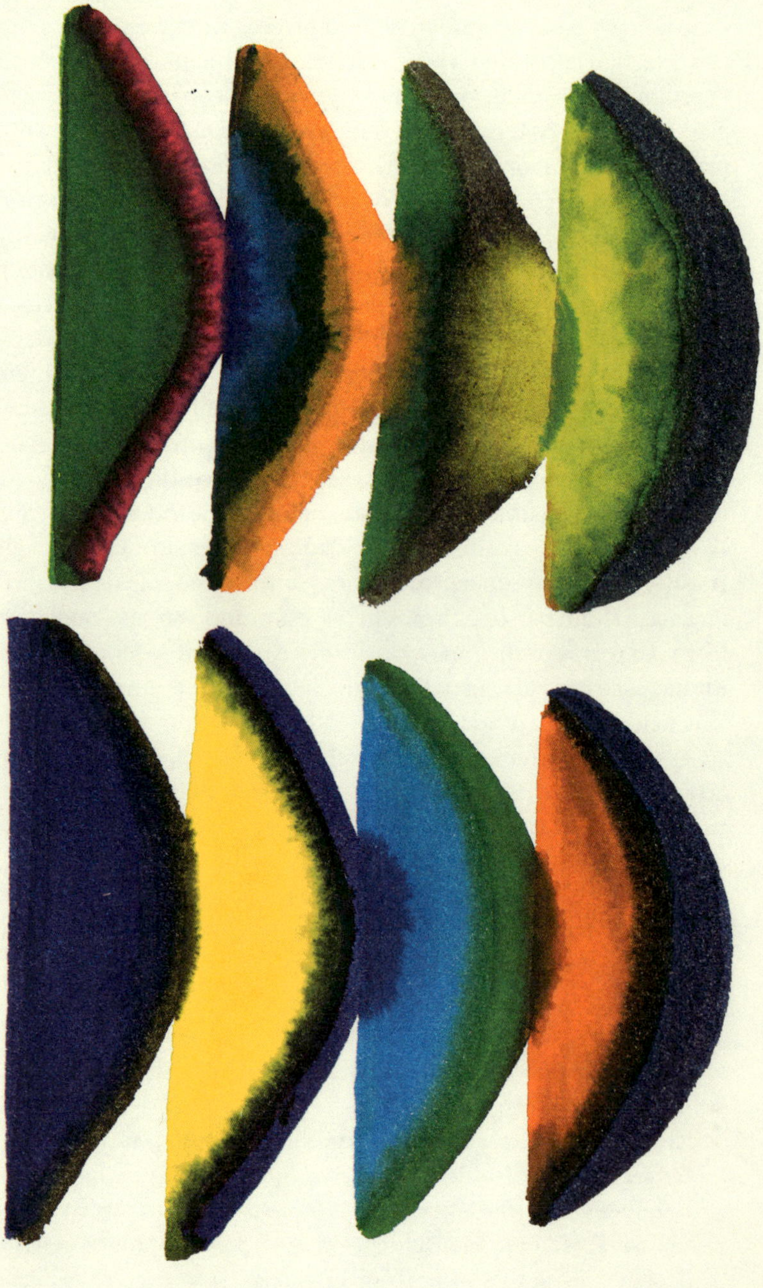

Nunes também acentua a complexidade das constelações estéticas e sociais que são evidentes no libreto e reunidas na performance coletiva. O oratório não é relativo apenas a uma nova estética, como também à imagem de uma sociedade em processo de mudança e que se encontra em conflito. Em 2009, Justin Read, seguindo os passos de Unruh, voltou à monumental performance coral e a descreveu como "alegoria totalizante" de uma cidade repleta de tensões.

O papel do solo de soprano "Minha loucura", que de repente entra em cena no meio dos "auriverdes" e faz os tempestuosos jovens dormirem sob o céu estrelado do Brasil após o grande esforço que eles fizeram em prol do futuro, sempre chamou atenção. Read vê essa figura como uma "fantasia de gêneros cruzados do próprio autor", sem qualquer afiliação clara a qualquer dos grupos. O mesmo faz Unruh, que também ouve a voz do poeta nessa figura. Nunes enfatiza a proximidade de "Minha loucura" com os jovens nacionalistas culturais, sem se identificar completamente com eles. Para Willi Bolle, numa leitura que evoca a versão de modernidade de Walter Benjamin, "Minha loucura" é o anjo da guarda alegórico do poeta, que afirma a ambiguidade da modernidade: "Razão e loucura andam de mãos dadas".

A mim interessa particularmente o quarto grupo de cantores, os "Sandapilários indiferentes", que é deixado à sombra dos outros grupos e que as interpretações comumente tratam de forma apenas incidental. Esse coro dos trabalhadores e pobres ("operariado, gente pobre", no texto do libreto) está situado no viaduto do Chá, isto é, acima dos "Juvenilidades auriverdes", que se encontra no parque abaixo. Composto de barítonos e baixos, os Sandapilários têm voz uma única vez: "Num estampido preto", cantam cinco versos de uma canção em que manifestam sua indiferença ao espetáculo e se queixam da perturbação ao seu sono. Read assim resume a caracterização comum dos "Sandapilários indiferentes": "Os pobres, a classe trabalhadora que compõe o grupo de Sandapilários indiferentes, são literalmente caracterizados como idiotas. Segundo Benedito Nunes, 'o substantivo *sandeu*, mais o verbo *pilar* (moer) com o sufixo "-ário", deu o termo pejorativo *Sandapilário* (aqueles que moem ou remoem tolices)'. O desrespeito é exacerbado pelo fato de que os Sandapilários só têm direito a cinco linhas de diálogo no começo da peça, permanecendo sem voz a partir de então." Para Nunes, o oratório demonstra o "caráter aristocrático" e a "gratuidade antipopular" do movimento modernista de 1922, mas ele também assinala que Andrade mais tarde se distanciou dessa atitude intelectual aristocrática.

Quem são exatamente esses "sandapilários"? Em seu "Prefácio interessantíssimo", Mário demonstra de modo incisivo a habilidade com que emprega vários registros culturais e, assim, um vocabulário complexo e erudito ou coloquial: nomes antigos numa citação (por exemplo, a hetera "Mnezarete", mais tarde chamada de "Phrynea") surgem ao lado de termos técnicos sobre musicologia que são convertidos para uso numa teoria poetológica; reflexões acerca da linguagem poética do parnasiano Olavo Bilac, que Mário admirava, são apresentadas juntamente com explicações de formas coloquiais do português falado no Brasil. Dessa forma, o autor às vezes emprega palavras incomuns e recônditas cujo significado não é de pronto aparente, tal como o termo "sandapilário", que imediatamente traduz e explica como "operariado, gente pobre". Mas uma pesquisa etimológica e enciclopédica mais detalhada mostra que a expressão, longe de significar apenas trabalhadores e gente pobre como tal, significa igualmente "carregadores de caixão", que levavam os mortos das classes inferiores para cremação numa "sandapila" ("esquife", "ataúde") na Roma Antiga.

Na popular enciclopédia norte-americana de John Lauris Blake, *The Parlor Book: Or, Family Encyclopedia of Useful Knowledge and General Literature*, de 1837, lemos o seguinte sobre a palavra "*bier*" ("esquife"): "Os esquifes, na Roma Antiga, eram diferentes segundo a posição social do defunto. Os mais pobres eram carregados no que se chamava de '*sandapila*'; os usados pelas pessoas mais ricas eram chamados de '*lectica*', '*lectica funebris*', às vezes '*lectus*'. Os primeiros não passavam de caixões de madeira, *vilis arca*, que eram queimados junto com o corpo; os segundos eram adornados e dourados. Os esquifes eram levados abertos ou sem tampa quando a pessoa havia falecido de causas naturais ou tido uma morte tranquila; quando estava muito desfigurada ou distorcida, o esquife era coberto por um véu ou uma tampa." Já no dicionário alemão *Neues Real-Schullexicon enthaltend die zur Erklärung der alten Klassiker nothwendigen Hilfswissenschaften (Band 2)*, de 1805, encontramos: "Cidadãos pobres ou escravos eram conduzidos à pira funerária numa maca de má qualidade ou num esquife chamado '*sandapila*' [...], '*vilis arca*' [...], ou '*orciniana sponda*' [...], em geral por quatro carregadores chamados '*vespillones*' ou '*vespae*', porque levavam os defuntos à noitinha (*vespertino tempore*) [...], ou '*sandapilones*', '*vel sandapilarii*' e, mais tarde, '*lecticarii*'". E uma edição da *Grande enciclopédia portuguesa e brasileira* da década de 1950 assim define "sandápila": "s. f., Espécie de maca ou tumba, em que os defuntos pobres eram levados à cova entre os romanos (do lat. *sandapila*)". E "sandapilário": "s. m., Cada um dos indivíduos que conduziam a sandápila (do lat. *sandapilarius*)".

É difícil dizer se Andrade consultava enciclopédias e quais consultava, ou em que outro contexto encontrou o termo. Mas o reconhecimento de que não há massas indiferentes de pobres ou mesmo proletários idiotas no viaduto do Chá, e sim um coro de carregadores de caixões historicamente responsáveis pelo enterro de indivíduos das classes mais baixas e escravos, tem certa relevância para a nova leitura da obra de Andrade no quadro da pandemia de 1918. O breve "estampido preto" dos "Sandapilários indiferentes" ganha, assim, um novo significado: os barítonos e baixos não são apenas reticentes; seus curtos pronunciamentos também são entoados nas cores sombrias da morte.[5] A conduta deles agora parece inteligível. Têm boas razões para serem "indiferentes" ao espetáculo musical tão cedo pela manhã e se sentirem perturbados pela competição vocal, recusando-se a ouvir histórias, canções e rumores ("Vá de rumor! Vá de rumor!"), e mesmo a se interessar pela ópera (aqui a *Tosca*) ou pelas marchinhas populares (aqui "Pé de anjo"). Os sandapilários precisam descansar ("Fora! Fora o que é de despertar!"). Após um dia e uma noite de trabalho duro, os carregadores de caixão e funcionários das agências funerárias estão exaustos e prontos para cair no sono.

Nos estudos de Bertolli Filho e Bertucci, ficamos sabendo que, na primeira metade de novembro de 1918, no auge da epidemia, entre 200 e 300 pessoas morriam em São Paulo a cada dia. Os enterros aconteciam durante o dia e a noite. Devido ao enorme número de mortes, a administração da cidade necessitava com urgência de mais coveiros. Mas o risco de infecção que emanava dos defuntos, assim como os rumores de irregularidades e práticas questionáveis nos cemitérios, tornou difícil essa busca. Nas palavras de Bertolli Filho: "Não só a crença de que o risco de contágio era maior para aqueles que lidavam com os defuntos, como também os sucessivos boatos que falavam sobre a ocorrência de acontecimentos escabrosos nas necrópoles da cidade, determinavam a escassez de mão de obra disposta a trabalhar na abertura de covas e no sepultamento das vítimas da influenza".

Segundo o historiador, embora os salários dos trabalhadores tivessem sido multiplicados por quatro ou cinco, ainda havia carência de braços, motivo pelo qual foram recrutados em outros setores da administração da cidade e em companhias privadas. Apesar do aumento no orçamento público, o grande número de enterros, que precisavam ser feitos o mais rápido possível, representou um grande desafio que a administração da cidade e os moradores tiveram dificuldade em enfrentar. Essas experiências coletivas extremas, de acordo com Bertolli Filho, permaneceram gravadas na memória e no corpo das pessoas – segundo Mário, nas próprias fibras ("enfibraturas") do tecido urbano.[6] Mas, em seu libreto, o escritor mostra que a maior parte da população as suprimiu, enquanto as testemunhas mais próximas do evento não tinham força suficiente para lhes dar voz. Tudo isso explica a curta e mal-humorada aparição dos carregadores de caixão exaustos, bem como sua indiferença às atividades artísticas em curso.

---

5. No artigo "A cidade sem nenhum caráter: leitura da *Pauliceia desvairada* de Mário de Andrade", em *Espaço & Debates*, 1989, Willi Bolle observa de forma interessante: "A grande massa da população, os sandapilários indiferentes, os pobres que *indiferentemente cavam o próprio túmulo*; na peleja que vai começar, eles defendem posições convencionais e logo mais se desinteressam". [grifo meu]

6. Essa inscrição afeta na verdade não somente a recordação dos sobreviventes mas também a memória imunológica do corpo. Bertolli Filho menciona um estudo sobre anticorpos na população de São Paulo que detectou reações imunológicas cruzadas entre o vírus da gripe H1N1 de 2009 e a pandemia de 1918.

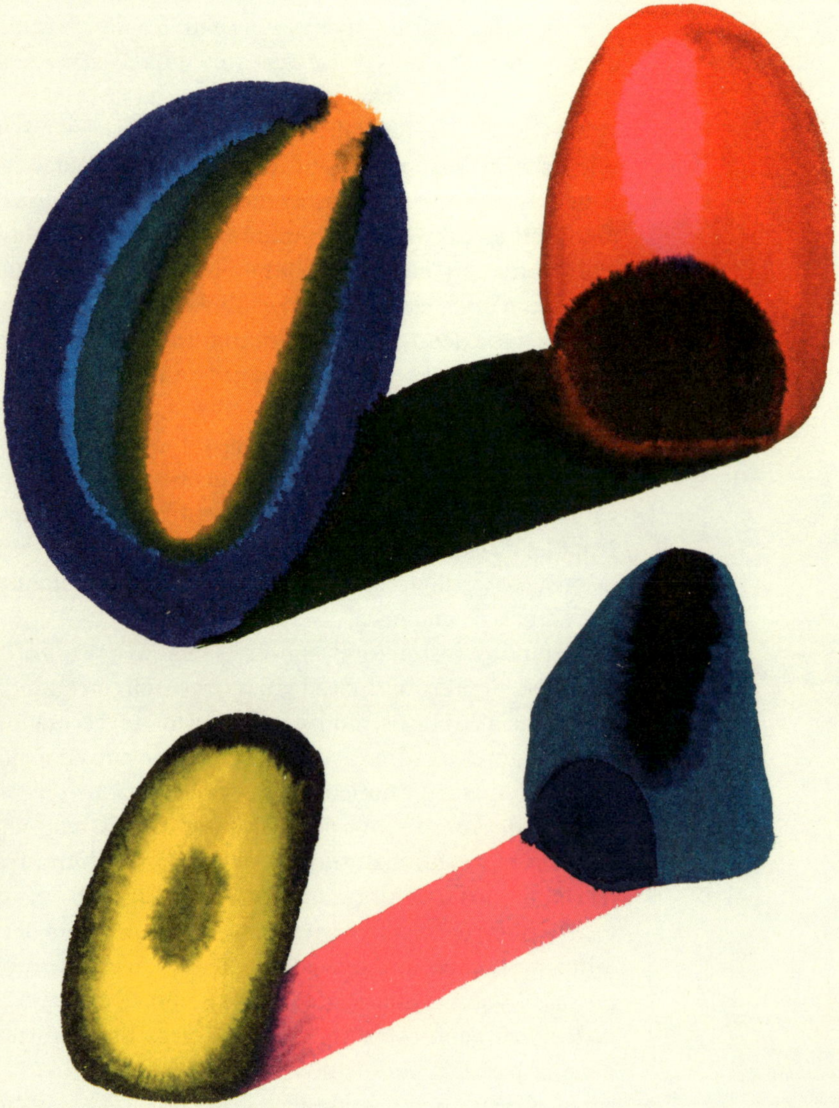

Nos pormenorizados comentários ao estudo de Claudio Bertolli Filho, a historiadora Christiane Maria Cruz de Souza emprega, de forma interessante, o título sugestivo "As dimensões político-sociais de uma epidemia: a pauliceia desvairada pela gripe espanhola", embora o artigo não volte a usar a citação de Andrade. A alusão intertextual, no entanto, é mais do que plausível, pois a contribuição pioneira de Andrade para o despertar modernista parece quase mimeticamente assumir e incorporar aquele delírio febril que provocou horror no coração da cidade entre outubro e dezembro de 1918.

Promissor poeta e musicólogo da vanguarda, Mário de Andrade tinha se engajado numa aventura radical: tentava utilizar novos meios estéticos para tornar a experiência traumática da pandemia, nos níveis pessoal e coletivo, implicitamente tangível na forma de um retrato da cidade – em contraste marcante com seus poemas anteriores que se referiam explicitamente à Primeira Guerra Mundial. Para tal fim, ele invoca um amálgama de posições futuristas, as impressionantes imagens simbolistas de Émile Verhaeren, a poesia de Paul Dermée e muitas outras fontes que relaciona no prefácio e combina em última instância com sua própria poetologia, derivada de regras e estruturas musicais. Os textos de *Pauliceia desvairada* revelam uma cidade deslumbrantemente moderna no comércio e no tráfego, nas artes e na arquitetura, nas paisagens dos parques e nas massas de pessoas que circulam pelo espaço urbano. Mas, nesse tecido urbano que gradualmente ganha corpo poeticamente, a enfermidade fatal está à espreita. O fato de que Mário se abstenha de mencionar essa realidade histórica nas explicações posteriores sobre a gênese da obra pode ter a ver com o temor de que, ao admitir tal conexão, terminasse por tornar essa reinvenção altamente experimental, alucinatória e antimimética de São Paulo passível de ser reconhecida e explicável como um texto realista, como a imitação poética de um sonho febril. Paradoxalmente, ao menos à primeira vista, ele está assim contribuindo para o pacto de silêncio que se estendeu sobre a experiência coletiva da gripe mortífera.[7] Isso parece ser corroborado por um parágrafo muito citado e especialmente iconoclasta do "Prefácio interessantíssimo": "Mas todo este prefácio, com todo o disparate das teorias que contém, não vale coisíssima nenhuma. Quando escrevi *Pauliceia*

[7] Por exemplo, numa carta de 3 de julho de 1922 para Andrade, uma recordação da gripe desponta num breve comentário quando Manuel Bandeira pede desculpa pelo atraso na resposta: "Uma gripe espanholizante impediu-me, até agora, de responder à sua deliciosa carta do mês passado".

*desvairada* não pensei em nada disto. Garanto porém que chorei, que cantei, que ri, que berrei... Eu vivo!"

Desse modo, em vez de ser um gesto supostamente vanguardista de negação e destruição – mesmo em relação efetiva com a poesia do livro –, essa afirmação talvez se refira à sua própria vida e sobrevivência em tempos tão pavorosos. A tensão semântica entre a recordação e o silêncio, entre a referencialidade e uma estética decididamente antimimética, explicaria assim a tensão peculiar entre o impulso claramente futurista que move *Pauliceia* e aquele tom de melancolia presente em muitos dos poemas (em "O trovador" e "Tristura", por exemplo). A melancolia também pode ser sentida no desenho que acompanha o texto, de Antonio [García] Moya, mostrando uma paisagem lunar que lembra De Chirico, com uma estátua solitária num parque.[8]

No segundo poema, "O trovador", o cantor, o eu lírico, o arlequim, narrador e rapsodista, que também se revela um "tupi tangendo um alaúde", já surge como um melancólico. "Na minha alma doente", ele relembra, com "um frio", uma pessoa enferma: "Outras vezes é um doente, um frio na minha alma doente"; ele fala de sarcasmo e amargura, mas ainda deseja cantar as coisas desse mundo e da cidade moderna de São Paulo, começando por isso com a dramática onomatopeia: "Dlorom".

O poema seguinte, "Os cortejos", conduz então ao meio da peste, e esse posicionamento logo no início da série poética presumivelmente não é uma coincidência. A repentina e surpreendente negatividade desse poema ("Horríveis as cidades!") é notável e em geral interpretada como a desvantagem do processo de modernização entre promessas para o futuro e o barbarismo. Consequentemente, os "cortejos" são entendidos como movimentos ou procissões de turbas anônimas. Justin Read os vê, assim, devorados pelo Moloque urbano ("grande boca de mil dentes"): São Paulo revela ser uma "cidade canibal" devorando seu proletariado. Em *O arlequim da Pauliceia: imagens de São Paulo na poesia de Mário de Andrade*, Aleilton Fonseca também vê um paradoxo especial nesse poema: "Nesse poema-desabafo, o pessimismo e a ironia são flagrantes e a generalização das afirmativas faz pensar. Talvez, as cidades, em geral, seriam horríveis porque, com as transformações modernizantes, os indivíduos perdem parte de suas referências pessoais já sedimentadas, que antes garantiam a proximidade entre o ser e o estar no mundo."

Apesar de toda a ambivalência dessas representações, atribuídas à modernização, elas mostram uma desvantagem adicional

[8]. O desenho aparece na edição original entre o "Prefácio interessantíssimo" e o conjunto dos poemas da *Pauliceia*.

que subitamente emerge mediante uma mudança de imagem, ou "mudança de aspecto", segundo Wittgenstein. De repente, os "cortejos" são agora reconhecíveis como cortejos fúnebres. Na retina do observador da cidade, eles são refletidos como o movimento monótono de carroças que passam (rumo aos cemitérios): "Monotonia das minhas retinas... /[...] Horríveis as cidades!/ [...] Nada de asas! Nada de poesia! Nada de alegria!/ Oh! os tumultuários das ausências!/ Pauliceia – a grande boca de mil dentes." Isso se refere a ausências que causam tumulto; ele vê feridas purulentas ("os jorros [...] de pus e de mais pus"), enquanto "Giram homens fracos, baixos, magros ...", "Serpentinas de entes frementes a se desenrolar". O poeta conclui nos últimos versos: "Estes homens de São Paulo, todos iguais e desiguais, quando vivem dentro dos meus olhos tão ricos, parecem-me uns macacos, uns macacos".

Essa repentina percepção, como uma imagem invertida, significa que esses versos e essas imagens podem também se referir a cadáveres (que são devorados pelas valas comuns), o que parece ser confirmado quando lemos o relato histórico de Bertolli Filho. A fotografia que acompanha suas descrições mostra bondes com pilhas de caixões: "Como se sentiam os homens e as mulheres do período ao se depararem com bondes da Light ou caminhões contratados pela Prefeitura transitando funebremente pelas ruas, recolhendo os doentes e os mortos ou transportando um carregamento de caixões destinados ou já ocupados pelas vítimas da influenza?". De forma ainda mais dramática, Bertucci reconstrói as seguintes cenas semelhantes, a partir de artigos publicados na imprensa da época: "Em uma carroça, sentado sobre caixões que deveriam ser enterrados no cemitério da Penha, um enfermeiro, indiferente aos olhares assustados das pessoas, caçoava dos transeuntes que encontrava pelo caminho".

Contra tal pano de fundo, o poema "O rebanho" parece ser um comentário zombeteiro, até mesmo sarcástico, feito num delírio febril, sobre os políticos que fingem estar vigilantes com respeito ao bem-estar da cidade mesmo em tempos de pandemia: "Oh! minhas alucinações!/ [...] Como um possesso num acesso em meus aplausos/ aos salvadores do meu estado amado...". Aqui, mais uma vez, os estudos de Bertolli Filho e Bertucci mostram que, apesar das numerosas medidas tomadas pelo governo municipal, a impotência e a desorientação reinaram intermitentemente na cidade, contradizendo o discurso oficial sobre a capacidade de controle da epidemia.

Também em "Ode ao burguês", a famosa diatribe contra os moradores da cidade, que na superfície corresponde perfeitamente ao gesto radical de *épater le bourgeois*, parece haver alusões ao estado de emergência causado pela epidemia. Em vários trechos de seu estudo histórico, Bertolli Filho documenta que o vírus da gripe espanhola apresentou um contágio "não democrático", contrariando as declarações no sentido de que a enfermidade atacava qualquer pessoa independentemente de sua classe social. Desse modo, podemos ler a diatribe poética como uma explosão de raiva e censura dirigida àqueles habitantes da cidade

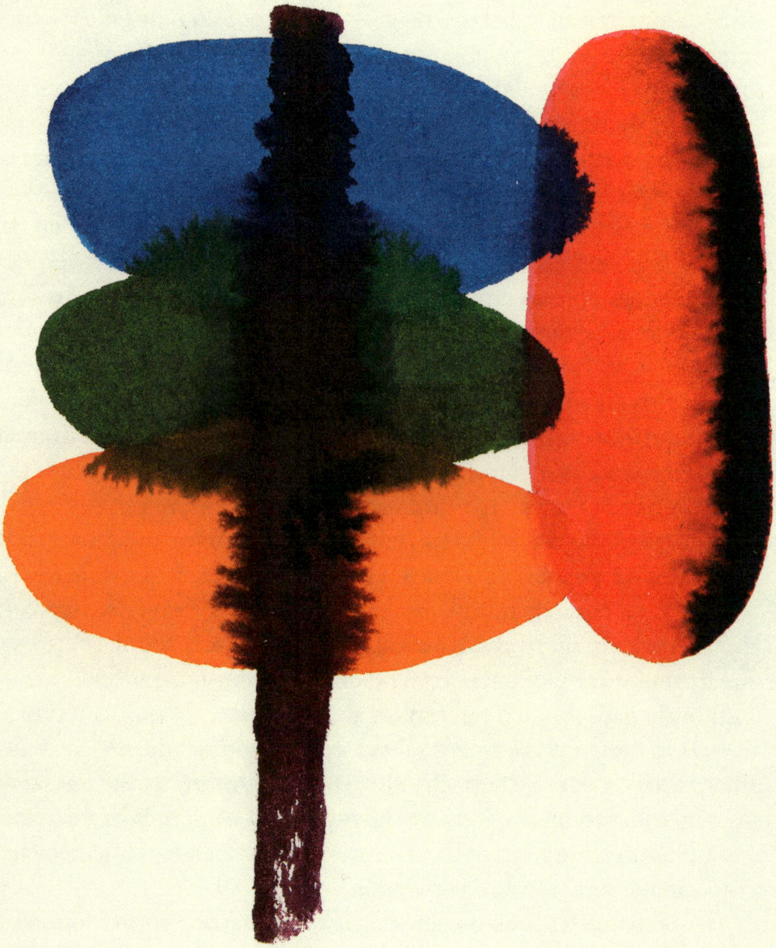

que tiveram o privilégio de se esconder dentro de quatro paredes ("que vivem dentro de muros sem pulos"). O poema sugere a desigualdade social que continua a se aprofundar em meio à pandemia. "Todos iguais e desiguais", declara o poema "Os cortejos". Os cidadãos privilegiados são recebidos com a frase "Mas nós morremos de fome", enquanto os donos das plantações de café, que representam a riqueza das elites de São Paulo, escapam para suas propriedades: "Fogem os fazendeiros para o lar!". Este derradeiro verso pertence à quarta e última paisagem da *Pauliceia* ("Paisagem n. 4"), na qual os efeitos da crise também são descritos em termos de declínio da economia cafeeira, ameaças financeiras e colapso: "Mas as ventaneiras da desilusão! a baixa do café!.../ As quebras, as ameaças, as audácias superfinas!..."

No poema "Noturno", o eu lírico vaga pela cidade à noite. A imagem dos bondes que lançam centelhas é repetida três vezes: eles passam como uma expectoração, "Sapateando nos trilhos,/ Cuspindo um orifício na treva cor de cal...", um *chiaroscuro* arlequinesco. O poema transmite uma cascata de impressões de uma noite quente (febril); fala de crime, lascívia, demônios voadores, *succubi* ("corpos de nuas carregando") e outras imagens que ficam entre o sonho e o pesadelo. A canção "Quando eu morrer" é simultaneamente tocada num violão, dando a impressão de que o cantor – ou o violão? Ou o forte aroma de baunilha? – perde a força e cai ao chão logo depois.

Repetidamente, os poemas falam de estar só: "Tristura" é sobre um amor solitário pela cidade de São Paulo: "Pauliceia, minha noiva... Há matrimônios assim.../ Ninguém os assistirá nos jamais!/ As permanências de ser um na febre!/ Nunca nos encontramos..." No último poema, "Paisagem n. 4", predomina um tom combativo; é sobre São Paulo ("Oh! Este orgulho máximo de ser paulistamente!!!"), e nessa confissão ressoa a certeza de que, juntos, todos os que agora são sós poderiam triunfar ("A vitória de todos os sozinhos!").

Minha leitura de *Pauliceia desvairada* se limitou a uma busca inicial por imagens invertidas e ignorou muitos outros aspectos – por exemplo, a poesia do arlequinesco, numerosas alusões à cidade moderna da economia cafeeira e do trabalho urbano, diálogos intertextuais e intermediáticos sobre música, arte, arquitetura, literatura e cultura popular do passado e do presente, do Brasil e de outros lugares. O objetivo principal desta leitura foi mostrar que o experimento estético de Mário Andrade, além de procurar atingir uma estética contemporânea e inovadora, constituía uma reação a uma experiência existencial: especificamente, a experiência coletiva traumática de uma cidade varrida por uma febre mortífera, imobilizada, sujeitando seus cidadãos a um ansioso isolamento diante dos números imensos de infectados e mortos, com as infraestruturas urbanas sobrecarregadas. O poeta omitiu qualquer referência explícita a esses eventos históricos, mas, após a publicação da obra, insistiu enfaticamente na singularidade de sua *Pauliceia desvairada* e no fato de ela não poder ser comparada aos textos modernistas de seus contemporâneos.

Em 1918, o ano da gripe espanhola, Mário trabalhava, como já se mencionou, como crítico musical em *A Gazeta*. Com base em suas críticas quase diárias durante a temporada anual de ópera no Teatro Municipal, podemos traçar o dramático colapso da vida cultural causado pela gripe. Em 23 de outubro de 1918, depois que o público havia se reduzido sistematicamente e um número crescente de cantores adoeciam, não podendo ser substituídos de forma adequada, ele sugeriu com grande ênfase que a temporada fosse suspensa: "As representações precisam de ser suspensas, para que o teatro não apresente a deplorável feição que ontem apresentava. Os artistas, coitados, sente-se que estão deprimidos, deslocados, abatidos por uma atmosfera de apreensão, que os impede de bem representar. A orquestra, reduzida a um mínimo de 35 músicos, regida por um substituto, coros incertos... um desastre, pouco aliável à pompa dos ouros e mármores do nosso teatro."

Nos meses que se seguiram ao fim da epidemia, Mário se ocupou intensamente da arte e arquitetura barroca. Depois de uma viagem à região do barroco de Minas Gerais, em junho de 1919, ele publicou entre janeiro e junho de 1920, na *Revista do Brasil*, quatro crônicas intituladas "A arte religiosa no Brasil". Mostrou particular interesse pelo "gênio" criativo do escultor autodidata Antônio Francisco Lisboa, o Aleijadinho, que lhe pareceu quase paradoxal à luz das condições de vida do artista. Por volta da mesma época, também escreveu várias crônicas sobre a cidade de São Paulo para a revista *Ilustração Brasileira*. Esses textos não fazem nenhuma menção ao fato de que a cidade acabava de se recuperar da peste. Assim como o discurso público havia suprimido a gripe, Mário a ignora em suas crônicas. Mais impressionante, portanto, que pouco tempo depois os sandapilários em "As enfibraturas do Ipiranga" tragam à nossa mente aqueles carregadores de caixão e coveiros que proclamam sua exaustão e total indiferença ao barulhento espetáculo vocal urbano. Só eles corporificam a memória do evento traumático, a que não se referem os demais cantores. A breve explosão e o subsequente silêncio deles apontam para a epidemia e para a morte. Aqui tem início a trilha do projeto de recordação poética de Andrade.

A deliberada ambiguidade de sua abordagem é particularmente fácil de entender no já descrito "Os cortejos". O poema funciona como um quebra-cabeça barroco: onde de início imaginamos a cena de uma cidade dinâmica, vital e até mesmo canibalisticamente devoradora em sua modernidade comercial e industrial, nossa percepção é de repente invertida ao relermos o poema contra o pano de fundo da experiência "epidêmica". A passagem monótona de veículos ou procissões, refletida nos olhos do observador, se revela por fim a derradeira viagem dos defuntos conduzidos em carroças e bondes através das ruas da cidade para os cemitérios. Se seguirmos as pistas dadas por essas súbitas mudanças de imagens, descobriremos outros motivos de *vanitas* que apontam para a finitude: a retina do observador é um espelho mostrando a tediosa rotina e vaidade do mundo. Nessa cidade de "vaidades e mais vaidades", o olho perspicaz não mais reflete as pessoas, e sim macacos, que na emblemática barroca também eram considerados símbolos da vaidade. Da mesma forma, o poema sugere que, diante da morte, somos todos iguais, mesmo se morremos em circunstâncias desiguais: daí a formulação paradoxal "todos iguais e desiguais". O segundo verso, "Serpentinas de entes frementes a se desenrolar", caracterizado por diversas rimas internas e repetido pouco antes do final do poema, também atrai nossa atenção. Essa incomum imagem de movimento alude talvez ao estilo especial da *figura serpentinata* na pintura e escultura maneirista (por exemplo, El Greco). Em seu famoso estudo sobre a arte maneirista, o historiador de arte Jacques Bousquet assinala o dinamismo particular dessa forma de expressão e faz uma analogia interessante com o futurismo: "Se fizermos uma comparação, então a predileção pela *figura serpentinata* corresponde a uma preocupação similar ao 'futurismo'. Com seus corpos que se contorcem em espirais e seu equilíbrio perigosamente instável, diversas figuras maneiristas mesmo assim retêm seu movimento, a forma presente preparando e exigindo a forma futura."

—

Nesse ponto, eu gostaria de relembrar os conhecidos quebra-cabeças de Charles Allan Gilbert, cujos desenhos e caricaturas (com frequência expressivas fantasmagorias) foram publicados na popular revista *Life*, e que provavelmente não eram desconhecidos no Brasil no começo do século 20. Imagens invertidas como *All Is Vanity* (1892) se valem das tradições maneiristas e barrocas (por exemplo, a arte de Arcimboldo) que mais tarde seriam especialmente valorizadas pelos surrealistas. Mário de Andrade transfere essas imagens duplas ou fantasmagóricas para o espaço urbano de São Paulo. Às vezes lhes dá nomes explícitos – por exemplo, no poema "Anhangabaú", em que evoca a paisagem histórica do vale do rio sob os parques refeitos em estilo francês. Para tal fim, expõe (usando um verso do poema de Manuel Bandeira "Os sapos", de 1918) a dinâmica da imagem invertida: "'Meu pai foi rei!/ – Foi. – Não foi. – Foi. – Não foi'." Quatro versos depois, ele mais uma vez chama a atenção para a forma de dupla leitura ou visão quando fala do palimpsesto, isto é, do processo de escrever sobre algo já escrito e agora oculto: "Meu querido palimpsesto sem valor!".

O que exatamente está refletido na retina do observador da *Pauliceia*? O que revela esse súbito segundo (ou duplo) olhar dirigido à cidade moderna, uma cidade que ainda está carregando a epidemia mortal em seus ossos (ou "fibras")? E o que essa estrutura peculiar de percepção provoca?

Seria difícil conceber minhas interpretações do conjunto altamente experimental de poemas aqui apresentado sem um retorno à experiência histórica e à visão historiográfica que relembra a história social por muito tempo reprimida daquele mundo em estado de pânico durante a emergência causada pela gripe espanhola. Tendo em mente nossa experiência coletiva da atual pandemia

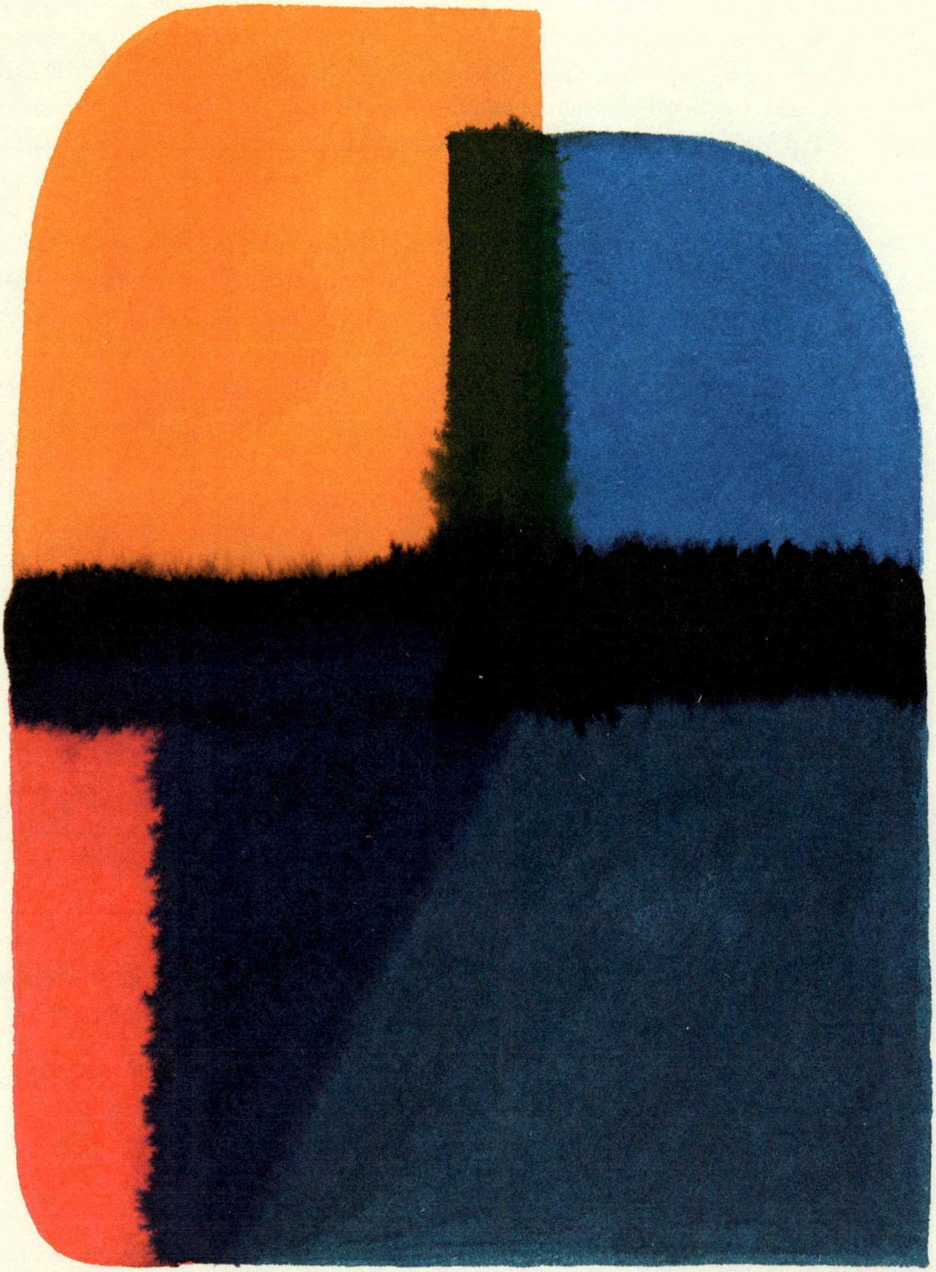

de 2020, 100 anos depois da gripe espanhola, o conhecimento desses estudos históricos contribui de modo significativo para uma repentina mudança de percepção ao se ler o famoso texto poético de vanguarda de Mário de Andrade. Wittgenstein tinha um interesse especial pela produtividade do fenômeno da "mudança de aspecto", que ele assim descreve em *Investigações filosóficas*: "A expressão de uma mudança de aspecto constitui a expressão de uma nova percepção e, ao mesmo tempo, a expressão de uma percepção inalterada". Para Wittgenstein, é importante que essa experiência visual possa alterar as maneiras de ver ao nos fazer enxergar de repente algo que não era visto antes. O linguista Chris Bezzel assinala que as considerações de Wittgenstein não estão limitadas ao campo mais estreito dos fenômenos ópticos: "Na medida em que a poesia se baseia na experiência encenada do significado das palavras, até mesmo da própria linguagem, ela executa a permanente mudança de aspecto [...]. Wittgenstein repetidamente encena de forma linguística e poética a presença simultânea de cabeças de pato e de coelho; ele sempre nos leva a ver tudo de forma diferente, tudo de novo – por exemplo, linguagem como uma cidade antiga, ou um problema filosófico como uma bola de barbante."

Num ensaio sobre a arte da montagem na pintura de Arcimboldo, Roland Barthes também devota suas reflexões ao fascínio da imagem invertida: "A identificação dos dois objetos não se origina da simultaneidade da percepção, mas da rotação da imagem, apresentada como reversível". O que me parece aqui especialmente importante é a referência de Barthes ao contexto em que tais percepções oscilantes têm lugar: "Apenas o contexto limita a mensagem; a imaginação, esta é infinita, possui um poder de acrobacia cujo domínio é tal que parece apoderar-se de todos os objetos". A *Pauliceia* de Mário representa de fato uma complexa gênese textual num contexto histórico concreto de experiência: o poeta queria capturar a abundância da vida urbana após a epidemia e sua memória, buscando para tanto uma linguagem contemporânea adequada. Queria capturar a energia do corpo em recuperação, mas ainda frágil, em que está inscrita a enfermidade na forma de uma imunização precária, e assim também de finitude (como recordação da morte). Nessas condições, o olhar duplo nos poemas de imagem invertida da *Pauliceia desvairada* nos conduz a entender que a melancolia indisfarçada do observador modernista de São Paulo está baseada num *memento mori*.

Como já foi mencionado, o poeta se recusa a dar uma explicação explícita para a estética de suas imagens invertidas, mesmo quando reflete sobre seus princípios estéticos no "Prefácio interessantíssimo". Abstém-se de apresentar a referência histórica porque deseja não dar nome ao inadmissível, e sim encená-lo numa linguagem nova e radical. "Não sou futurista (de Marinetti)", escreve no "Prefácio", tendo sempre insistido nessa diferença. Como, na verdade, podia ser ele um futurista no sentido italiano? O agressivo desprezo de Marinetti pela morte está no polo oposto à visão do amante da arte e da música interessado na era do barroco (que afirmava abertamente sua lealdade ao catolicismo): "Sou passadista, confesso", diz ele no início do prefácio. Não obstante, admite que Marinetti deu um impulso decisivo para a renovação linguística de sua própria obra porque, em teoria e na prática, invocou a "liberação" de palavras do espartilho das convenções linguísticas. Mário apresenta então sua notação inovadora com base nos princípios da "harmonia" musical, que ele contrasta com uma notação tradicionalmente "melódica". Ao expor a ideia, a harmonia está associada à verticalidade, à simultaneidade e à polifonia; numerosos defensores de procedimentos similares – tais como Paul Dermée, Apollinaire e, até certo ponto, o poeta parnasiano Olavo Bilac – são citados como fontes. Andrade distancia-se da linguagem melódica, fundada na sequência cronológica e nas regras de gramática e linearidade.

A tensão entre a insistência de Mário Andrade no "passadismo" e seu autoempoderamento linguístico, refletido pormenorizadamente no prefácio (e encenado nos poemas que se seguem), faz com que eu suspeite de que, em última análise, o "Prefácio interessantíssimo" também siga a lógica da imagem invertida. Andrade até parece querer explicar isso quando enfatiza dois níveis de significado em sua poesia e, incidentalmente, dá a impressão de referir-se aos mortos: "Escrever arte moderna não significa jamais para mim representar a vida atual no que tem de exterior: automóveis, cinema, asfalto. Se estas palavras frequentam-me o livro não é porque pense com elas escrever moderno, mas porque, sendo meu livro moderno, elas têm nele sua razão de ser. [...] Reconheço mais a existência de temas eternos, passíveis de afeiçoar pela modernidade: universo, pátria, amor e a presença-dos-ausentes [!], ex-gozo-amargo-de-infelizes."

Nesse sentido, uma afirmação previamente citada é mais uma vez pertinente aqui: o autor termina por caracterizar todas as suas explicações e confissões poetológicas anteriores como irrelevantes – talvez como "vãs" no sentido barroco –, a fim de indicar uma outra verdade simples, aquela da vida (e da sobrevivência): "Mas todo este prefácio, com todo o disparate das teorias que contém, não vale coisíssima nenhuma. Quando escrevi *Pauliceia desvairada* não pensei em nada disto. Garanto porém que chorei, que cantei, que ri, que berrei... Eu vivo!"

Pouco depois, ele escreve: "Repugna-me dar a chave de meu livro. Quem for como eu tem essa chave." Andrade prefere não explicar seu quebra-cabeça poético porque está procurando induzir a intuição de um *memento mori* quase barroco numa linguagem nova e experimental. A intenção é fazer com que a experiência coletiva da enfermidade mortal e sua importância para toda a cidade reapareçam na linguagem contemporânea do modernismo e, desse modo, se tornem produtivas. "O passado é lição para se meditar, não para reproduzir", diz o poeta, e logo em seguida se refere à (necessária) descida de Dante até os mortos a despeito de todos os alertas: *"E tu che se' costí, anima viva, pártiti da cotesti che son morti"*. Em termos epidemiológicos, a obra de início da vanguarda de Mário de Andrade pode ser descrita como uma "vacinação dupla": sensibiliza os leitores com respeito à necessidade de uma nova linguagem, e ajuda a imunizá-los contra o esquecimento de uma catástrofe social.

## REFERÊNCIAS

ANDRADE, Mário de, "O Homem e a Morte". *Klaxon*, n. 8-9, 1922-1923, pp. 27-29.

_____, "Há uma gota de sangue em cada poema" (1917), in: *Obras completas 1: obra imatura*. São Paulo: Livraria Martins, 1960, pp. 7-41.

_____, "Pauliceia desvairada" (1922), in: *Poesias completas*, 3. ed. São Paulo: Martins, 1972, pp. 11-64.

_____, "O movimento modernista", in: *Aspectos da literatura brasileira*, 4. ed. São Paulo: Martins, 1972, pp. 231-255.

ANDRADE, Mário de e BANDEIRA, Manuel, *Correspondência*. Edição de Marcos Antonio de Moraes. São Paulo: Edusp, 2000.

ANDRADE, Oswald de, *Um homem sem profissão: sob as ordens de mamãe* (1954). São Paulo: Globo/Secretaria de Estado da Cultura, 1990.

AVANCINI, José Augusto, "Mário e o barroco", in: *Revista do Instituto de Estudos Brasileiros*, n. 36, 1994, pp. 47-65.

BARTHES, Roland, "Arcimboldo ou retórico e mágico", in: *O óbvio e o obtuso: ensaios críticos III*. Trad. Léa Novaes. Rio de Janeiro: Nova Fronteira, 1990, pp. 117-134.

BERTOLLI FILHO, Claudio, *A gripe espanhola em São Paulo, 1918: epidemia e sociedade*. São Paulo: Paz e Terra, 2003.

BERTUCCI, Liane Maria, *Influenza, a medicina enferma: ciência e práticas de cura na época da gripe espanhola em São Paulo*. Campinas: Editora da Unicamp, 2004.

BEZZEL, Chris, *Aspektwechsel der Philosophie. Wittgensteins Werk und die Ästhetik*. Berlim: HE, 2013.

BLAKE, John Lauris, *The Parlor Book; Or, Family Encyclopedia of Useful Knowledge and General Literature*. Nova York: John L. Piper, 1837.

BOLLE, Willi, "A cidade sem nenhum caráter: leitura da *Pauliceia desvairada* de Mário de Andrade". *Espaço & Debates*, n. 27, 1989, pp. 14-27.

BOUSQUET, Jacques, *Malerei des Manierismus. Die Kunst Europas von 1520 bis 1620*, 3. ed. revisada e atualizada. Munique: Bruckmann, 1985.

CASTRO, Ruy. *Metrópole à beira-mar: o Rio moderno dos anos 20*. São Paulo: Companhia das Letras, 2019.

CORREIA, Antonio Mendes et al. (ed.), *Grande enciclopédia portuguesa e brasileira*, v. XXVII. Lisboa/Rio de Janeiro: Editorial Enciclopédica, 1957, p. 29, coluna um.

DUARTE, Paulo, *Memórias*, v. IV: *Os mortos de Seabrook*. São Paulo: Hucitec, 1976.

FONSECA, Aleilton, *O arlequim da Pauliceia: imagens de São Paulo na poesia de Mário de Andrade*. São Paulo: Geração Editorial, 2012.

LOPEZ, Telê Ancona, *Mariodeandradiando*. São Paulo: Hucitec, 1996.

_____, "Mário de Andrade, cronista do modernismo, 1920-1921", in: ANDRADE, Mário de. *De São Paulo: cinco crônicas de Mário de Andrade, 1920-1921*. Edição de Telê Ancona Lopez. São Paulo: Sesc, 2004, pp. 9-67.

_____, "Mário de Andrade, cronista de São Paulo nos primórdios do Modernismo". *Remate de Males*, v. 33, n. 1-2, 2013, pp. 51-89.

MORAES, Marcos Antonio de, "Pauliceia desvairada nas malhas da memória". *O Eixo e a Roda*, v. 24, n. 2, 2015, pp. 173-193.

NUNES, Benedito, "Mário de Andrade: as enfibraturas do modernismo". *Revista Iberoamericana*, n. 126, 1984, pp. 63-75.

READ, Justin, *Modern Poetics and Hemispheric American Cultural Studies*. Nova York: Palgrave McMillan, 2009.

SATO, Eduardo Tadafumi, *Mário de Andrade n'A Gazeta (1918-1919): um "plumitivo incipiente"?*. Dissertação de mestrado em letras, Instituto de Estudos Brasileiros, Universidade de São Paulo, 2016.

SEVCENKO, Nicolau, *Orfeu extático na metrópole: São Paulo, sociedade e cultura nos frementes anos 20*. São Paulo: Companhia das Letras, 1992.

SILVA BRITO, Mário da, *História do modernismo brasileiro*, v. I: *Antecedentes da Semana de Arte Moderna*. Rio de Janeiro: Civilização Brasileira, 1964.

SOUZA, Christiane Maria Cruz de, "As dimensões político-sociais de uma epidemia: a pauliceia desvairada pela gripe espanhola". *História, Ciências, Saúde – Manguinhos*, v. 12, n. 2, 2005, pp. 567-573.

SPINNEY, Laura, *Pale Rider: The Spanish Flu of 1918 and How it Changed the World*. Londres: Jonathan Cape, 2017.

UNRUH, Vicky, *Latin American Vanguards: The Art of Contentious Encounters*. Berkeley: University of California Press, 1994.

---

**Susanne Klengel** (1960) é professora titular do Instituto de Estudos Latino-Americanos da Universidade Livre de Berlim. É uma das coordenadoras do Maria Sibylla Merian Centre Conviviality-Inequality in Latin America (Mecila). Este ensaio foi publicado em sua versão original na *Working Papers Series* do Mecila, que divulga os resultados das pesquisas desenvolvidas pelo centro de estudos avançados financiados pelo governo alemão.
Tradução de **Jorio Dauster**

Artista plástico e professor, **Danilo Oliveira** (1981) trabalha com desenho, pintura, objetos, murais, artes gráficas, entre outras linguagens.

MENÇÃO HONROSA / CONCURSO DE ENSAÍSMO *serrote*

# Perec e eu

Bernardo Brayner

Como num parque de diversões do interior,
um jogo de espelhos, um Odradek enganoso,
Monga, a mulher-gorila, Chang e Eng

*I remember not being able to pronounce "mirror".*

JOE BRAINARD

# 1

Georges Perec em 1975, o ano em que nasci. Lembra a pose que meu pai fazia quando estava de bom humor ou tentava fazer graça para uma rara foto. O pescoço esticado e o queixo baixo. Segundo meu pai, um artifício que eliminaria as papadas. Só percebo isso agora, depois de tanto tempo da morte de ambos: Perec e o meu pai, nas fotos, pareciam o mesmo mágico que, com as mãos atadas, tenta realizar o número apenas com os olhos. É como se o truque fosse não apenas eliminar a papada, mas todo o resto.

    Meu pai costumava usar uma câmera Super 8 para registrar alguns momentos da família. Em uma das imagens, eu tenho menos de dois anos e estou batendo os pés em uma poça d'água, divertindo-me com o efeito que isso causa. Vê-se uma sombra na calçada onde a poça está. Essa sombra é o meu pai. Em outra sequência, vemos animais no zoológico. Uma voz em *off* fala o nome dos bichos. Mais adiante, minha mãe ri para a câmera e parece falar alguma coisa. Meu pai nunca aparece nos rolos dos filmes. Mas podemos imaginá-lo esticando o pescoço e baixando o queixo ao manipular a câmera. O desejo de desaparecer enquanto registra todo o resto antes que desapareça. Dois movimentos contínuos e paralelos. Tentar compreendê-los é pensar que eu fazia o mesmo ao chapinhar na água. Como em um truque de mágica, todo o resto desaparecia. Inclusive ele e eu.

    Um amigo conta uma história sobre o pai dele, que levava algumas revistas *Status* na mala do carro ou embaixo do tapete do banco do carona. Numa daquelas vezes em que seu pai o deixou dentro do carro, esperando infinitamente, ele pegou uma *Status* debaixo do tapete. Leu pela primeira vez o nome Georges Perec.

# 2

Ainda não havia acontecido a tragédia do Sarriá. Eu aos seis anos, e Perec morrendo. O rosto sem barba e o cabelo raspado, difícil de reconhecer. Seu nariz bem maior na magreza impressionante. Escrever é tentar reter algo, fazer sobreviver algo, ele dizia. E fazia um inventário das coisas que faltavam naquele hospital em que estava. Falava dos seus chinelos turcos, mas parece que havia muito tempo os tinha dado a Harry Mathews. Sabendo que ia morrer, deixou inacabado o romance *53 dias*. No livro, uma espécie de narrativa policial, um escritor desaparecido deixa pistas de seu paradeiro e, ao leitor, fica a tarefa de completar a busca. Os 53 dias do título referem-se ao tempo de que Stendhal precisou para escrever *A cartuxa de Parma*. Aos sobreviventes, fica a tarefa de completar a busca. Os pais de Perec desapareceram na guerra e nos campos de concentração. Quando eu fugia de casa, repetia para mim mesmo: Waldir Peres, Leandro, Oscar, Luizinho, Toninho Cerezo, Júnior, Paulo Isidoro, Sócrates. Aqui está Georges Perec. Sapatos enormes como os de um palhaço. Aqui há um cinzeiro também enorme – ou é um chapéu usado como cinzeiro? – que denuncia há quanto tempo está lendo ou a quantidade de cigarros que fuma em um tempo não tão extenso. Calça de veludo marcada pela posição do corpo que mudou algumas vezes sobre o tapete. Um bule com café, um copo de cristal, uma garrafa grande de água mineral que parece emanar mais luz que o abajur do lado oposto. A cabeça encostada em uma grande almofada e as pernas cruzadas, como fazia o meu pai. Lê um livro e tem perto de si um manuscrito. A almofada encostada na parede ao fundo sugere que havia alguém deitado próximo, provavelmente a pessoa que tirou a foto. Em um momento, Perec desviaria o olhar do livro. O olhar, primeiro, deslizaria sobre o tapete cinza, sobre as almofadas jogadas no chão, sobre o corredor que não aparece em quadro, com piso de tacos de madeira. Desviaria para as paredes, que teriam armários embutidos de madeira clara. Entre aqueles objetos, tão perfeitamente domesticados que ele acabaria acreditando terem sido criados desde sempre unicamente para seu uso, entre aquelas coisas belas e simples, suaves, luminosas, o olhar voltaria ao livro. Certos dias acontecem quando não acontece nada.

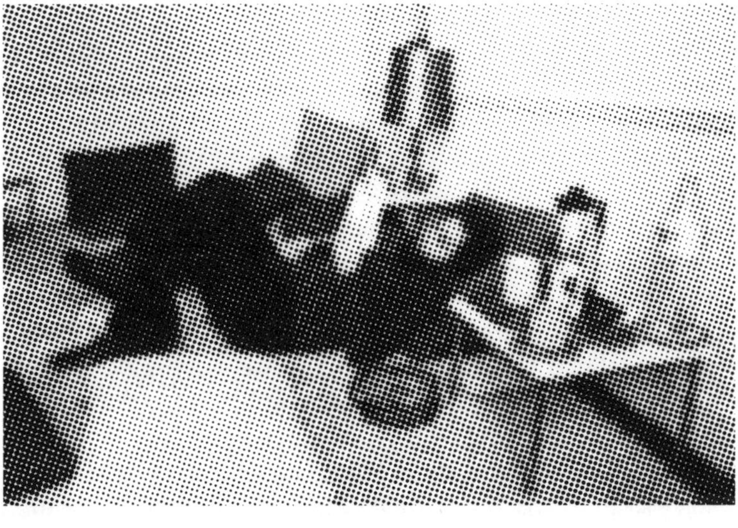

Aqui está Georges Perec. Certo, o ensaio poderia começar assim, aqui, desta forma. Mas não é um ensaio. É só uma foto de Georges Perec. Ele está sem barba e com o cabelo cortado. Usa o telefone e fuma em cima da cama, enquanto consulta um anúncio ou notícia no jornal. Talvez leia as palavras cruzadas ou ensaie uma jogada de *go*, ou ainda imagine um trecho de *Um homem que dorme*. Talvez anote um sonho. É esta a história: Perec conta um sonho a alguém pelo telefone. Sonhou que tinha três anos e visitava a casa de um homem chamado Roberto Bolaño. Roberto o abraçava e o beijava nesse sonho. O sonho é um livro que escreve a si mesmo, diz Georges a Roberto. De maneira lenta e vagarosa, a estante de livros se aproxima de Perec. O contorno da estante fica mais e mais vago, enquanto as lombadas dos livros ganham nitidez. É como aquilo que vivemos de fato e se perde na memória, e as mentiras que se tornam verdades incontestes. Os livros ali se entrincheiram, tombam, caem aos montes. Contrastam com a organização geométrica do quadro na parede. Perec está alheio. Olha para baixo como fazem os tímidos no Café dos Tímidos. Não sabe ainda que morrerá aos 45. A quatro dias do aniversário de 46. Bolaño morreria aos 50. Era sobre a morte essa ligação? Contam-se mais de 46 livros naquela estante que se aproxima e se aproxima. O quarto fica cada vez menor. Torna-se uma precária galeria. Paredes que se aproximam. O quarto no formato de uma pequena caixa. Uma gaveta. Uma portinha que se fecha em um crânio. Um romance é um espelho que se quebra em uma estrada.

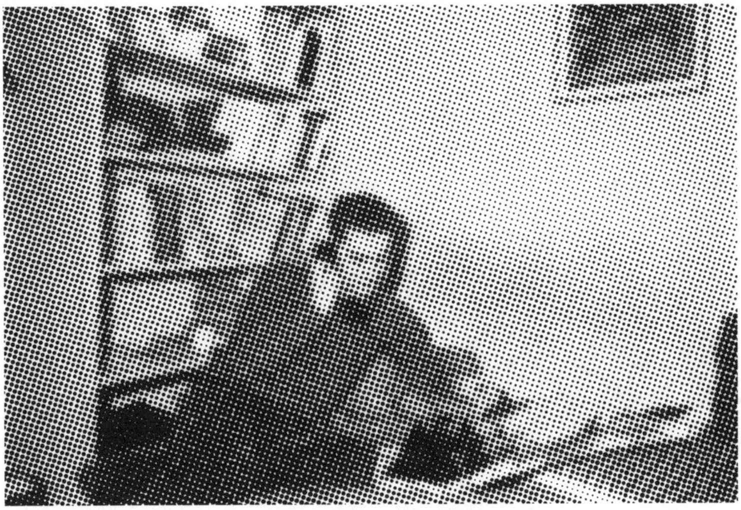

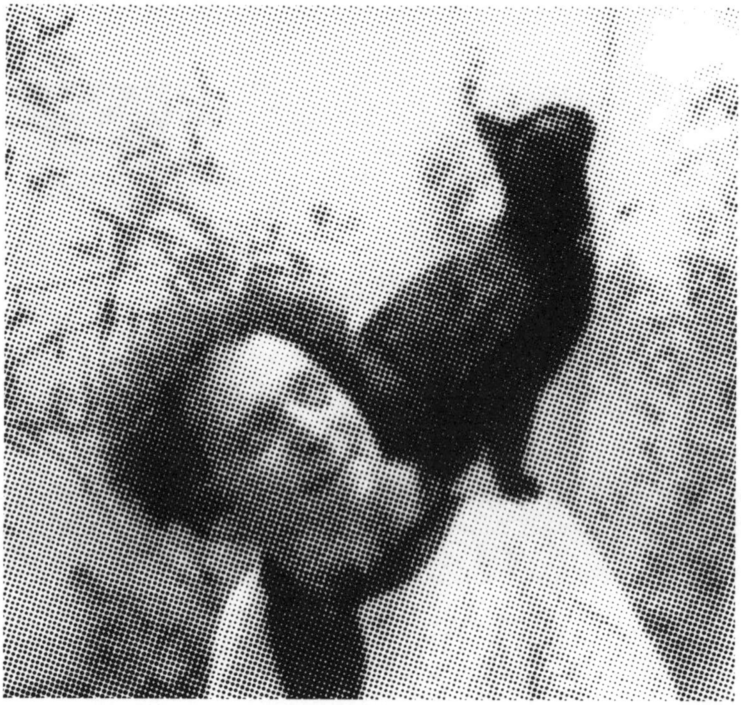

# 3

Aqui está Georges Perec. É uma foto que parece ter sido tirada na mesma sequência daquela outra, famosa, que virou selo na França. Sua cabeça parece flutuar. Separa-se do corpo e flutua. O gato, vestido de sobrecasaca negra, e Perec, vestido com um leve casaco branco, olham para o mesmo ponto fora de quadro. Um astro, talvez. Alguma luz emana dali. A foto parece ter sido tirada em um quintal. O quintal de uma casa em que não há humanos. Apenas um gato e uma cabeça flutuante. Vemos trepadeiras. E o gato. O corpo mole do gato. O gato que está e não está. Um gato chamado Oulipo. O gato só tem uma pata e um olho. Perec suprimiu um olho e as outras três patas desse gato. Por isso o gato o ameaça. Como um livro. A gola da camisa do escritor é o rabo do gato. E vice-versa. Vice-versa: em modo recíproco, mútuo. O rabo de um gato é um mútuo. O gato blefa como um jogador de futebol que faz um passe enquanto olha para o outro lado. O gato enforca Perec e olha o sol. Hoje mamãe morreu, diria o gato. Ou talvez ontem, não sei bem, pensaria o gato, com sua serpente coberta de pelos corcoveando sob a luz do sol. Isso não esclarece nada. O gato ajuda a separar a cabeça de Perec do corpo. O gato é feito de gás. Gás quente. Certo, o ensaio vai começar aqui, entre a terceira e a quarta pata do gato, ainda que nunca se deva esquecer, como disse Ionesco, que, quando batemos à porta, às vezes há alguém e outras vezes não há ninguém, e a verdade está, como todos sabemos, entre uma coisa e outra.

Meu pai deu a um ajudante, um faz-tudo, o apelido de Stanley, por achar que ele tinha o rosto magro do magro da dupla o Gordo e o Magro. As mesmas orelhas de abano e o mesmo olhar embotado. A mesma boca aparentemente desdentada.

    E você, Perec, quem te deu esse nome? Sempre gostou da ideia de ser descendente de Isaac Leib Peretz. Um nome que soa como a palavra "pimenta" em russo. Um nome que, em muitas línguas, também significa *pretzel*, ou seja, um pão em forma de laço com dois furos. Perec em hebraico também soa como furo, parte ou capítulo. Perec é uma parte que falta, um capítulo que não foi escrito. Ou que foi queimado. Eu prefiro pôr as mãos nos bolsos. Com as mãos nos bolsos, faço coisas que me dão tranquilidade: toco as chaves de casa, escrevo a palavra "monções" ou a palavra "carantonha", sinto a textura do bilhete que diz – eu sei – "compre folhas de mostarda". O meu pai furava os bolsos das calças para coçar as virilhas. Então é capaz de alguém fazer má ideia de mim quando coloco as mãos nos bolsos. Uma mão no bolso é um livro de Perec que ainda não li. Acenda, Georges Perec, seu cigarro no meu.

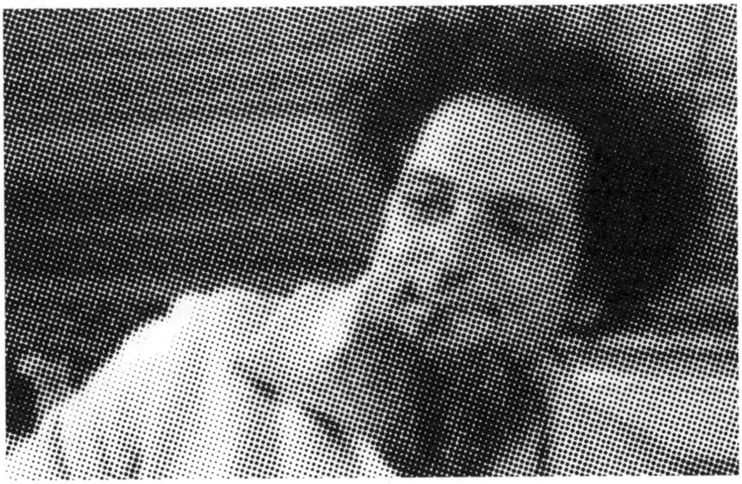

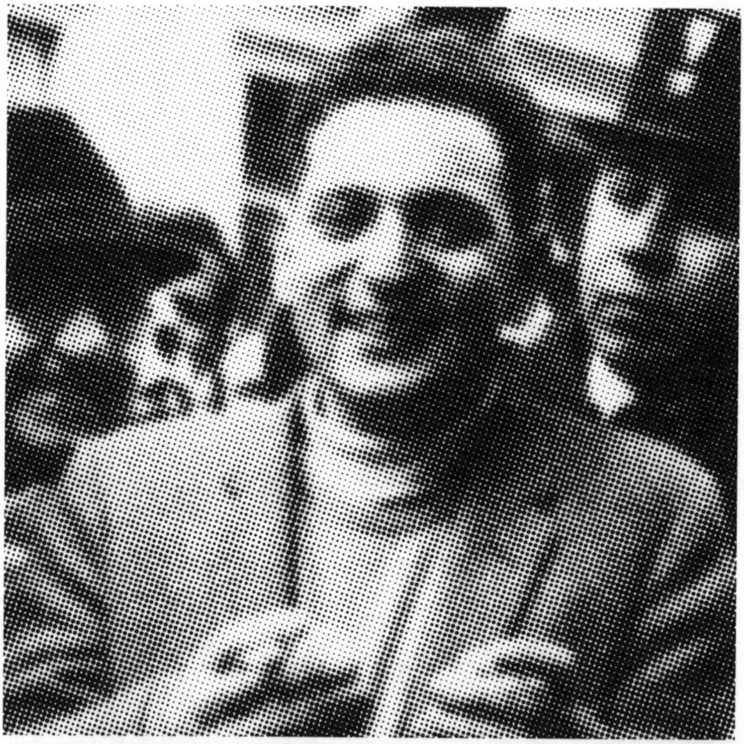

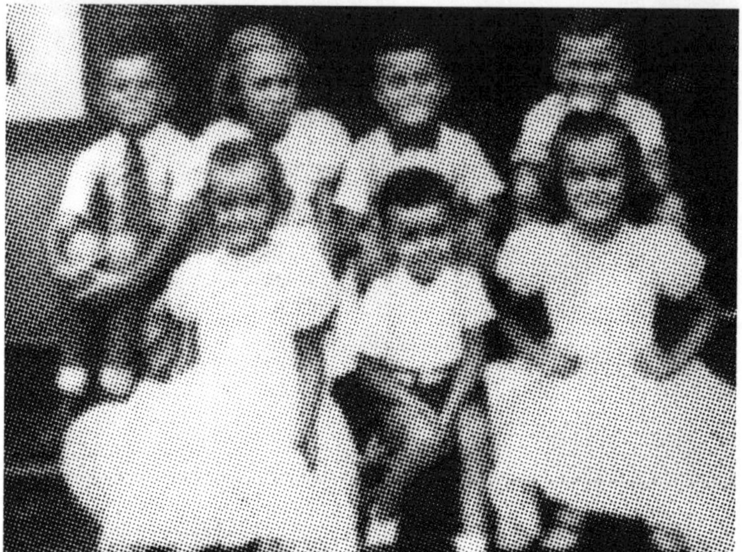

# 4

Aí está Perec. O que tem nas mãos? Um livro? Um número de mágica? Ambos? E a variação de luz, de temperatura, das marés e dos ventos entre o dia e a noite. Tem a digestão, a vigília, o sono, a renovação das células nas mãos? O ritmo dos instantes se sucedendo nessa batuta dos dedos. As mãos como quem brinca de cama de gato, apesar do cigarro. Um rosto em cada ombro observa atônito o invisível barbante. Um ri, como se houvesse uma piada nas mãos. O outro procura a piada, a graça. É um policial. Policiais não acham graça. Os dois homens escorregam seus pensamentos pelos dedos de Perec sem que toquem o barbante. O conjunto é das máscaras do teatro: uma ri, a outra se entristece. A pretensão escandalosa das fotografias que contam tudo. Saer: "Quando nos esquecemos, perdemos, sem dúvida, menos memória do que desejo". Abaixo, a única foto que conheço do meu pai quando criança. É o menino do meio, na primeira fila. Aqui perto, de onde vejo essas fotos, ainda invisível, corre um rio.

Aí vai Perec. Como os revolucionários e as crianças, à frente do povo. Vai comovido com seu amor desmesurado pela literatura e pelas listas. Um membro da resistência. Um morto. Um editor que acabou de publicar um livro com o qual sonhava. Um viajante que finalmente chega em casa. Um filho único. Um cão de barriga cheia. Um amigo inebriado pelo álcool ou pela vertigem do inatingível. Alguém que não usa redes sociais, pois não conhece o temor, a desordem e a solidão. São muitos os que tentam arrancar-lhe uma palavra, uma letra. Policiais, políticos, jornalistas, desembargadores, artistas. "Eu vou em frente à multidão e te protejo das minhas palavras, minhas frases, meus parágrafos." Mas você não pode escapar de você mesmo, Perec.

Veja, com todos os seus olhos, veja. Esse é Georges Perec. Um homem que lê um livro e só. Lê, na sua concentração infinita, tudo o que existe entre uma linha e outra, e faz da mão uma máscara que só revela os olhos, para que o resto não lhe aborreça: orelhas, dedos, queixo. A mão é uma garra de ave de rapina, e o cigarro parece se dirigir ao olho, pois ele é o nosso personagem, o olho. Um olho sem homem. Um olho de cigarro. E se não for um livro o que ele lê, mas uma foto? Uma foto do seu pai, que ele achava muito parecido com Kafka. Não sabemos. Mas o que o meu olho de cigarro vê é o fragmento de uma mão, o esboço de um rosto, o contorno do cabelo em miscelânea, algumas dezenas de existências simultâneas que se repetem quando olho para essa foto e escrevo sobre essa foto e publico essa foto. Mario Meléndez, no seu livro *Esperando Perec*, escreveu: "*Vi a Dios besando a la muerte en un café de París. Su sombra se echaba viento con la oreja de Van Gogh.*" É preciso levantar para o trabalho, deixar meu apartamento, inventariar o que nunca foi feito. Levo uma pasta de documentos e envelopes. Levo também a lembrança de Joe Brainard: "Eu me lembro do quanto era bom um copo d'água logo após uma taça de sorvete. Eu me lembro de quando ganhei uma medalha por não ter perdido uma única manhã na escola dominical em cinco anos. Eu me lembro de quando fui a uma festa de 'venha como sua pessoa favorita' como Marilyn Monroe. Eu me lembro de uma das primeiras coisas de que me lembro. Uma caixa de gelo (em vez de uma geladeira). Eu me lembro de margarina branca num saco plástico. E um pacotinho de pó laranja. Você punha o pó laranja no saco com a margarina e espremia ele todo até que a margarina ficasse amarela. Eu me lembro do quanto, no colegial, eu queria ser bonito e popular." Isso é só meu, e com razão. Não escreverei sobre você, Perec. Ou então deito-me e faço sombra, como disse Roubaud.

Lembro de ler *W ou a memória da infância* no ônibus e carregar esse livro como uma espécie de amuleto na mochila.

Lembro que o original foi publicado na França em 1975, o ano em que nasci.

Lembro que o livro se divide em dois livros, dois mundos distintos, e sua aproximação era o prazer de toda a leitura.

Lembro de lembrar da minha própria infância e fazer paralelos.

Lembro de ter imaginado mundos paralelos àquele da ilha de Perec na minha infância.

Lembro de não ter jeito para os esportes e de ter me tornado um prisioneiro disso.

Lembro que eu vivi em um mundo paralelo, e esse era todo o prazer da leitura.

Lembro de não ter jeito para o mundo – e nem mesmo para os seus paralelos –, e esse era todo o prazer de viver e de lembrar.

Lembro de tentar, sem sucesso, ver o cometa Halley. E deram o nome de Perec a um asteroide.

Lembro desse pensamento como um amuleto que guardava na mochila.

Apesar de tudo, o pequeno Perec está aí. Inventa uma classificação para as ruas, os bairros, os prédios: os bairros loucos, os bairros mortos, as ruas-mercado, as ruas-dormitório, as fachadas peladas, as fachadas corroídas, as fachadas enferrujadas, as fachadas mascaradas.

Dos livros que me trazem paz:

– Qualquer um de Kawabata: quimonos de verão, um velho bordo, bairro flutuante, sopé de montanhas, cerimônias do chá. Kikuji, Meiko Shimon, Oginori e Nashimoto. A repetição de nomes próprios japoneses causa um efeito entorpecedor.

– *O enigma da chegada*, de Naipaul: casamatas e morros em Salisbury. Caminhadas, caminhadas, caminhadas. O narrador lembra de um livro durante a caminhada, lembra de um poema durante a caminhada, lembra de um velho amigo durante a caminhada.

– Qualquer um de Perec. Inventariar objetos em cima da mesa, comidas, cartões-postais. Uma forma de não esquecer. Uma maneira de perceber que o mundo ainda existe e você está nele.

– Qualquer um de Thomas Bernhard. A ideia da morte pode ser libertadora em uma voz hipnótica.

– *O livro do travesseiro*, de Sei Shōnagon. Raças de cachorro, tipos de bambu, a aranha derrubada por uma gota de chuva. "Coisas que a noite realça", "Coisas que parecem belas", "Coisas que incitam à imitação", "Coisas que têm nomes assustadores", "Coisas próximas que parecem distantes".

Uma simples divisória nos separa, Perec. Partilhamos os mesmos espaços que se repetem; fazemos os mesmos gestos ao mesmo tempo, abrimos a torneira, damos descarga, acendemos a luz, pomos a mesa, algumas dezenas de existências simultâneas que se repetem, separadas por uma única e simples capa de livro.

Como uma atração de parque de diversões do interior, eu e Perec, um jogo de espelhos, um Odradek enganoso, Monga, a mulher-gorila, Chang e Eng.

Os únicos objetos que vi meu pai confeccionar na vida foram uns ratos de Bombril para assustar as visitas. Creio que toda a minha ideia de diversão deriva daí. Quando eles perdiam sua função de espantalhos de visitas, eu tinha vontade de guardá-los entre os meus brinquedos. Eram assombrosos na capacidade de unir medo, repugnância e riso, além de puxarem pelo rabo um fio de identificação filial. Esses ratões eram emaranhados de palavras. Eram linguagem, só agora percebo. Os ratões, como os de Camus, invadiram tudo.

O que não vemos na foto: um vaso no canto da sala com algumas espadas-de-são-jorge, uma grande bolsa deixada no chão com um dicionário de sinônimos e uma edição de *Exercícios de estilo* de Queneau (autografada), um lencinho de cambraia de linho, um enorme relógio de pêndulo (não funciona), uma escrivaninha de mogno, um gasto tapete vermelho de parede, duas pernas cruzadas, uma edição da *Action Comics* (em inglês), um par de sapatos grandes demais, um bloquinho com um nome rabiscado (Hervé Le Tellier), três estantes com livros variados (literatura americana, sociologia, artes plásticas, *marketing*), uma menorá, uma rede azul, um quadro de Valparaíso com uma frase de Neruda ("*Amo, Valparaíso, cuanto encierras, y cuanto irradias, novia del océano, hasta más lejos de tu nimbo sordo*"), um livro aberto sobre a cama (*O desenho no projeto da paisagem*, de Edward Hutchison), uma vitrola (com um disco de Ella Fitzgerald), uma pequena coleção de quatro carrinhos de ferro (modelos dos anos 1930 e 1940), seis discos empilhados no chão, um revisteiro com um exemplar antigo de *Le Magazine Littéraire*, uma jarra de café frio, uma janela aberta (apesar do frio) com cortinas muito esvoaçantes, uma porta deixada aberta por um saquinho de areia em formato de tartaruga, um grande vaso cilíndrico de motivos azuis, um espelho oblongo, uma mesinha estreita com duas banquetas estofadas de xadrez, uma almofada, uma outra almofada (ambas no chão, mas em lugares distantes), um banquinho para colocar os pés, uma panelinha de ágata, caixas de rapé, bomboneiras, cinzeiros de jade, um relógio de pulso vagabundo esquecido ao lado da pia, pratos que ainda não foram lavados, uma chapeleira de madeira clara (sem chapéus), uma miniatura de Thomas Bernhard, uma fotografia, a tua última.

**Bernardo Brayner** (1975) nasceu no Recife e é escritor, autor de *Nunca vi as margens do Rio Ybbs* (Zazie Editora) e "Autobiographie" (conto publicado na revista alemã *Alba*). Seus livros *Bicho geográfico* e *O livro dos tubarões* estão no prelo pela Cepe Editora e pela Fresta Editorial, respectivamente.

**Rosana Paulino**
*Ainda a lamentar*, 2011
Coleção Fernando e Camila Abdalla

MENÇÃO HONROSA / CONCURSO DE ENSAÍSMO *serrote*

# Um antimonumento às Bandeiras

### Maíra Vieira de Paula

*Ainda a lamentar*, de Rosana Paulino, subverte a grandiloquência e a celebração da barbárie encarnadas pela obra com que Brecheret exaltou a identidade paulista

1. Organizada pelos curadores Valéria Piccoli e Pedro Nery, a mostra aconteceu entre dezembro de 2018 e março de 2019, na Pinacoteca de São Paulo, e, posteriormente, no Museu de Arte do Rio, entre abril e setembro de 2019.

2. No lugar do termo "contramonumento", concebido por James Young (1992) para nomear propostas de espaços de memória que rejeitavam as tradicionais formas e motivos que até então impulsionavam os projetos de arte memorial pública, prefiro a noção mais ampla de "antimonumento". Faço essa opção, sobretudo, devido à materialidade, ao caráter permanente e à dimensão figurativa da escultura de Paulino – características, em geral, desconsideradas por Young. James Young, "The Counter-Monument: Memory against Itself in Germany Today". *Critical Inquiry*, v. 18, n. 2, inverno 1992, pp. 267-296, Disponível em: www.jstor.com/stable/1343784. Acesso em: 29.04.2020.

A primeira vez que vi *Ainda a lamentar* (2011) foi na exposição *Rosana Paulino: a costura da memória*.[1] Ao me colocar diante da escultura – que discretamente parecia demandar um olhar mais atento do público ali presente –, uma espécie de lampejo me fez lembrar do *Monumento às Bandeiras* (1920-1953), de Victor Brecheret, que, num sentido oposto, impõe-se, sem qualquer pudor, aos que passam logo no início da avenida Brasil, em frente ao Ibirapuera, principal parque público da capital paulista.

Apesar de nunca haver lido qualquer menção a possíveis diálogos entre as obras, e a despeito das drásticas diferenças que, a princípio, notam-se entre elas, naquele momento vislumbrei *Ainda a lamentar* como uma espécie de avesso simbólico da produção de Brecheret. No lugar de um monumento em homenagem aos bandeirantes, a escultura de Paulino parecia se colocar como uma espécie de antimonumento[2] a toda barbárie fruto da atuação daquelas figuras históricas que, a partir do final do século 19, foram eleitas pelas classes dirigentes paulistas como o emblema máximo da identidade do estado. No lugar da celebração de tais sujeitos, coube à mulher

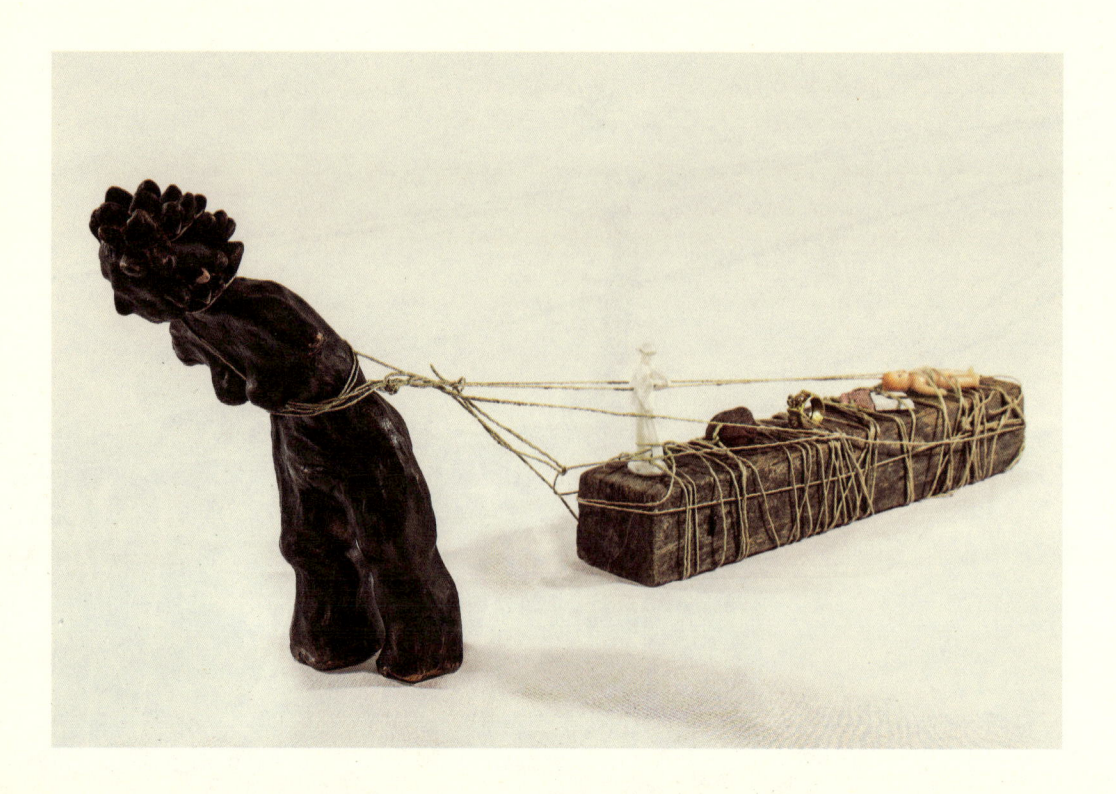

3. *A costura da memória* e *Trabalho de artista* ocuparam salas adjacentes no primeiro andar da Pinacoteca de São Paulo. A segunda contou com a curadoria de Fernanda Pitta e com a cocuradoria das professoras Ana Cavalcanti (UFRJ) e Laura Abreu (MNBA).

4. Fernanda Pitta, *Trabalho de artista: imagem e autoimagem (1826-1929)*. São Paulo: Pinacoteca de São Paulo, 2018, pp. 19-22.

Página ao lado:
[Figura 1]

negra escravizada, elemento ausente no *Monumento às Bandeiras*, o papel de protagonista na revisão crítica dos mitos de origem de São Paulo proposta por Rosana Paulino.

O que se estabelece entre as duas obras é, de imediato, o embate entre a representação da mulher negra escravizada e a figura composta pela justaposição das imagens de caubói e super-homem; as dimensões, os materiais e os procedimentos criativos utilizados por cada artista; a ideia de marcha como esquema de representação e, por fim, seus respectivos títulos, que, a meu ver, apontam para diferentes perspectivas dos processos históricos de formação do Brasil.

Concomitante à exposição de Rosana Paulino, a Pinacoteca de São Paulo apresentava *Trabalho de artista: imagem e autoimagem (1826-1929)*,[3] mostra que se estruturava em quatro eixos temáticos – dentre eles, "O artista e a modelo" reunia pinturas que representavam exclusivamente mulheres brancas. Tais representações femininas não apenas correspondiam aos fetiches oriundos do ideal de beleza compartilhado pelos artistas (homens brancos, em sua maioria), mas eram igualmente o resultado de um processo por meio do qual cada modelo foi objetificada pelo olhar do artista, sendo transformada em um "pedaço da natureza a ser dominado pelo pincel – quase sempre masculino".[4]

A decisão de percorrer essa mostra antes das salas dedicadas a Rosana Paulino foi fundamental para entender como reagi às obras da artista paulistana. É notável, logo de início, a completa ausência de modelos negras em *Trabalho de artista*, assim como é nítido o destaque que Paulino deu a tais mulheres em *A costura da memória*. Não era, evidentemente, um dado inédito para mim o fato de a mulher negra ter sido praticamente excluída do ideal de beleza feminina cultuado pela arte brasileira entre o século 19 e o início do seguinte. Não foram informações novas que obtive naquela ocasião. O que se revelou fundamental foi a ação concreta de me colocar diante de cada uma das obras que compunham as respectivas mostras, para perceber fisicamente a invisibilidade imposta às mulheres negras pela tradição artística. Essa experiência sensível me acometeu como uma espécie de agressão.

Em certa medida, as modelos brancas de *Trabalho de artista* e a mulher negra escravizada de *Ainda a lamentar* partilhavam a mesma condição de objeto passível de ser apropriado pelo olhar e pela ação masculinos. Porém, se a modelo branca

Página ao lado:
[Figura 2]

5. Lélia Gonzalez, "Racismo e sexismo na cultura brasileira", *in*: Luiz Antônio Machado da Silva, *Movimentos sociais urbanos, minorias étnicas e outros estudos*. Brasília: Anpocs/CNPq, 1983, pp. 228-230.

6. *Ibidem*, pp. 223-244.

servia como substrato para as representações idealizadas dos fetiches sexuais masculinos, à mulher negra restavam as funções mais degradantes da ordem social: a de servir, na condição de "doméstica", como "burro de carga que carrega sua família e a dos outros nas costas", e a de satisfazer (enquanto "mulata deusa do meu samba") todos os desejos sexuais dos seus senhores.[5]

Lélia Gonzalez destaca que a exaltação da beleza da mulata, repetida todo ano no breve período do Carnaval, esconde a verdadeira condição de existência da mulher negra no país. Para ela, é no cotidiano que se enxerga o outro lado da falsa democracia racial brasileira, que até hoje submete tais mulheres à condição de domésticas responsáveis por atenderem às necessidades de todos.[6] A reflexão de Gonzalez sobre a "mulata" e a "doméstica", os dois principais papéis conferidos à mulher negra no mito da democracia racial no Brasil, contribui para compreendermos a representação da figura feminina em *Ainda a lamentar*. Pois é exatamente nesse dia a dia que Rosana Paulino insere sua escultura. Nessa obra, a artista parece recusar qualquer forma de redenção da culpa histórica que nossa sociedade tem em relação à população negra, em especial às mulheres.

Retornemos à escultura. Observe como a mulher negra representada aparece nua, com sua carne completamente exposta, à disposição de qualquer olhar que queira desfrutar do contorno de suas formas [Figura 2]. Diferentemente das representações femininas em *Trabalho de artista*, aqui não há meio-termo, não há dispositivos de sedução nem mistério. Na obra de Paulino, a carne negra repleta de feridas e marcas se vê totalmente disponível para ser explorada à exaustão por uma sociedade que sempre a colocou nos estratos mais inferiores do tecido social. A constituição bruta e os músculos hipertrofiados da mulher negra parecem aludir tanto à exploração física a que ela foi submetida em uma sociedade cuja estrutura econômica historicamente esteve baseada no trabalho escravizado, quanto ao olhar masculino que historicamente objetificou o corpo negro, associando-o a qualidades como sensualidade e virilidade físicas.

Paulino se recusa a nos oferecer uma falsa imagem idealizada de exaltação da mulher negra, tal como Brecheret empreendeu em relação aos bandeirantes. É por isso que a protagonista de *Ainda a lamentar* corresponde à imagem de uma mulher escravizada que, em função de sua condição, não precisa ser tratada como ser humano, mas como animal – o que pode ser facilmente constatado pelo formato de seus pés. Note como eles foram substituídos por patas de cavalo, talvez o mesmo cavalo no qual o chefe dos bandeirantes aparece montado no Monumento às Bandeiras. A ausência de braços, por sua vez, parece aludir à privação da liberdade de ação imposta à mulher escravizada. Tal ausência também sintetiza, em certa medida, todas as agressões físicas que, ao longo dos séculos, foram impostas pela população branca às mulheres negras.

Proponho que a figura feminina concebida por Paulino seja resultado daquele violento processo de justaposição dos papéis de "mulata" e "doméstica" descritos por Lélia Gonzalez. O ser híbrido entre mulher e cavalo de *Ainda a lamentar* corresponde, a meu ver, à figura estruturalmente violentada da mucama, que, segundo Gonzalez, a sociedade brasileira buscou sempre relegar ao esquecimento, para não precisar lidar com toda a culpa pelos males causados à população negra.

*Ainda a lamentar* partilha com *Monumento às Bandeiras* apenas a estrutura plástica definida pela representação de uma marcha, de um movimento para frente, ascensional, fruto de um empenho coletivo, na obra de Brecheret, ou de um esforço individual, na de Paulino. No *Monumento às Bandeiras*, essa trajetória se inicia na cauda do conjunto, onde estão os sujeitos que empurram as

7. "Mameluco" era o nome dado aos filhos das uniões sexuais (em sua maioria forçadas) entre os colonizadores europeus e as mulheres indígenas. Tal figura remete ainda a um dos mitos de fundação da "raça" paulista, o casal João Ramalho e a índia Bartira, cujos descendentes teriam sido os primeiros paulistas.

jangadas, e atinge o ápice no par de homens a cavalo – sendo a imagem de maior autoridade representada pelo homem branco, que tem como braço direito o mameluco, também representado.[7] Em *Ainda a lamentar*, o vértice desse movimento não paira sobre a figura dianteira, a mulher negra, mas sobre o boneco, misto de caubói e super-homem, que infla o peito em imponente e confortável autoridade [Figura 3].

Outro detalhe fundamental na configuração plástica das obras está nos sentidos que podem ser depreendidos da cisão física entre os elementos frontais e os posteriores. Em Brecheret, essa divisão espacial serve para destacar a função de liderança dos dois cavaleiros, em especial o homem branco que se vira para supervisionar a ação dos demais. Apesar dessa clara hierarquia de papéis, no *Monumento às Bandeiras*, brancos, negros e indígenas parecem realizar em conjunto um só movimento que resultará no sucesso daquela empreitada.

Todas as figuras representadas no monumento compartilham a mesma base, o mesmo solo de granito sobre o qual marcham em coesão. Em *Ainda a lamentar*, a mulher negra não pisa sobre o mesmo chão que o boneco branco de plástico

[Figura 3]

e suas demais posses. Sozinha, ela se esforça para carregar e fazer avançar todo o comboio. Na escultura de Paulino, há uma cristalina divisão de funções: ao homem branco cabe ocupar uma posição de poder, que lhe dá direito a explorar o trabalho dos demais para seu enriquecimento; à mulher negra escravizada resta, por sua vez, apenas suprir todas as demandas dessa classe governante branca. Cabem a ela, portanto, as funções tanto de "burro de carga" quanto de "mucama".

Se a composição de Brecheret parece ter se estruturado na defesa de uma convivência harmoniosa entre cada uma das "raças" que formariam a civilização brasileira, a de Paulino busca desvelar esse mito da democracia racial, até hoje em vigor.

Observe o boneco de plástico de *Ainda a lamentar*. Repare como ele porta um chapéu ao estilo dos caubóis norte-americanos, ao mesmo tempo que exibe no peito inflado, com aparente orgulho, o "S" característico do uniforme do super-homem. Por um lado, o figurino confere ao brinquedo uma clara dimensão heroica, de força sobre-humana, que a meu ver alude ao projeto de construção de uma visão "do bandeirante como um vencedor, espelho para o paulista dos anos 1920" – diretriz do projeto encabeçado pelo então diretor do Museu Paulista, Afonso d'Escragnolle Taunay.[8] Por outro, a figura do caubói norte-americano representa um mito essencialmente masculino, segundo Eric Hobsbawm,[9] de abrangência quase universal. Além da versão norte-americana, o historiador inglês também analisou representações semelhantes em diferentes países, que partilham os mesmos elementos centrais: "Tenacidade, bravura, o porte de armas, a prontidão para causar ou suportar dores intensas, um temperamento indisciplinado e uma personalidade marcadamente bárbara".

Diferentemente das imagens consolidadas na década de 1960, em especial a partir dos filmes estrelados por Clint Eastwood, a figura do caubói não estava originalmente associada à imagem do pistoleiro que, sem medo, buscava adentrar o território selvagem dos Estados Unidos para expandir as fronteiras nacionais e disseminar os valores da civilização cristã ocidental. De acordo com Hobsbawm, a função primordial desses profissionais era capturar cabeças de gado dispersas em áreas remotas do interior dos Estados Unidos e levá-las para venda nos mercados locais. A versão romântica do mito do caubói, combinada com a metáfora do Oeste selvagem a ser vencido, é uma tradição inventada[10] pelas elites

8. Maraliz de Castro Vieira Christo, "Bandeirantes na contramão da história: um estudo iconográfico". *Projeto História*, São Paulo, v. 24, jul. 2002, pp. 307-335. Disponível em: revistas.pucsp.br/revph/article/view/10624. Acesso em: 20.04.2020.

9. Eric Hobsbawm, "The American Cowboy: An International Myth?", In: Eric Hobsbawm, *Fractured Times: Culture and Society in the Twentieth Century*. Londres: Hachette Digital, 2013. Edição Kindle.

10. De acordo com Hobsbawm, o termo "tradição inventada" se refere tanto aos costumes que foram abertamente "inventados, construídos e formalmente instituídos" por determinadas civilizações, quanto aquelas tradições que, apesar de terem sido igualmente criadas em determinado momento, buscaram velar tal condição de "invenção", em função de um desejo de estabelecerem relações "mais" diretas de continuidade entre o presente histórico e um passado remoto original. Eric Hobsbawm, "Introduction: Inventing Traditions", in: Eric Hobsbawm e Terence Ranger (ed.). *The Invention of Tradition*. Nova York: Cambridge University Press, 1992, pp. 1-14.

norte-americanas, uma criação tardia que, para Hobsbawm, tem dupla função: o caubói encarna o famoso ideal de liberdade individual e também simboliza os esforços de grandes corporações e empreendimentos financeiros para ampliar suas oportunidades comerciais.

Nessa perspectiva ampliada, o caubói pode ser associado tanto aos vaqueiros brasileiros quanto aos bandeirantes paulistas que, na prática, adentravam o país em busca de "cabeças" de indígenas e de escravizados que haviam fugido da opressão de seus senhores. Ao idealizar e destacar o papel de liderança dos homens brancos, o *Monumento às Bandeiras*, emblema maior do mito dos bandeirantes, também contribui para o apagamento do protagonismo histórico de populações negras e indígenas nos processos de formação do país.

Conduza novamente sua atenção à escultura de Paulino e perceba também como o caubói/super-homem é, na verdade, um brinquedo fabricado industrialmente, um *ready-made* apropriado pela artista. Agora, observe os demais elementos. À frente do brinquedo *ready-made*, encontra-se a híbrida figura feminina negra que comentei; atrás dele, há quatro objetos: um coração de *biscuit*, um anel dourado, uma casa rosa de massinha e, por fim, uma criança branca de plástico.

O que eles têm em comum? Em primeiro lugar, o coração e a casa foram modelados por Paulino, ou seja, no sentido tradicional do termo, foram "criados" pela própria artista, ao contrário do caubói/super-homem. Em segundo lugar, mesmo que o anel e a criança tenham sido simplesmente apropriados por Paulino, ambos são identificados, tradicionalmente, como brinquedos associados ao universo infantil feminino, como a casa e o coração. Em sentido contrário, o caubói/super-homem representa um mito fundamentalmente masculino que busca exaltar "o guerreiro, o agressor, o bárbaro, o estuprador e não o estuprado".[11]

Perceba, portanto, a condição estrangeira desse elemento em relação aos demais. Note ainda como ele, de maneira isolada, esboça uma pose altiva, de legítimo desbravador. Parece acreditar que ao vestir seu uniforme de super-homem adquire força sobre-humana, capaz de subjugar tudo e todos ao seu redor. À sua frente, vê a mulher negra escravizada, que considera objeto sexual e "burro de carga". Atrás de si, está a representação de tudo aquilo que igualmente lhe pertence: um coração de *biscuit*, o anel dourado simbolizando as riquezas minerais

[11]. Eric Hobsbawm, *op. cit.*, 2013.

do país, uma casa de massinha rosa e, por fim, uma criança branca. Por tais e tantos outros motivos, ele infla o peito em uma postura confortável e imponente de autoridade.

O que ele não percebe, todavia, é o gesto subversivo de Rosana Paulino, que, embora não seja capaz de reescrever inteiramente a história de opressão e barbárie da população negra, opta por não contribuir para a celebração do mito dos bandeirantes. Paulino não cria uma nova imagem dessa figura histórica, meramente se apropria de um objeto, *ready-made* de uma imagem masculina daquele ideal. A aparente simplicidade de tal decisão subverte a grandiloquência do *Monumento às Bandeiras*. No lugar da nobreza, da durabilidade e do resplendor do granito utilizado por Brecheret, o descaso intencional de Paulino na representação do bandeirante – um brinquedo de plástico, produzido industrialmente – bota por terra o monumento à barbárie que se impõe na avenida Brasil.

Em *Ainda a lamentar*, Rosana Paulino desvela a dimensão de injustiça do projeto ideológico de resgate do mito bandeirante, desenvolvido pelas elites de São Paulo a partir do final do século 19 e concretizado plenamente no *Monumento às Bandeiras*. Os títulos das duas obras também são reveladores dessas tomadas de posição. A própria ideia de "monumento" implica um gesto de celebração, vontade clara da classe dirigente de empreender um retorno simbólico a determinado instante original no passado, de modo a reviver, no presente, a glória do mito dos bandeirantes. Já o advérbio "ainda", no título da obra de Paulino, implica um tempo dilatado, uma continuidade ininterrupta entre passado e presente, conectados pela mesma condição de opressão e barbárie vivenciada até hoje pela população negra.

Como contraponto à celebração ensurdecedora do dito esplendor da verdadeira raça paulista, eternizada no *Monumento às Bandeiras*, a escultura de Paulino, discretamente, ecoa os lamentos que ainda podem ser ouvidos por todo o país. Lamentos por João Pedro, Miguel, Ágatha, Jenifer, Kauã e tantos outros. Lamentos que não visam resgatar um passado idealizado, lamentos que carregam somente a esperança de um dia poderem cessar.

---

**Maíra Vieira de Paula** (1987) é fotógrafa e pesquisadora, associada ao Grupo de Estudos Arte&Fotografia da Escola de Comunicações e Artes da Universidade de São Paulo (ECA-USP). É mestre em artes pela ECA-USP e doutoranda pelo mesmo programa.

Nascida em São Paulo, **Rosana Paulino** (1967) tem se dedicado a abordar em suas obras o lugar da população negra – sobretudo as mulheres – na sociedade brasileira. Em gravuras, desenhos, esculturas e instalações, questiona a violência histórica do racismo e o legado da escravidão para o país. Entre dezembro de 2018 e março de 2019, teve a primeira retrospectiva de seu trabalho, *Rosana Paulino: a costura da memória*, realizada na Pinacoteca de São Paulo. Dela, a **serrote** #31 publicou o ensaio visual "História natural de um suposto paraíso tropical".

# R

Revisionismo, Enzo Traverso

"Revisionismo" é uma palavra camaleônica que, ao longo do século 20, recebeu significados diferentes e contraditórios, prestando-se a usos múltiplos e, às vezes, suscitando mal-entendidos. Tudo se complicou ainda mais com a apropriação do termo pela seita internacional que nega a existência de câmaras de gás e, de modo mais amplo, do genocídio de judeus da Europa.[1] Os negacionistas tentaram se apresentar como porta-vozes de uma escola histórica "revisionista", em oposição a uma outra escola que eles caracterizam como "exterminacionista" e que inclui, naturalmente, o conjunto de estudos históricos que fazem jus a esse nome, de todas as correntes possíveis, consagrados ao genocídio dos judeus. Para defender suas teses, os negacionistas lançaram em 1987 uma revista intitulada *Annales d'Histoire Révisionniste*, que em seguida se tornou *Revue d'Histoire Révisionniste*. Desnecessário acrescentar que esse movimento – cuja verdadeira intenção foi desvendada por Pierre Vidal-Naquet, quando o rebatizou de "assassinos da memória" –[2] nunca alcançou seu objetivo, uma vez que não obteve nem o menor reconhecimento no seio da historiografia nem passaporte para adentrar o debate público. Pelo contrário – e isso foi assinalado com frequência –, seu surgimento teve como efeito estimular a pesquisa que, ao longo desses últimos anos, chegou a um conhecimento muito mais preciso e detalhado dos meios e das modalidades do processo de extermínio dos judeus.

Contudo, os negacionistas tiveram sucesso em contaminar a linguagem e criar uma confusão considerável em torno do conceito de revisionismo. François Bédarida não deixou de lembrar isso quando, há cerca de dez anos, escreveu que, ao se apropriarem desse termo, os negadores do genocídio dos judeus realizaram "uma verdadeira usurpação". Eles recuperaram uma palavra que já existia, e que traduzia "uma abordagem mais que respeitável, uma abordagem ao mesmo tempo legítima e necessária, para conferir a si mesmos uma respeitabilidade enganosa e mentirosa".[3] Desde então, é indispensável, quando se emprega esse termo, especificar o seu significado, como o fez por exemplo Pierre Vidal-Naquet, que indica, no início das suas "Thèses sur le révisionnisme" (1985), sua escolha deliberada por utilizá-lo em uma acepção restrita, limitada à "doutrina segundo a qual o genocídio praticado pela Alemanha nazista em relação aos judeus e aos ciganos não existiu, e sim concerne ao domínio do mito, da fabulação, da fraude". Ele prossegue assinalando o sentido diferente que essa palavra pode veicular de acordo com cada contexto, lembrando, por fim, que ela também tem suas origens nobres. Na França, ele escreve, "os primeiros revisionistas modernos" foram os partidários da revisão do processo que resultara na condenação do capitão Alfred Dreyfus.[4]

Em linhas gerais, pode-se reportar a história do revisionismo – sem contar o negacionismo – a três momentos principais: uma controvérsia marxista, um cisma interno do mundo comunista e, também, no sentido mais amplo,

---

1. Entre as obras mais atuais e importantes dedicadas a esse tema, cf. Valérie Igounet, *L'Histoire du révisionnisme en France*. Paris: Seuil, 2000; Florent Brayard, *Comment l'idée vint à m. Rassinier*. Paris: Fayard, 1996; e Nadine Fresco, *Fabrication d'un antisémite*. Paris: Seuil, 1999.
2. Pierre Vidal-Naquet, *Les Assassins de la mémoire*. Paris: La Découverte, 1987.
3. François Bédarida, *Comment est-il possible que le "révisionnisme" existe?*. Reims: Presses de la Comédie de Reims, 1993, p. 4.
4. Pierre Vidal-Naquet, "Thèses sur le révisionnisme", *in op. cit.*, p. 108.

uma série de debates historiográficos posteriores à Segunda Guerra Mundial. Antes de tudo, o revisionismo clássico, que introduziu a palavra no vocabulário da cultura política moderna: trata-se evidentemente da *Bernstein-Debatte*, que irrompe no fim do século 19 no seio da social-democracia alemã e se estende imediatamente ao conjunto do movimento socialista internacional. O antigo secretário de Engels, Eduard Bernstein, teorizava a necessidade de "revisar" algumas concepções de Marx, como a polarização crescente entre as classes na sociedade burguesa ou ainda a tendência ao colapso do capitalismo sob o peso de suas crises internas. Dessas revisões teóricas, Bernstein tirou conclusões políticas visando a harmonizar a teoria da social-democracia alemã com sua prática, a de um grande partido de massas que tinha abandonado a via revolucionária e caminhava em direção a uma política reformista.[5] O "revisionismo" foi vigorosamente criticado por Kautsky, Rosa Luxemburgo e Lênin, mas ninguém jamais sonhou em expulsar Bernstein do Partido Social-Democrata, e a disputa, por vezes de alto nível teórico, permaneceu sempre nos limites de um debate de ideias. A ela seguiram-se outras "revisões" – por Rodolfo Mondolfo, na Itália; Georges Sorel, na França; e Henri de Man, na Bélgica –, que levariam alguns de seus fomentadores do socialismo ao fascismo.[6] O termo começou, assim, a se propagar para além dos meios marxistas. Nos anos 1930, chamou-se Vladimir Jabotinsky de "revisionista", por ele rejeitar o caminho diplomático defendido pelos fundadores do sionismo político (Theodor Herzl, Max Nordau) e considerar a criação de um Estado judeu na Palestina pelo uso da força.[7]

A controvérsia socialista adquiriu uma conotação dogmática, quase religiosa, depois do nascimento da União Soviética e da transformação do marxismo em ideologia de Estado, com seus dogmas e guardiões da ortodoxia. A palavra "revisionismo" tornou-se então um epíteto infame, sinônimo de "traição". Foi largamente utilizada na ruptura iugoslava em 1948 e, sobretudo, no conflito sino-soviético, no começo dos anos 1960. Por vezes, tornou-se um adjetivo atrelado a um substantivo mais contundente, como na expressão "hiena revisionista", com a qual os ideólogos do Kominform adoravam definir o marechal Tito.

Mas as disputas em torno de Bernstein, Jabotinsky e Tito não diziam respeito – ou não diretamente – à escrita da história. O terceiro campo de aplicação da noção de revisionismo, por sua vez, diz respeito à historiografia do pós-guerra. Diversas iniciativas que buscavam renovar a interpretação de uma época ou de um acontecimento, questionar o ponto de vista de dominante, foram caracterizadas como "revisões". Essa palavra visava a enfatizar o caráter inovador delas, e não deslegitimá-las, e seus representantes eram sempre reconhecidos como membros integrantes da comunidade de historiadores. Dentre as "revisões" mais marcantes, pode-se mencionar a que Fritz Fischer estimulou no início dos anos 1960 e que renovou o debate sobre as origens

---

5. Eduard Bernstein, *Les Présupposés du socialisme*. Paris: Seuil, 1974.
6. Sobre a projeção europeia desse debate, cf. Bruno Bongiovanni, "Revisionismo e totalitarismo. Storie e significati". *Teoria Politica*, Milão, v. 13, n. 1, 1997, pp. 23-54. Uma parte das peças desse debate foi reunida por Henri Weber em: Karl Kautsky, Rosa Luxemburg e Anton Pannekoek, *Socialisme, la voie occidentale*. Paris: Presses Universitaires de France, 1983.

7. Walter Laqueur, "Par le fer et par le feu: Jabotinsky et le révisionnisme", in *Histoire du sionisme*. Paris: Calmann-Lévy, 1973, pp. 371-420.

da Primeira Guerra Mundial (ao retomar, contra a tendência dominante no seio da historiografia alemã, as ambições pangermanistas do Estado-Maior prussiano).[8] Depois, as dos cientistas políticos americanos que, a exemplo de Gabriel Kolko, questionavam a tese então corrente das origens soviéticas da Guerra Fria.[9] Mais recentemente, a de um historiador como Gar Alperovitz sobre a bomba atômica: a decisão americana de atacar Hiroshima e Nagasaki em agosto de 1945, ele explicou, buscava muito mais estabelecer a superioridade estratégica dos Estados Unidos sobre a União Soviética – ao impor, na cena internacional, seu monopólio da arma nuclear – que pôr fim à guerra e assim poupar vidas humanas, como alegava o presidente Truman.[10] Nos Estados Unidos, são chamados hoje de "revisionistas sovietólogos" autores como Moshe Lewin, J. Arch Getty e Sheila Fitzpatrick, que, desde os anos 1970, afastaram-se das abordagens anticomunistas da época da Guerra Fria e começaram a estudar, para além da fachada totalitária do regime, a história social do mundo russo e soviético.[11] Mas há também na Europa o aparecimento de muitas "revisões". Na Itália, por exemplo, no começo dos anos 1960, em um debate historiográfico sobre o Risorgimento, "revisionismo" é empregado para as teses de Gramsci e Salvemini sobre os limites do processo de unificação nacional realizado pela monarquia piemontesa.[12] Alguns anos depois, François Furet se dedica à "revisão" da interpretação jacobino-marxista da Revolução Francesa – interpretação que ele chama de "versão populista-leninista" – e se encaminha para uma releitura liberal da ruptura de 1789 com a ajuda de Tocqueville e Augustin Cochin, suscitando um debate internacional vasto e polêmico.[13] No bicentenário da revolução, essa tese outrora "revisionista" se impôs como leitura dominante. A última "revisão" de peso é a dos "novos historiadores" israelenses. Destruindo alguns mitos tenazes, Benny Morris e Ilan Pappé apresentaram o conflito de 1948 em toda a sua complexidade, a de uma guerra ao mesmo tempo de autodefesa e expurgo étnico.[14] Uma guerra em que o Estado hebreu, que acabava de ser proclamado, por um lado lutava pela sua sobrevivência e, por outro, expulsava centenas de milhares de palestinos. Eis um exemplo de

---

8. Sobre esse assunto, cf. principalmente o capítulo 3 de Édouard Husson, *Comprendre Hitler et la Shoah: les historiens de la République fédérale d'Allemagne et l'identité allemande depuis 1949*. Paris: Presses Universitaires de France, 2000, pp. 69-84.
9. Gabriel Kolko, *The Politics of War: The World and United States Foreign Policy, 1943-1945*. Nova York: Random House, 1968.
10. Gar Alperovitz, *Atomic Diplomacy: Hiroshima and Potsdam* [1965]. Nova York: Penguin, 1985; e *The Decision to Use the Atomic Bomb*. Nova York: Vintage, 1996.
11. Para uma apresentação do conjunto de trabalhos dessa escola, cf. Nicolas Werth, "Totalitarisme ou révisionnisme? L'Histoire soviétique, une histoire en chantier". *Communisme*, Paris, n. 47-48, 1996, pp. 57-70. Entre os trabalhos de síntese dessa corrente histórica, cf. Sheila Fitzpatrick, *The Russian Revolution*. Nova York: Oxford University Press, 1994.
12. Cf. Claudio Pavone, "Negazionismi, rimozioni, revisionismi: storia o politica?", *in* Enzo Collotti (ed.), *Fascismo e antifascismo: rimozioni, revisioni, negazioni*. Bari/Roma: Laterza, 2000, pp. 34-35.
13. Cf. principalmente François Furet, *Penser la Révolution Française*. Paris: Gallimard, 1978. Para reconstruir esse debate, cf. Steven L. Kaplan, *Adieu 89*. Paris: Fayard, 1993. Entre os críticos do revisionismo de Furet, cf. Michel Vovelle, "Réflexions sur l'interprétation révisionniste de la Révolution Française", *in Combats pour la Révolution Française*. Paris: La Découverte, 2001. Sobre a projeção internacional desse debate, cf. Bruno Bongiovanni, "Rivoluzione borghese o rivoluzione del politico? Note sul revisionismo storiografico", *in Le Repliche della storia: Karl Marx tra la Rivoluzione Francese e la critica della politica*. Turim: Bollati Boringhieri, 1989, pp. 33-61; G.C. Comninel, *Rethinking the French Revolution: Marxism and the Revisionist Challenge*. Londres: Verso, 1987.
14. Para reconstruir o conjunto desse debate, cf. Ilan Greilsammer, *La Nouvelle Histoire Israël: essai sur une identité nationale*. Paris: Gallimard, 1993. Em francês, cf. Ilan Pappé, *La Guerre de 1948 en Palestine: aux origines du conflit israélo-arabe*. Paris: La Fabrique, 2000.

"revisão" oposta a qualquer perspectiva apologética, que se esforça, ao contrário, para pôr fim a um longo período de amnésia coletiva e ocultação oficial do passado.

—

Essas "revisões" historiográficas instigam uma pormenorização de alguns pontos metodológicos. O primeiro diz respeito ao uso das fontes. Se a narrativa histórica é uma reconstrução dos acontecimentos do passado "como realmente foram" (*"wie es eigentlich gewesen ist"*), segundo a expressão canônica de Ranke – definição certamente simplificadora, mas não por isso falsa –, decorre disso que determinadas "revisões" acontecem, por sua abordagem, de maneira natural. A descoberta de novas fontes, a exploração dos arquivos, o enriquecimento dos testemunhos podem jogar uma luz inédita sobre acontecimentos que se pensavam perfeitamente conhecidos, ou sobre os quais se possuía conhecimento errôneo. A revisão que reduziu o número de vítimas do *gulag* na URSS – estimado em dez milhões por Robert Conquest, depois reduzido a 1,5 milhão pelas pesquisas mais recentes –[15] foi consequência de uma análise minuciosa de fontes e do acesso a uma documentação essencial que antes estava inacessível.

Outras "revisões" se devem a uma mudança de *paradigma interpretativo*. Às vezes, a introdução de um novo paradigma pode estar ligada a fontes antes ignoradas, como sabem todos aqueles – ou, antes, todas aquelas – que começaram a elaborar uma história das mulheres (necessariamente revisionista, uma vez que implica uma transformação do olhar, dos objetos e das fontes na maneira de fazer história). A história sempre se escreve no presente, e o questionamento que orienta nossa exploração do passado se modifica de acordo com as épocas, as gerações, as transformações da sociedade e o percurso da memória coletiva. Se a nossa visão da Revolução Francesa ou da Revolução Russa não é mais a mesma de 50 anos ou um século atrás, isso não se deve somente à descoberta de fontes inéditas, mas à instauração de uma perspectiva histórica nova, própria de nossa época. Não é difícil reconhecer que a leitura romântica da Revolução Francesa proposta por Michelet, a leitura marxista de Soboul e a leitura liberal de Furet pertencem a contextos históricos, culturais e políticos distintos.

Nessa acepção, as "revisões" da história são legítimas e mesmo necessárias. No entanto, algumas revisões – aquelas que qualificamos mais comumente de "revisionismo" – implicam *uma reviravolta ético-política* na nossa maneira de olhar para o passado. Elas correspondem àquilo que Jürgen Habermas chamou, durante a *Historikerstreit*,[16] de emergência de "tendências apologéticas" na historiografia.[17] Utilizado nesse sentido, o conceito de "revisionismo" ganha evidentemente uma conotação negativa. Não é surpreendente, portanto, que alguns historiadores acusados de

---

[15]. Nicolas Werth, "Goulag: les vrais chiffres". *L'Histoire*, Paris, n. 169, set. 1993, p. 42.

[16]. "Disputa dos historiadores" é o nome pelo qual ficou conhecida a controvérsia iniciada por Ernst Nolte no fim dos anos 1980, quando atribuiu o nazismo à "ameaça existencial" que o regime soviético teria representado à Alemanha. Traverso apresenta os argumentos a seguir. [N. da T.]

[17]. Jürgen Habermas, "Eine Art Schadensabwicklung. Die apologetischen Tendenzen in der deutschen Zeitgeschichtsschreibung", *in Historikerstreit: die Dokumentation der Kontroverse um die Einzigartigkeit der nationalsozialistischen Judenvernichtung*. Munique: Piper, 1987, pp. 62-76.

"revisionismo" tenham tentado se defender lembrando que a "revisão" é própria da abordagem do historiador e que, por definição, este será sempre um "revisionista". Na sua correspondência com François Furet, Ernst Nolte enfatiza que "as 'revisões' são o arroz com feijão do trabalho científico".[18]

É claro que ninguém jamais condenou historiadores "revisionistas" por terem desbravado arquivos inexplorados ou baseado seus trabalhos em uma documentação nova. Eles são criticados, isto sim, pela intenção política subjacente à sua releitura do passado. O exemplo clássico desse tipo de revisão é justamente o de Ernst Nolte. Em *La Guerre civile européenne*, ele apresenta os crimes nazistas como simples "cópia" de uma "barbárie asiática" introduzida pelo bolchevismo em 1917. Ameaçada de aniquilação, a Alemanha teria reagido exterminando os judeus, edificadores do regime bolchevique, cujos crimes constituem, para Nolte, o "precedente lógico e factual" dos crimes nazistas.[19] A completa falta de distância crítica que Nolte demonstra em relação a suas fontes – a literatura nazista da época – justifica algumas reticências, como bem assinalou Hans-Ulrich Wehler.[20] Mas o problema fundamental não decorre do manuseio das fontes. Fica claro que a historicização do nazismo proposta por Nolte desemboca em uma releitura do passado em que a Alemanha não ocupa mais a posição de opressora, e sim a de vítima, e suas vítimas reais, a começar pelos judeus, são tomadas como "danos colaterais", no melhor dos casos, e, no pior, como a origem do mal, por serem responsáveis pela revolução bolchevique.[21]

Quanto a Renzo De Felice, sua pesquisa monumental sobre a Itália fascista resultou em muitas "revisões" que são hoje ideias historiográficas comumente aceitas, por exemplo, o reconhecimento da dimensão "revolucionária" do primeiro fascismo, de seu caráter modernizador ou ainda do "consenso" obtido pelo regime de Mussolini no seio da sociedade italiana, notadamente no momento da Guerra da Etiópia.[22] Muito mais discutível, por outro lado, é sua interpretação da Guerra Civil Italiana, entre 1943 e 1945, como consequência da escolha antinacional de uma minoria de resistentes formada em grande parte por comunistas. Ou, ainda, como já se viu, sua concepção do fascismo italiano, por suas raízes, sua ideologia e seus objetivos, como um regime completamente distinto do nazismo, com o qual ele estabeleceria uma aliança artificial em 1940. Ou, por fim, sua maneira de ver Mussolini como um "patriota" quando este escolhe se sacrificar fundando a República de Salò para poupar a Itália de um destino comparável ao da Polônia. Trata-se, nesse caso, de uma releitura apologética do fascismo, fundada na reabilitação de Mussolini. Se a isso se acrescentar que essas teses foram desenvolvidas em um livro – *Rosso e nero* –[23] cuja publicação coincide com o advento do primeiro governo Berlusconi, que introduzia pela primeira vez, desde o fim da

---

18. François Furet e Ernst Nolte, *Fascisme et communisme*. Paris: Plon, 1998, pp. 88-89.
19. Ernst Nolte, "Vergangenheit, die nicht vergehen will", in *Historikerstreit, op. cit.*, pp. 39-47; e *La Guerre civile européenne 1917-1945*. Paris: Syrtes, 2000.
20. Hans-Ulrich Wehler, *Entsorgung der deutschen Vergangenheit? Ein polemischer Essay zum Historikerstreit*. Munique: Beck, 1988.
21. Saul Friedländer, "A Conflict of Memories? The New German Debates about the 'Final Solution'", in *Memory, History, and the Extermination of the Jews of Europe*. Bloomington: Indiana University Press, 1993, pp. 33-34.
22. Para uma visão do conjunto da obra de De Felice na historiografia italiana do fascismo, cf. Gianpasquale Santomassimo, "Il ruolo di Renzo De Felice", in Enzo Collotti (ed.), *op. cit.*, pp. 415-429.
23. Renzo De Felice, *Rosso e nero*. Milão: Baldini e Castoldi, 1995.

guerra, um partido "pós-fascista" herdeiro da República de Salò, essa revisão histórica se mostra como o esteio intelectual de um projeto político restaurador.

É quase uma tentação opor a revisão histórica francesa à de De Felice e seus discípulos. Na França, na esteira de Zeev Sternhell e Robert O. Paxton (um israelense e um americano), os historiadores se dedicaram a uma "revisão" que permitiu reconhecer as raízes autóctones do regime de Vichy, seu caráter autoritário e até fascista, sua participação ativa no colaboracionismo e sua cumplicidade para com o genocídio dos judeus.[24] Na Itália, por outro lado, sob incentivo de um De Felice tardio, surgiu uma nova tendência historiográfica que reivindica explicitamente como seu objetivo a reabilitação do fascismo.

As revisões que acabo de mencionar – quaisquer que sejam seus olhares e valores – ultrapassam as fronteiras da historiografia como disciplina científica para atingir um domínio mais vasto, aquele da relação que cada país estabelece com seu passado, o que Habermas definiu, com uma expressão impressionante, como "uso público da história".[25] Dito de outra forma, essas revisões questionam, para além de uma interpretação dominante, uma consciência histórica partilhada, uma responsabilidade coletiva em relação ao passado. Elas tratam sempre de acontecimentos fundadores – a Revolução Francesa, a Revolução Russa, o fascismo, o nazismo, a Guerra Árabe-Israelense de 1948 etc. –, e sua releitura da história diz respeito, muito mais que à interpretação de uma época, à nossa maneira de ver o mundo em que vivemos e à nossa identidade no presente. Há, portanto, revisões de diferentes naturezas: algumas são férteis, outras, discutíveis, e outras ainda, profundamente nocivas. Fértil, a revisão dos "novos historiadores" israelenses, que reconhece uma injustiça outrora negada, vai ao encontro da memória palestina e estabelece a base para um diálogo israelo-palestino. Discutível, a revisão de Furet se encerra, em Le Passé d'une illusion, com uma contestação radical de toda a tradição revolucionária – origem, a seus olhos, dos totalitarismos modernos – e com uma apologia melancólica do liberalismo como horizonte insuperável da história.[26] Nocivas, enfim, são as revisões de Nolte e De Felice, cujo objetivo – ou, ao menos, consequência – é reparar a imagem do fascismo e do nazismo.

Se algumas revisões da história devem ser combatidas, pode-se perguntar sobre a utilidade de catalogá-las em uma mesma categoria negativa – o "revisionismo" –, que remete ao "inferno" onde se guardava outrora a literatura pornográfica na Biblioteca Nacional. Transformada em luta "antirrevisionista", a crítica das teses de Nolte e De Felice arrisca conhecer uma deriva análoga àquela mencionada antes, a da controvérsia marxista sobre o revisionismo, isto é, a passagem de um debate de ideias para uma prática inquisitorial, para a excomunhão de todos aqueles que se afastam de uma ortodoxia predeterminada, de um cânone normativo. Dito de outra forma, falar de "revisionismo" remete sempre a uma história teologizada. O antifascismo transformado em ideologia de Estado nos países do bloco soviético, nomeadamente na Alemanha Oriental,

---

24. Cf. notadamente Robert O. Paxton, La France de Vichy, 1940-1944 [1975]. Paris: Seuil, 1997.
25. Jürgen Habermas, "Vom öffentlichen Gebrauch der Historie", in Historikerstreit, op. cit., pp. 243-255.
26. François Furet, Le Passé d'une illusion; essai sur l'idée de communisme au xxe siècle. Paris: Laffont/Calmann-Lévy, 1995. Retomo essa crítica a Daniel Bensaïd, Qui est le juge? Pour en finir avec le tribunal de l'histoire. Paris: Fayard, 1999.

produziu resultados desastrosos a longo prazo, comprometendo por fim sua própria legitimidade. Sem atingir as mesmas proporções, a retórica antifascista consensual que reinou na Itália durante 40 anos teve consequências prejudiciais para a pesquisa histórica. A obra de Claudio Pavone – historiador de esquerda e antigo integrante das forças antifascistas –, que interpreta a Resistência não apenas como uma luta de libertação nacional mas também como uma guerra de classes e, sobretudo, como uma *guerra civil*, data apenas de 1990.[27] Em suma, o antifascismo institucionalizado e transformado em epopeia nacional não foi um antídoto eficaz contra a reabilitação do fascismo. Seria preciso evitar que algo análogo acontecesse em relação à Shoah, então transformada, como vimos, em uma "religião civil" do Ocidente, com consequências positivas mas também com todos os perigos que isso encerra.

As tendências apologéticas na historiografia do fascismo e do nazismo devem ser combatidas, mas não opondo a elas uma visão normativa da história. É por isso que as leis contra o negacionismo podem se revelar perigosas. Se o negacionismo deve ser combatido e isolado em todas as suas formas – o de Robert Faurisson e o de David Irving, e também o de Bernard Lewis, aparentemente mais respeitável –,[28] diversos historiadores (eu, entre eles) manifestaram dúvidas sobre a oportunidade de sancioná-lo pela lei, o que equivale a instituir uma verdade histórica oficial protegida pelos tribunais, com o efeito perverso de transformar os assassinos da memória em vítimas de uma censura, em defensores da liberdade de expressão. Dito de outra forma, se aceitamos o conceito de "revisionismo", precisamos admitir o princípio de uma história oficial. Krzysztof Pomian tem razão em afirmar que não deveria haver nem historiadores oficiais nem historiadores revisionistas, mas apenas historiadores críticos.[29] A palavra "revisionismo" é herança de um século em que o engajamento dos intelectuais passava pela sua filiação ideológica e partidária. Podia-se imaginar, então, que a melhor maneira de defender valores consistia em vestir um uniforme ideológico. O preço dessa escolha para os intelectuais foi, em demasiadas ocasiões, a renúncia a sua função crítica. Hoje não há mais motivo para isso. Presente na linguagem e já de uso corrente na polêmica, o conceito de "revisionismo" permanece bastante problemático e frequentemente nocivo. Proponho utilizá-lo apenas para designar uma controvérsia datada, desencadeada por Bernstein há mais de um século.

---

27. Claudio Pavone, *Una guerra civile: saggio sulla moralità della Resistenza*. Turim: Bollati Boringhieri, 1990.
28. Sobre Irving, cf. Richard J. Evans, *Telling Lies about Hitler: The Holocaust, History and the David Irving Trial*. Londres: Verso, 2002; sobre Bernard Lewis, que considera o genocídio dos armênios "uma visão armênia da história", cf. Yves Ternon, "Lettre ouverte à Bernard Lewis et à quelques autres", in Leslie A. Davis, *La Province de la mort: archives américaines concernant le génocide des Arméniens (1915)*. Bruxelas: Complexe, 1994, pp. 9-26.
29. Krzysztof Pomian, "Storia ufficiale, storia revisionista, storia critica", in *Mappe del Novecento*. Milão: Bruno Mondadori, 2002, pp. 143-150.

O historiador italiano **Enzo Traverso** (1957), professor na Universidade Cornell, é autor de *Melancolia de esquerda* (Âyiné) e outros livros influentes sobre totalitarismo, Holocausto e marxismo. Este texto é parte do livro *Le Passé, mode d'emploi: Histoire, mémoire, politique*, lançado em 2005 na França e inédito no Brasil.
Tradução de **Mariana Delfini**

# Sobre os preconceitos de nacionalidade

**Estão mais inclinados a se vangloriar do mérito nacional aqueles que têm pouco ou nenhum mérito próprio**

Oliver Goldsmith

Como sou daquela tribo ambulante de mortais que gastam a maior parte de seu tempo em tavernas, cafés e outros espaços públicos de lazer, tenho a oportunidade de observar uma infinita variedade de personagens, o que, para uma pessoa de índole contemplativa, é um entretenimento mais elevado que a inspeção de todas as curiosidades da arte ou da natureza. Em um desses meus últimos passeios, acidentalmente me vi em companhia de meia dúzia de cavalheiros engajados em debate caloroso a respeito de algum assunto político; já que estavam divididos em seus sentimentos, julgaram apropriado caber a mim a decisão, o que naturalmente me incluiu na conversa.

Em meio a vários outros tópicos, começamos a falar das diferentes personalidades das diversas nações da Europa, até que um dos cavalheiros, erguendo o chapéu e assumindo um ar de importância tal como se guardasse em si todo o mérito da nação inglesa, declarou que os holandeses eram uma massa de avaros miseráveis; os franceses, um bando de sicofantas bajuladores; os alemães, uns beberrões e glutões bestiais; e os espanhóis, tiranos orgulhosos, arrogantes e carrancudos; mas que, em termos de coragem, generosidade, clemência e qualquer outra virtude, os ingleses superavam o mundo inteiro.

Essa observação tão estudada e judiciosa foi recebida com um sorriso de aprovação por todo o grupo – todos, digo, menos este seu humilde servo; empenhado em manter a máxima seriedade possível, reclinei minha cabeça sobre o braço e a deixei ali por algum tempo, numa afetada postura de reflexão, como se estivesse meditando sobre alguma outra coisa e não me atentasse ao assunto da conversa; esperava evitar a desagradável necessidade de me explicar e, assim, privar os cavalheiros de sua felicidade imaginária.

Mas meu falso patriota não tinha a intenção de me deixar escapar com tanta facilidade. Não satisfeito com que sua opinião passasse sem contradição, estava determinado a tê-la ratificada pelo sufrágio de cada um no grupo; por isso se dirigiu a mim com um ar de indescritível confiança e me perguntou se eu não pensava da mesma maneira.

Como jamais me adianto em dar minha opinião, especialmente quando tenho motivos para acreditar que ela não será agradável, quando sou obrigado a dá-la, sempre demoro o máximo para expressar meus sentimentos verdadeiros. Por consequência, contei a ele que, de minha parte, não teria me aventurado a falar com uma disposição tão peremptória, a não ser que

**Liliana Porter**
*Memorabilia*, 2016
© Liliana Porter. Cortesia: Luciana Brito Galeria

houvesse percorrido a Europa e examinado os modos dessas variadas nações com bastante cuidado e precisão: que, talvez, um juiz mais imparcial não hesitaria em afirmar que os holandeses eram mais frugais e diligentes; os franceses, mais moderados e polidos; os alemães, mais robustos e tolerantes em relação ao labor e à fadiga; e os espanhóis, mais sóbrios e tranquilos que os ingleses – os quais, embora sem dúvida corajosos e generosos, eram ao mesmo tempo precipitados, teimosos e arrebatados; muito inclinados a exultar na prosperidade e a esmorecer na adversidade.

Pude facilmente perceber que todos do grupo começaram a me observar com suspeita antes que tivesse terminado minha resposta – o que eu ainda não havia feito quando o patriótico cavalheiro comentou, com um desdém zombeteiro, que estava bastante surpreso por ver como algumas pessoas podiam em sã consciência viver num país que não amavam e aproveitar a proteção de um governo do qual, em seus corações, eram inimigos de longa data. Percebi que por causa dessa modesta declaração de meus sentimentos eu havia perdido a opinião favorável de meus convivas e lhes dado a oportunidade de pôr em xeque meus princípios políticos em questão. Como era em vão argumentar com homens tão cheios de si, pedi minha conta e me recolhi a meus aposentos, refletindo sobre a natureza ridícula e absurda do prejulgamento e do preconceito de nacionalidade.

Entre todos os ditados famosos da Antiguidade, não há nenhum que traga honra maior ao autor, ou que propicie prazer maior ao leitor (se ao menos ele for uma pessoa de coração generoso e benevolente), do que o do filósofo que, perguntado de qual país vinha, respondeu que era um cidadão do mundo. Poucos nos tempos modernos podem dizer o mesmo ou têm conduta coerente com tal declaração! Agora nos tornamos tão ingleses, franceses, holandeses, espanhóis ou alemães que não somos mais cidadãos do mundo, mas nativos de um ponto específico, ou membros de uma sociedade diminuta; não nos consideramos mais habitantes do planeta, ou membros dessa grande sociedade que compreende toda a humanidade.

Se esses preconceitos prevalecessem somente entre as pessoas mais humildes e simples, talvez elas pudessem ser desculpadas, uma vez que têm pouca, se alguma, oportunidade de se corrigir lendo, viajando ou conversando com estrangeiros. Mas a infelicidade é que os preconceitos infectam as mentes e influenciam a conduta até mesmo de nossos cavalheiros; falo daqueles que têm todas as distinções em sua alcunha, exceto a isenção do preconceito, o que em minha opinião deveria ser considerado sinal característico de um cavalheiro: porque um homem pode ter nascimento ilustre, posição exaltadíssima ou fortuna gigantesca, mas se ainda assim não estiver livre dos preconceitos de nacionalidade, entre outros, eu ousaria afirmar que tem uma mente baixa e vulgar, e não há justificativa para reivindicar a alcunha de cavalheiro. De fato, sempre será possível dizer que estão mais inclinados a se vangloriar do mérito nacional aqueles que têm pouco ou nenhum mérito próprio; para falar a verdade, nada é mais natural: a vinha delgada se enrosca no carvalho robusto por falta de força para se firmar sozinha.

Pode-se alegar, em defesa do preconceito de nacionalidade, que ele é produto natural e necessário do amor por nosso país, e que logo o primeiro não pode ser destruído sem ferir o último; respondo que isso é uma grande falácia e ilusão. Que ele é produto do amor por nosso país, concordo; mas que ele é natural e necessário, nego absolutamente. A superstição e o entusiasmo também são produto da religião; mas já passou pela cabeça de alguém afirmar que são produtos necessários desse nobre princípio? Eles são, peço licença, os ramos bastardos dessa planta celestial; mas não seus galhos naturais e genuínos, e podem ser podados com tranquilidade, sem causar qualquer dano ao caule principal; ou melhor, talvez, enquanto não forem podados, essa planta graciosa não possa florescer com saúde e vigor perfeitos.

Não é possível amar o próprio país sem odiar os nativos de outros países? Exercer a bravura mais heroica, a resolução mais destemida em defender suas leis e liberdade, sem desprezar todo o resto do mundo como se fossem covardes e poltrões? Com toda certeza, é: e se não fosse – mas por que preciso supor o que é absolutamente impossível? –, mas se não fosse, preciso reconhecer, eu preferiria o título do antigo filósofo, ou seja, o de cidadão do mundo, ao título de inglês, francês, europeu, ou qualquer outra alcunha possível.

Apesar de nascido na Irlanda, **Oliver Goldsmith** (1730-1774) viveu em Londres a partir dos 16 anos. Na capital inglesa, exerceu diversos ofícios – como assistente de boticário e de professor –, além de ter se formado em medicina e em belas-artes. Iniciou a carreira de escritor em contato com célebres intelectuais, como Samuel Johnson, Edmund Burke e Horace Walpole, que o considerou um idiota inspirado. Desorganizado, Goldsmith vivia endividado e era viciado em jogo. Morreu aos 43 anos, após errar o diagnóstico de um problema renal. Seu livro mais famoso é o romance *O vigário de Wakefield* (1766). Além de ficcionista, foi poeta e dramaturgo, e um de seus livros de ensaios mais conhecidos é *The Citizen of the World* (1762), inspirado nas *Cartas persas*, de Montesquieu.
Tradução de **Paulo Raviere**

Nascida na Argentina e radicada em Nova York desde os anos 1960, **Liliana Porter** (1941) trabalha em diversos meios, como fotografia, desenho, instalação, teatro e pintura.

Assine **serrote** e receba em casa a melhor revista de ensaios do país

Assinatura anual R$120,00
(3 edições anuais)
Ligue (11) 3971-4372
serrote@ims.com.br

serrote  *Para abrir cabeças*

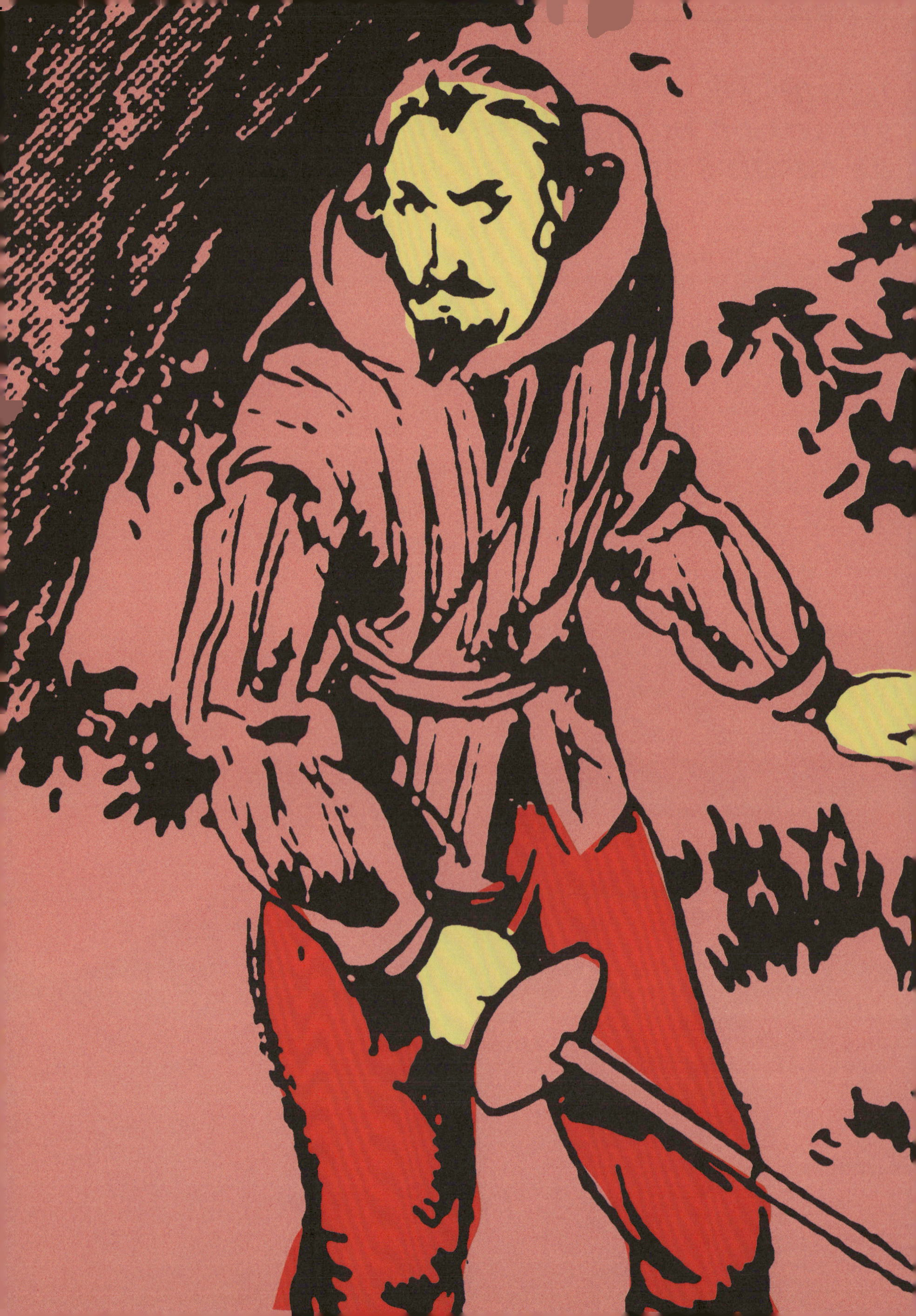

# A síndrome de Mariz

Diego Viana

O fidalgo de *O Guarani* é o paradigma involuntário do homem branco brasileiro, que vive como ameaça permanente em um país que insiste em dominar e explorar

Intervenção gráfica sobre desenhos de Francisco Acquarone, versão em quadrinhos de *O Guarani* publicada pelo *Correio Universal*, 1937

Mais do que um verso de marchinha de carnaval, Peri beijando Ceci é a imagem que se fixou de *O Guarani*. Fruto do romantismo e sua ambição em criar um mito nacional fundador, o romance de José de Alencar é paradigmático de uma certa ideia de país: aquela em que o europeu entra com os princípios da civilização, constituindo um núcleo ao qual o indígena faz bem em se adequar, para desfrutar das benesses do progresso. Quanto ao nativo, sua contribuição está na relação autêntica (porque autóctone) com a terra e no vigor físico, bruto, puro e até mesmo pueril, que deverá ser burilado pelo colono benevolente e avisado.

Publicado em 1857, o "romance brasileiro" de José de Alencar conta a história de uma família que vive isolada na serra dos Órgãos, nos primórdios da colonização do Rio de Janeiro. Rodeados por mercenários e traficantes, os Mariz (o fidalgo dom Antônio, sua esposa Lauriana, seus filhos Diogo, Cecília e Isabel) se veem cercados por indígenas em busca de vingança, depois que Diogo acidentalmente mata uma jovem aimoré. A família também é traída por Loredano, um dos mercenários, que planeja raptar a bela Ceci. Quando o "castelo medieval" em que a família vive está prestes a ser tomado, a salvação aparece na figura de Peri, o goitacá de alma nobre que se apaixona por Ceci, aceita o batismo cristão e escapa com a amada para fundar uma nova raça de brasileiros.

Alfredo Bosi[1] observa que *O Guarani* é daqueles romances que iluminam mais a época em que foram escritos do que aquela que retratam. Pode-se dar um passo além e afirmar que o romance de Alencar é daqueles que expressam, por um efeito involuntário de estrutura, atavismos muito duradouros. No esforço de capturar o olhar de seus contemporâneos, o escritor escolhe nos tempos passados em que ambienta a trama os traços que se mantiveram em sua época – e, às vezes, insere na narrativa algumas formas anacrônicas. De contrabando, incorpora ideias, estruturas de comportamento e conceitos que perdurariam até nossos dias.

Vamos, a seguir, explorar a ideia de que José de Alencar constituiu em *O Guarani*, particularmente por meio de dom Antônio de Mariz e Peri, um paradigma nacional *involuntário*. Bosi define a história de Peri como um "mito sacrificial" e aponta como cerne do romance o momento em que dom Antônio batiza o nativo e lhe transfere seu nome. Para ele, o texto expressa uma característica particular do romantismo e do nacionalismo no Brasil do século 19, tão bem representada pelo escritor cearense: trata-se de uma literatura de fundação da nacionalidade com receio de "qualquer tipo de mudança social, parecendo esgotar os seus sentimentos de rebeldia ao jugo colonial nas comoções políticas da Independência". Onde se esperaria que o índio encarnasse a rebeldia e simbolizasse o nacionalismo *em oposição* à ocupação europeia, "o índio de Alencar entra em íntima comunhão com o colonizador".

O espírito do romance fundador da literatura nacionalista brasileira é, como bem aponta Bosi, o paradoxo do nacionalismo eurocêntrico. Devemos estranhar que seja assim no país que instaurou o trabalhismo latifundiário, o sindicalismo de Estado, a "modernização conservadora", a "revolução redentora" e a redemocratização conduzida com o beneplácito de inúmeros aliados da ditadura? Responder "não" é o primeiro passo para reconhecer os atavismos que o romance pode carregar.

[1] Alfredo Bosi, "Um mito sacrificial: o indianismo de Alencar", *in Dialética da colonização*. São Paulo: Companhia das Letras, 1992, pp. 176-193.

Empenhado num olhar retrospectivo sobre esse projeto de país, em busca das contradições encarnadas em Peri, retorno às páginas iniciais do romance. Encontro ali, de fato, um texto paradigmático, ainda que por motivos que apenas tangenciam o personagem-título. Peri não é uma alegoria do Brasil. É, isso sim, a alegoria da alegoria; ou, para usar uma fórmula algo abstrusa, ele é a projeção de algo que o país pretende pensar que acredita. É claro que o paradigma de uma fantasia merece ser examinado e estudado; o ideal romântico é uma etapa histórica cujos interstícios são reveladores. No entanto, *O Guarani*, certamente no contrapé das intenções de seu autor, contém elementos que iluminam um Brasil real – o Brasil imperial de meados do século 19, quando Alencar escrevia –, mas também um Brasil que permanece.

O romance descreve, para os leitores do pequeno Rio de Janeiro imperial, a serra dos Órgãos tal como se configuraria nos primórdios da colônia, em 1604 – e, ao fazê-lo, reflete modos de viver e agir que ecoam ainda hoje no Rio-metrópole e em qualquer outra cidade do país. Antes mesmo de Peri, se for preciso destacar um personagem como paradigmático no interior do paradigma, devemos mirar em dom Antônio de Mariz. Não será o corpo selvagem a trabalhar e absorver a civilização que se pretende uma Europa transplantada, mas aquele que, desde o princípio, carrega consigo essa civilização.

O que primeiro dispara o alerta sobre o paradigma involuntário é a descrição da casa "larga e espaçosa" de dom Antônio. Como naquilo que o cinema mais tarde chamaria de *travelling*, José de Alencar mostra a casa "de fora para dentro", situando-a na natureza selvagem à margem do Paquequer.[2] A ênfase está explicitamente nos dispositivos de segurança: na primeira frase, lemos que a casa é "construída sobre uma eminência e protegida de todos os lados por uma muralha de rocha cortada a pique". Após a descrição da estreita escada de pedra que dá acesso ao promontório onde vivem dom Antônio e sua família, lê-se que "aí, ainda a indústria do homem tinha aproveitado habilmente a natureza para criar meios de segurança e defesa". Segue-se a descrição das fileiras de árvores e espinheiros que isolam esse único acesso. Só então se encontra a descrição da fachada ("simples e grosseira"), do pátio ("cercado por uma estacada") e a disposição das edificações.

**2.** A inspiração confessa do romancista são os castelos medievais, o que faz do Paquequer algo como um Reno transplantado.

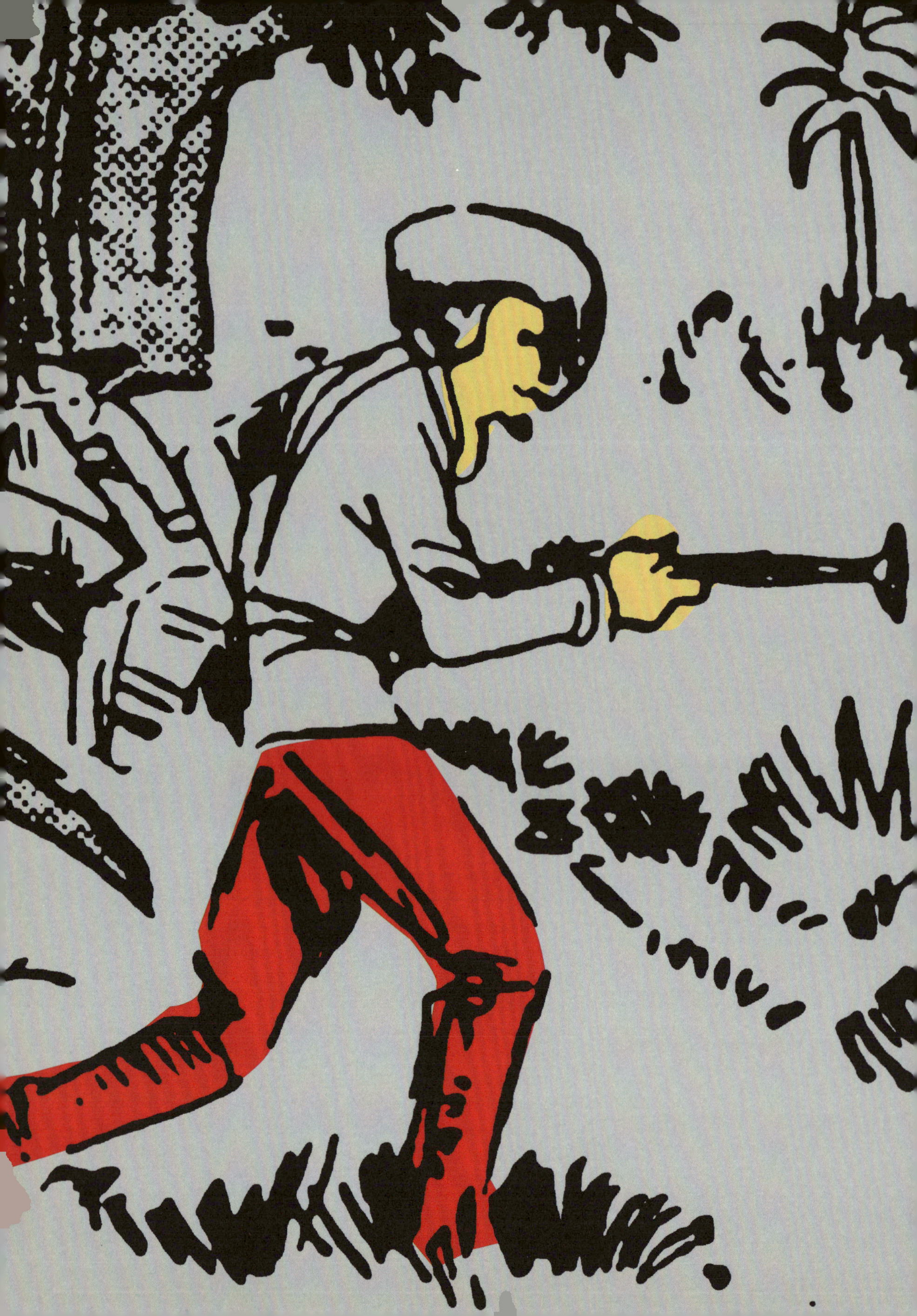

Vale destacar desde já um elemento que terá sentido mais tarde, principalmente pelos personagens obscuros que são brevemente mencionados: "O fundo da casa, inteiramente separado do resto da habitação por uma cerca, era tomado por dois grandes armazéns ou senzalas, que serviam de morada a aventureiros e acostados". Por fim, o autor se dispõe a "abrir a pesada porta de jacarandá, que serve de entrada, e penetrar no interior do edifício".

A ênfase na defesa não é injustificada, já que a casa dos Mariz será sitiada, permitindo ao herói, Peri, mostrar ao leitor por que, afinal de contas, é um herói. Mas a referência à muralha, à estacada e à fileira de espinheiros precede a menção à casa, seja por dentro ou por fora. Antes mesmo de sabermos quem são os personagens, sabemos que vivem numa fortaleza. Ao ler sobre dom Antônio, já intuímos que algo como uma guerra está rondando. Essa impressão será reforçada logo após a apresentação do proprietário, quando aprendemos como a casa foi construída, mas ainda não sabemos nada sobre os cômodos ou a família: "A casa era um verdadeiro solar de fidalgo português, menos as ameias e a barbacã, as quais haviam sido substituídas por essa muralha de rochedos inacessíveis, que ofereciam uma defesa natural e uma resistência inexpugnável". O contraste entre o "solar do fidalgo português" e a fortaleza na colônia é justificado: "Isto era necessário por causa das tribos selvagens, que, embora se retirassem sempre das vizinhanças dos lugares habitados pelos colonos, e se entranhassem pelas florestas, costumavam contudo fazer correrias e atacar os brancos à traição".

Sabemos, portanto, que a presença de uma ameaça intermitente justifica a militarização da arquitetura e que as populações indígenas (aimorés) temem os brancos, se escondem deles e, por motivos não mencionados, também são traiçoeiras e *costumam* fazer ataques. A ameaça, *tal como a apresenta o romancista*, vem de indígenas que, na maior parte do tempo, são invisíveis, temerosos, covardes e traiçoeiros. Ela constitui, antes de mais nada, uma atmosfera, e *adquire uma forma palpável* na muralha, no espinheiro, na estacada, na cerca.

—

Para o leitor contemporâneo, habitante de cidades violentas e muradas, enfatizar que *O Guarani* começa descrevendo dispositivos de segurança pode ter um efeito de reconhecimento que confere, retrospectivamente, um caráter paradigmático à casa de dom Antônio. A descrição de uma propriedade rural ou de um condomínio urbano no Brasil de inícios do século 21 poderia muito bem começar de forma semelhante: guaritas, controles de garagem, portas duplas, aberturas nas grades para passagem de entregas. Não é tão fácil, no entanto, afirmar esse caráter paradigmático aos olhos dos leitores a que Alencar visava em 1857, nas páginas do *Diário do Rio de Janeiro*. O Rio era uma cidade com cerca de 200 mil habitantes que, para todos os efeitos, não ia muito além de Botafogo e de São Cristóvão. Na corte tropical, a probabilidade de casas serem atacadas ou invadidas era menor do que em nossos dias.

Numa hipótese confortável, pode-se afirmar que o romancista está *apenas* reiterando a imagem que o público oitocentista deveria ter de seu próprio passado, o de um país bravio, inexplorado, ainda a conquistar com violência e brutalidade – esta levada a cabo por colonos *brutos*, fossem eles aventureiros ou fidalgos dispostos a deixar a metrópole. Alencar estaria *apenas* alimentando lendas românticas sobre a formação de uma sociedade presumidamente moderna, civilizada, europeizada, formalmente independente e soberana, cuja capital era aquele mesmo Rio de Janeiro.

Essa interpretação pressupõe que, já em meados do século 19, o território brasileiro não era mais visto como um vasto espaço a conquistar e explorar. Esse Brasil seria definido por seu próprio povo menos a partir de fronteiras com nações vizinhas do que por aquelas que o separam de seu *outro*, definido vagamente como o selvagem, o bravio ou o não europeu – todos representando uma ameaça constante, como se a conquista pudesse ser revertida pelos povos subjugados, fossem eles indígenas, negros ou mestiços que ocupam de fato o território, sem referência direta à nostalgia pela metrópole, pela Europa como um todo ou ainda pelo "Ocidente". As descrições de Alencar ressoam entre os leitores de seu tempo não apenas porque expressam a romantização do passado, mas porque dão corpo a sensações bastante vivas e não tão difíceis de ilustrar.

Comecemos pela primeira infância do Brasil independente, com um caso que soa até singelo. Na *Viagem pitoresca e histórica ao Brasil*,[3] Debret conta que recebeu a encomenda de uma tela representando "a fidelidade geral da população brasileira ao governo imperial", em que incluiu um grupo de palmeiras debaixo do trono de dom Pedro. José Bonifácio, então ministro dos Negócios do Reino, aprovou a obra, mas, segundo o pintor francês, pediu "que substituísse as palmeiras naturais por um motivo de arquitetura regular, a fim de não haver nenhuma ideia de estado selvagem". No lugar da vegetação, entraram cariátides douradas.

A representação da natureza passará, nas décadas seguintes, a outra condição: será transformada em veículo para a

3. Jean-Baptiste Debret, *Viagem pitoresca e histórica ao Brasil*. São Paulo: Imprensa Oficial do Estado de São Paulo, 2016.

exaltação do território, da nação que nascia e buscava uma identidade. Esse é o esforço de pintores como Manuel de Araújo Porto-Alegre ou Félix Émile Taunay e também o desejo de homens de letras do romantismo, como Gonçalves de Magalhães, Gonçalves Dias e, é claro, José de Alencar. Essa exaltação tratará sempre de manter uma distância entre o brasileiro civilizado, urbano, que vive na corte, e um território exuberante a explorar. A natureza é um repositório de riquezas que estão à espera de serem trazidas à cidade e exportadas para a Europa. Cantada em verso e prosa, ela está à disposição de Mariz e dos aventureiros, mas não de Peri.

A mesma e estranha mistura do sentimento de exaltação com a prática da devastação reaparece repetidamente na história do Brasil. É perceptível na conquista do Centro-Oeste, tão lindamente ilustrada no *Quarup* (1967), de Antonio Callado, e cujo maior monumento é justamente a construção da capital, Brasília. É visível na construção da usina de Itaipu, que afogou Sete Quedas; no avanço desordenado sobre a Amazônia, capturada em filmes como *Iracema, uma transa amazônica* (1974), de Jorge Bodanzky e Orlando Senna, e *Bye bye Brasil* (1979), de Cacá Diegues; na monstruosidade de Belo Monte e das queimadas de 2019 e 2020. Tudo em nome das belezas e da grandeza do Brasil, das "nossas riquezas", do progresso.

—

Voltemos ao século 19. Como constatação de que o território não pertencia aos que o habitavam, mas aos que o exploravam, a mudança do eixo econômico do Nordeste para o Sudeste implicou na venda para novos proprietários em São Paulo, Minas e Rio de milhares de escravizados que já haviam criado raízes na Bahia e em Pernambuco. Sentindo-se atraiçoados, os "negros maus vindos do Norte"[4] se revoltavam com mais frequência e eram motivo de apreensão permanente para os que os escravizavam. Na corte, a década de 1850 parece ter sido tranquila se comparada ao tempo "caótico, desordenado, anárquico, turbulento"[5] da Regência. Mesmo assim, a instabilidade reinava nos inconscientes. É exemplar a esse respeito o fantasma do haitianismo, a possibilidade de que, a qualquer momento, aquele enorme contingente de não brancos, escravos, forros marginalizados, indígenas definidos como

[4] Sidney Chalhoub, *Visões da liberdade*. São Paulo: Companhia das Letras, 2011.

[5] Marco Morel, *O período das regências (1831-1840)*. Rio de Janeiro: Zahar, 2003.

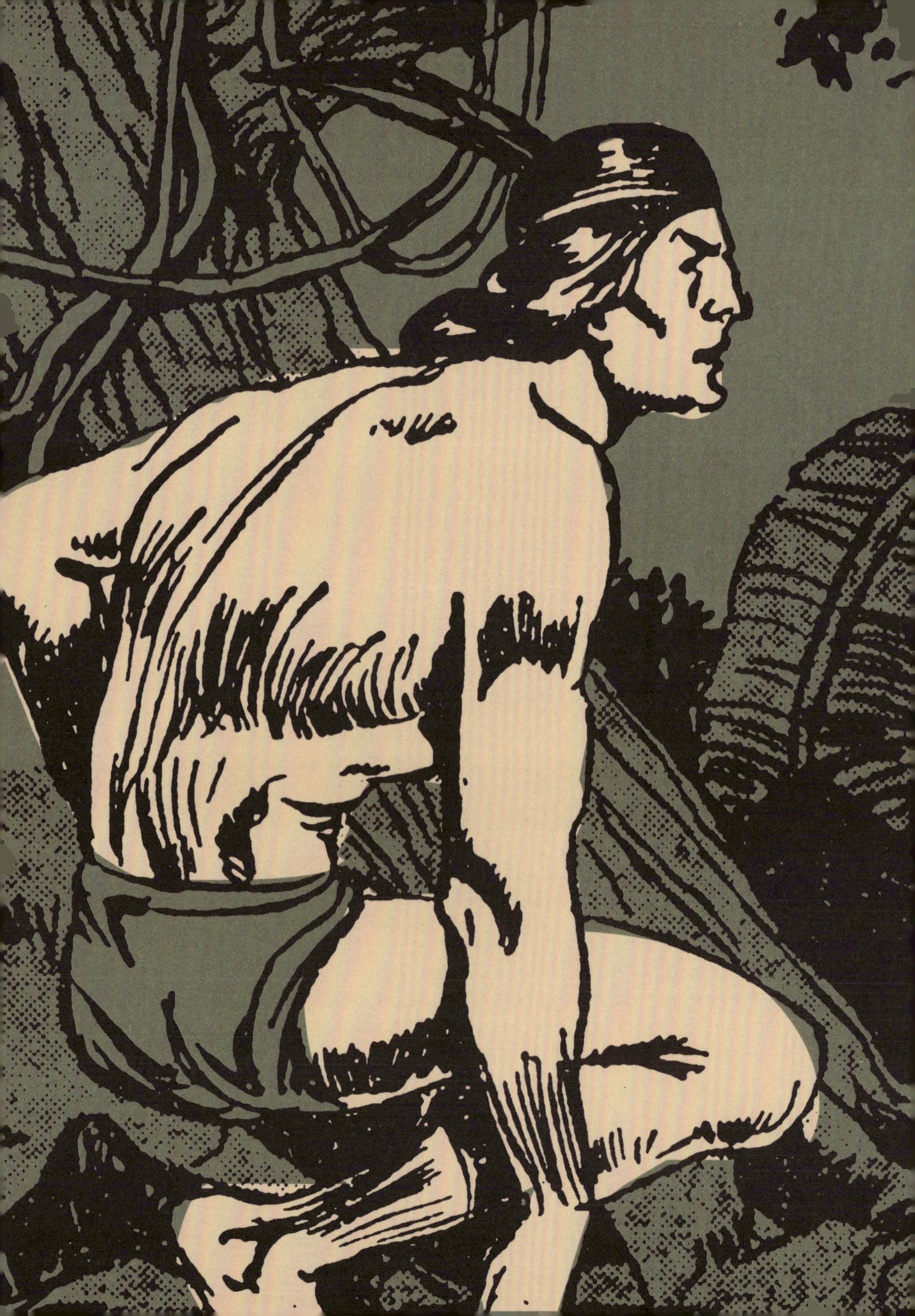

"aculturados" se ergueria numa revolução sanguinolenta, que varreria o branco do território e instauraria a república mestiça. Uma gigantesca São Domingos.

Os jornais da corte mostravam o mesmo interior selvagem do Brasil que, como contou Debret, se deveria esconder. Entre 1822 e 1857, ano em que *O Guarani* foi publicado, já haviam sido sufocadas, entre outras, as revoltas dos Malês, Praieira, Cabanada, Guanais, Carranca, Sabinada, Balaiada, Ronco da Abelha. Na verdade, nem sequer era necessária uma revolução do porte da haitiana. Bastava pensar numa pequena revolta aqui, outra acolá para deixar apavoradas as elites e a diminuta classe média, em suas casas malprotegidas. No Rio oitocentista, eram recorrentes os levantes individuais de escravos e libertos contra seus senhores urbanos. Em *Visões da liberdade*, Sidney Chalhoub registra que, em 1872, uma vintena de cativos do comerciante José Moreira Veludo o espancou, provocando como resposta "uma pequena operação de guerra" por parte do poder público. Outras tantas sublevações despertaram reações igualmente desproporcionais. Na época, também emergiram no Rio inúmeras maltas (ou nações) de *capoeiras*,[6] formadas por escravos, forros e demais marginalizados. Esses grupos se converteram naturalmente em foco de haitianismo e do medo social como um todo, resultando na proibição da capoeira. Seus adeptos, porém, dariam origem à figura do malandro, que continuaria a atormentar a crônica policial carioca até a República Velha.

Assim, no tempo de José de Alencar como no nosso, o carioca e o brasileiro das classes mais privilegiadas veem motivos para se sentir acuados e ameaçados, ainda que em escala e de forma diferentes. Sua condição arquetípica é a de um dom Antônio de Mariz, que reaparece, por exemplo, em *O som ao redor* (2012), de Kleber Mendonça Filho, na figura de Francisco, fazendeiro que nem sequer consegue ver com clareza a ameaça fomentada pelas relações de dominação que perduraram pelas décadas de sua vida.

[6] Carlos Eugênio Líbano Soares, *A capoeira escrava e outras tradições rebeldes no Rio de Janeiro (1808-1850)*. Campinas: Unicamp, 2004.

—

Passemos à apresentação dos personagens. O segundo capítulo, que introduz dom Antônio, tem como título "Lealdade" – referindo-se à relação dele com a Coroa portuguesa, mas sugerindo algo mais. Dom Antônio vive isolado na serra fluminense porque o enredo se passa durante a União Ibérica, e o "muy leal e heroico" proprietário da fortaleza do Paquequer não vislumbra a possibilidade de restauração. Ao mesmo tempo, recusa-se a servir aos reis da Espanha e prefere passar a vida na terra que lhe pertence, mas na qual se sente exilado: "Aqui sou português", chega a dizer. Alencar apresenta dom Antônio[7] como figura central da conquista do território, "um dos fundadores da cidade do Rio de Janeiro" e "dos cavalheiros que mais se haviam distinguido nas guerras da conquista, contra a invasão dos franceses e os ataques dos selvagens". O perfil não exclui a violência: o "homem de valor, experimentado na guerra, ativo", era "afeito a combater os índios". Ocupou cargos burocráticos no Rio e "prestou grandes serviços nas descobertas e explorações do interior de Minas e do Espírito Santo".

Tudo que dom Antônio fez de relevante na vida teve lugar na colônia, não na metrópole. E, com efeito, ele se comportou como se comportariam, ao longo dos séculos, muitos de seus sucessores, já que, "em recompensa do seu merecimento, o governador Mem de Sá lhe havia dado uma sesmaria de uma légua com fundo sobre o sertão, a qual, depois de haver explorado, deixou por muito tempo devoluta". É notável que Alencar apresente seu herói como um latifundiário improdutivo, mas deixemos de lado essa coincidência.

Vamos, então, ao próximo conjunto de personagens. Antes de apresentar a família Mariz, o autor julga necessária uma referência aos *aventureiros*, personagens mais ambíguos do romance. Eles eram pobres e "desejosos de fazer fortuna rápida"; viviam na região, em choupanas próximas à fortaleza de dom Antônio, "para mais facilmente praticarem o contrabando do ouro e pedras preciosas". A relação entre o senhor e os numerosos aventureiros é definida como "vassalagem", em analogia aos castelos feudais, mas continha mais que isso: o vínculo era de interesse mútuo, uma união motivada "pela ambição de riqueza". O que Mariz mantinha ao seu redor era, então, "uma banda de aventureiros que lhe serviam nas suas explorações e correrias pelo interior". Ou seja, não só os índios faziam "correrias", afinal; mas há no texto uma diferença patente de tratamento entre os dois grupos praticantes de "correrias",[8] já que Alencar refere-se aos aimorés como "temerosos, traiçoeiros e covardes" e, aos aventureiros como "ousados, destemidos, reunindo ao mesmo tempo aos recursos do homem civilizado

---

7. O personagem é fictício em tudo, menos no nome: um Antônio de Mariz existiu, de fato, no Rio de Janeiro do século 16.

8. O termo "correria" foi usado até o início do século 20 com o sentido de ataque súbito, incursão, assalto, além de tumulto, confusão, desordem. Na segunda metade do século 19, a palavra passa a designar especificamente a matança de índios, sobretudo na Amazônia, o que, em retrospecto, torna seu uso por Alencar para se referir às ações dos aimorés um tanto perturbador.

a astúcia e agilidade do índio de quem haviam aprendido; eram uma espécie de guerrilheiros, soldados e selvagens ao mesmo tempo".

A descrição aponta para algo como uma absorção invertida, pois nesse caso não foi o indígena que aprendeu a ser civilizado com o português, mas o aventureiro que aprendeu a "astúcia e agilidade" do nativo. Não fica claro, no entanto, qual seria a referência territorial desses aventureiros, já que não parecem ser descendentes da nobreza lusa. Portugueses? Brasileiros? Filhos de portugueses que, chegados ao Brasil, amasiaram-se com indígenas (muitas vezes, sequestradas), encarnando a mestiçagem não só do ponto de vista cultural? Sobre isso, o autor se cala; exceto, como veremos, em relação ao chefe dos vilões.

Se a lealdade de dom Antônio à coroa portuguesa é justificada pelo seu "sangue azul", menos evidente é por que os "guerrilheiros, soldados e selvagens ao mesmo tempo", esses seres anfíbios e numerosos, se mantêm fiéis a ele para além da "ambição de riqueza". Afinal, dada nossa duradoura tradição de roubo de terras, o fidalgo seria perfeitamente dispensável. Ora, escreve Alencar, eles eram "ligados ao seu chefe pelo respeito, pelo hábito da obediência e por essa superioridade moral que a inteligência e a coragem exercem sobre as massas". Por algum motivo, as "massas" também se uniam ao proprietário na convicção de que aquele pedaço de mata subtropical "não era senão um fragmento de Portugal livre", "sua pátria primitiva" – ainda que tal pertencimento fosse apenas do chefe e não de homens considerados quase selvagens. Sobre esse tema, porém, mais não se diz. E chegamos enfim à enumeração dos familiares de dom Antônio.

Além da esposa, dona Lauriana, "dama paulista, imbuída de todos os prejuízos de fidalguia e de todas as abusões religiosas daquele tempo", descobrimos que dom Diogo, seu filho, era um herdeiro valoroso e "gastava o tempo em correrias e caçadas" (de novo as "correrias"). Dona Cecília, que a posteridade registrou apenas como Ceci, era "a deusa desse pequeno mundo", travessa e faceira; e não poderia faltar ainda um arquétipo da conquista do território na figura da sobrinha, dona Isabel, "que os companheiros de dom Antônio, embora nada dissessem, suspeitavam ser o fruto dos amores do velho fidalgo por uma índia que havia cativado em uma das suas explorações". O destino da mãe cativa também é ignorado.

---

Não basta sublinhar que a verdadeira ameaça, afinal, não vinha dos indígenas, mas dos próprios aventureiros que dom Antônio abrigava. Ou que o "aventureiro" Loredano era um traidor, um aproveitador, a representação da venalidade e da violência de quem se embrenha colônia adentro e faz desse

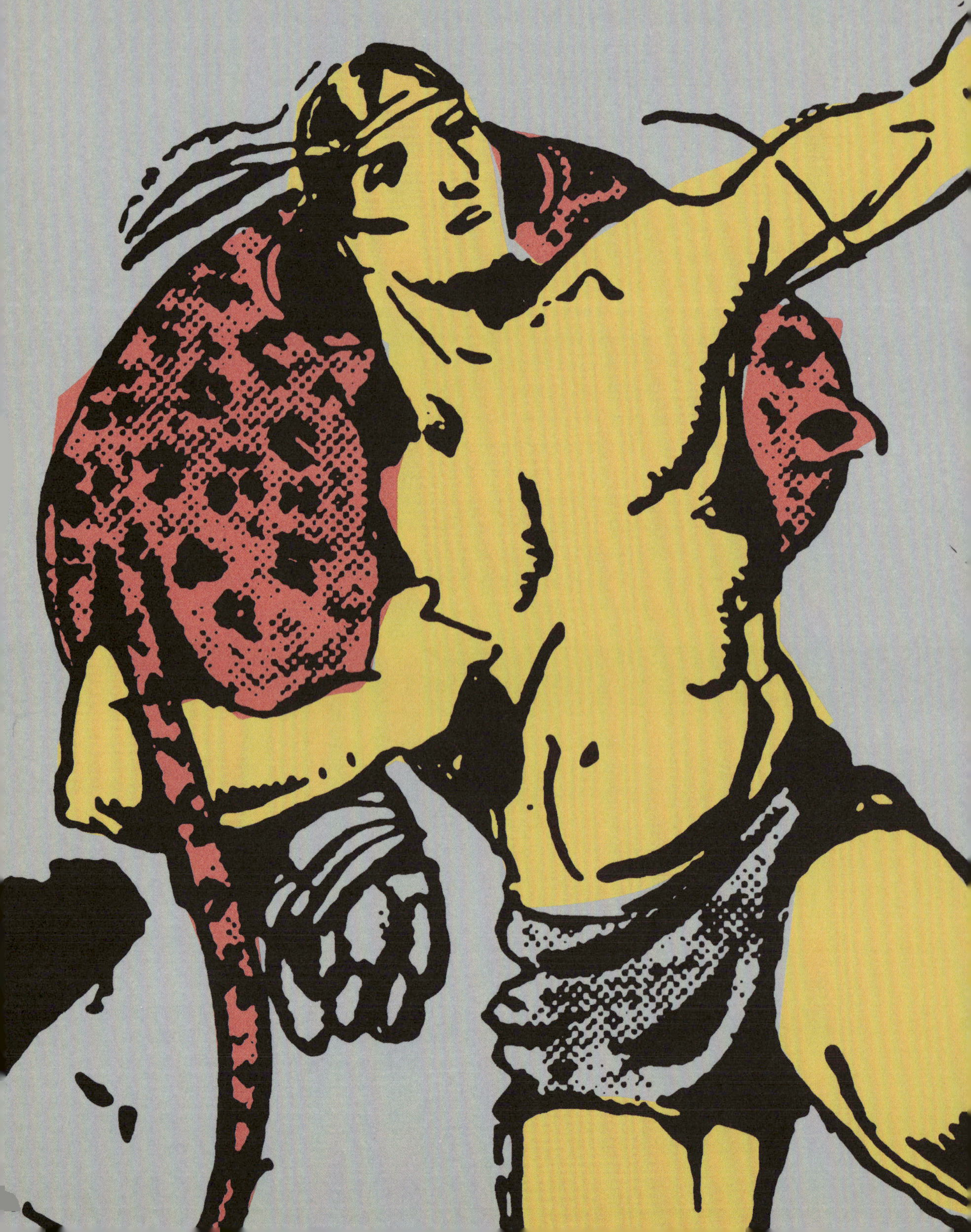

território, efetivamente, uma colônia.[9] O elemento a acrescentar na construção do caráter paradigmático de dom Antônio de Mariz é a ambiguidade, já mencionada de passagem, que se estabelece na relação entre os aventureiros e o poder formal, institucional, do fidalgo.

Há uma divisão entre os partidários de Loredano, dispostos à subversão da relação de poder, e os de dom Álvaro de Sá. Loredano é a forma acabada do europeu que se deixa tropicalizar e, portanto, corromper. É italiano e, sobretudo, ex-padre. Abdicou do cristianismo como quem abdica da civilização como um todo. Está pronto para se tornar vilão, espelhando o processo de consagração de Peri como herói – que deverá passar por sua adoção do cristianismo. Dom Álvaro se atém à relação de poder estabelecida. O motivo é, em se tratando de uma obra romântica, o amor pela figura alegórica da filha ilegítima, mestiça, de dom Antônio. Isabel é um produto da terra, convertida em campo onde se encontram o colonizador europeu e a indígena colonizada. A relação com dom Álvaro atestaria – se não morressem ambos – as vantagens prometidas da assimilação do indígena, ou, ao menos, do "sangue indígena" pelo europeu. Essa união, abençoada pelo paradigma civilizatório e pela religião importados da Europa, poderia, a rigor, redimir o ato adúltero e provavelmente violento de dom Antônio. Frustrada, deixará toda e qualquer possibilidade de redenção a cargo de Peri e Ceci.

A divisão entre Loredanos e Álvaros é constitutiva de todas as figuras semelhantes a dom Antônio na história e na imaginação brasileiras. Pode-se dizer que é um traço distintivo de uma *síndrome de Mariz*, que acomete o brasileiro das classes média ou alta, e que o leva a construir casas que nada devem em forças defensivas ao solar do Paquequer. Nas figuras de Álvaros e Loredanos que volteiam diante dos olhos de todo Mariz, regerá sempre uma ambiguidade, uma vez que todo Loredano sempre falará a língua de Álvaro. E provavelmente melhor do que o próprio Álvaro, já que o vilão recebeu o treinamento rigoroso da Igreja, dominando a linguagem da moral e da religião. Nas terras selvagens do contrabando, da "ambição de riqueza", dos aventureiros, essa linguagem e, mais ainda, a institucionalidade da moral, da religião e da justiça constituem-se num verdadeiro salvo-conduto para a traição e a venalidade.

---

9. Ou seja: detentora de uma posição própria no sistema econômico, relativamente à metrópole, como enfatiza Bosi ao longo de *Dialética da colonização* (sobre os aventureiros de Mariz, ver p. 190 em particular).

A ambiguidade também está do lado dos ditos *selvagens*, e é por isso que o segundo traço distintivo da síndrome de Mariz é a relação com o indígena agregado. O contraste entre Peri, que será herói, e os aimorés, traiçoeiros e covardes, está no coração do paradigma indianista do romantismo. Estará também no coração de toda imagem de país que sustente o abismo entre uma elite colonizadora e uma população de quem se espera ou exige a adaptação ou a absorção do modelo transplantado.

Aos olhos do colonizador, o indígena (segundo Alencar, "invisível") é um corpo que pode se materializar como agregado leal ou ameaça temerosa. Da perspectiva do núcleo colonizador, não há a rigor nenhum momento capaz de determinar que o herói será sempre herói e o selvagem traiçoeiro, sempre selvagem traiçoeiro (com a possível exceção, digamos, do desfecho romântico de um romance do romantismo). No mesmo espírito, o brasileiro de hoje às vezes solta que trabalhador é trabalhador e bandido é bandido, ainda que um corpo vivo que atravessa o caminho do brasileiro de classe média não traga na testa a marca de um ou do outro, configurando-se sempre como uma ameaça potencial.

Na década em que José de Alencar escreveu *O Guarani*, como em provavelmente todos os demais períodos do Brasil independente, o grosso da população carioca era composto precisamente por essa gente dúbia, que tanto pode ser absorvida pela ordem civilizacional do branco que se pretende europeu quanto se revelar arredia e selvagem, fazendo jus a todos os epítetos que José de Alencar usa para se referir aos aimorés. Essa dubiedade é ainda, como no caso dos aventureiros do Paquequer, moeda corrente entre os filhos da terra que se veem como colonizadores brancos, descendentes diretos do europeu. Daí, por exemplo, a figura que Antonio Candido examina em "Dialética da malandragem"[10] – o Leonardo Filho de *Memórias de um sargento de milícias*, publicado em 1853, poucos anos antes de *O Guarani*, é, como diz o crítico, o "primeiro grande malandro que entra na novelística brasileira".

Vale aqui o breve desvio por esse outro romance, de outro autor, quando falamos sobre *O Guarani*. Hoje, o termo "malandro" é disseminado e se refere a esse arquétipo brasileiro – ao menos, carioca –, malemolente, que consegue benefícios graças a expedientes de legalidade duvidosa. Mas, quando o

[10]. Antonio Candido, "Dialética da malandragem". *Revista do Instituto de Estudos Brasileiros*, n. 8, 1970, pp. 67-89.

termo primeiro se disseminou pelo falar do Rio, referia-se a moradores de cortiços, negros, pobres, marginalizados, que circulavam pelas regiões centrais da cidade e fariam a fama da Lapa como sede da boêmia carioca.

Ora, que ironia, o primeiro grande malandro da literatura, segundo Candido, é um branco, filho de portugueses, trambiqueiro, indisciplinado e fanfarrão, que chega a sargento graças à ajuda da família e à proteção do major Vidigal. O personagem de Manuel Antônio de Almeida tem todos os traços dos aventureiros que vivem na órbita de dom Antônio de Mariz, aproveitando-se das benesses dos poderosos e transitando pelo mundo da aplicação seletiva de leis. Para a maior parte da população, é um mundo de sobrevivência, mas não para Leonardo, que pode contar com a intervenção dos superiores para se safar de situações difíceis.

Segundo Candido, Leonardo é um personagem arquetípico do Brasil da primeira metade do século 19 porque esta sociedade é constituída por "uma ordem comunicando-se com uma desordem que a cerca de todos os lados". A imagem evoca, e não creio ser coincidência, a propriedade de Mariz, cercada por uma muralha de pedra natural. A função de personagens como Leonardo é fazer precisamente essa comunicação: se o major Vidigal é uma figura, também arquetípica, da *pura* ordem, sua atuação só pode ocorrer de modo funcional por meio desse personagem dúbio, o trambiqueiro associado às forças do Estado – na verdade, às forças paraestatais das milícias do império, subscritas pelo Estado e operadas privadamente.

Não é um acaso que Leonardo acabe nessa forma primitiva da polícia brasileira, a instituição que atua no exato ponto de contato da ordem e da desordem no seio do campo social, representando a ordem, mas filtrando os momentos em que deve prevalecer a desordem. A *ordem* não pode vigorar integralmente, porque é uma abstração muito fracamente conectada com as condições da vida concreta; cabe a essa figura nebulosa encarnada por Leonardo o papel de dar forma ao trânsito entre ordem e desordem, isto é, ao social que se manifesta efetivamente, ao que ele realmente pode ser em ato.

Isto não significa, porém, que a fantasia de uma ordem perfeita esteja excluída. Ao contrário, cada momento de instabilidade social produz suas figuras redentoras na forma de personagens inabaláveis e incorruptíveis, valentes, sedutores, beirando o sobre-humano. É o caso, hoje, de alguém como o capitão Nascimento, protagonista de *Tropa de elite* (2007), filme de José Padilha. E é o caso de Peri. A fantasia tem seu lugar, e a posição que ocupa chega a ser central.

Esta é a importância da cena crucial analisada por Bosi: quando Mariz, ameaçado por todos os lados e prestes a explodir o próprio lar, converte o indígena ao cristianismo e lhe transfere seu nome, não está apenas impondo ao autóctone a herança de um continente que nunca viu, nem verá. Também está confiando na estabilidade do sentimento abstrato de devoção de Peri por Ceci e sua família como um todo. Dali em diante, ele deve estar seguro, assim como o romancista, seus contemporâneos e também todos nós, até hoje, de que nunca, jamais,

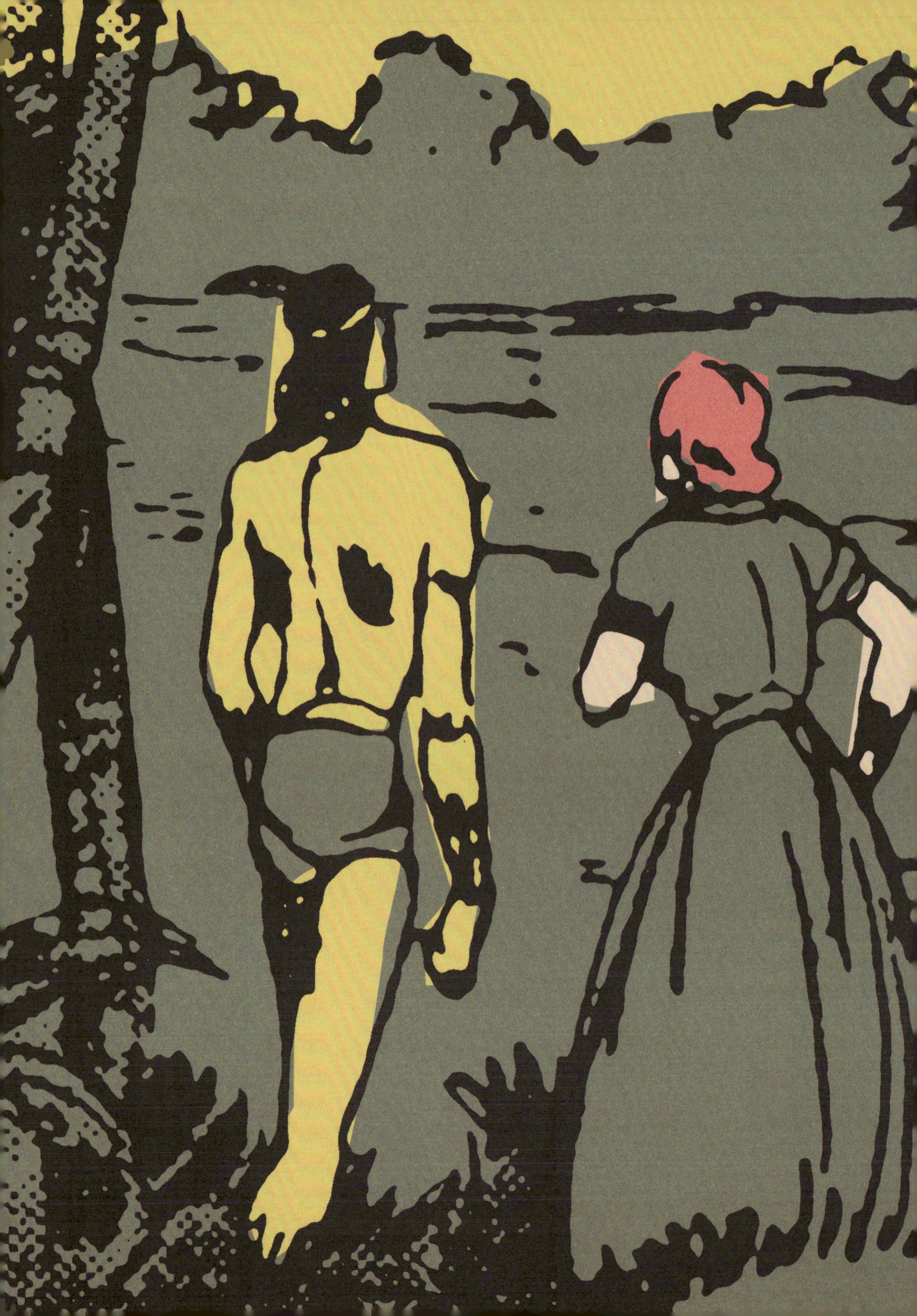

o nativo vai mudar de ideia. Não vai se cansar de Ceci depois de alguns anos compartilhando o mesmo teto. Não vai desanimar diante das dificuldades da vida no Rio de Janeiro, da posição inferior que sempre lhe caberá no mundo dos brancos. Não vai se revoltar vendo o tratamento que recebem os demais indígenas e, principalmente, os negros que os séculos seguintes verão desembarcar no Valongo. Não vai deglutir Ceci como se fosse o bispo Sardinha, deixando de ser catequizado para fazer carnaval.

Talvez José de Alencar não conhecesse a analogia de Vieira, citada por Viveiros de Castro:[11] os asiáticos como mármore, difíceis de moldar, mas firmes uma vez moldados; e os brasílicos como murta, fáceis de seduzir, mas que logo abandonam a forma que lhes foi dada. Pouco importa: Peri não é um indígena, mas uma projeção da fantasia e da apreensão que caracterizam o branco, europeu, dominando com um pequeno contingente uma terra que sempre lhe será estrangeira, mesmo cinco séculos depois. Aí é que está o busílis: não, o caminho de Peri não é o do Rio de Janeiro, das concretas relações raciais que vão constituir o Brasil. Peri está destinado à abstração morta e gélida, dita "pátria".

11. Eduardo Viveiros de Castro, "O mármore e a murta: sobre a inconstância da alma selvagem". *Revista de Antropologia*, n. 35, 1992, pp. 21-74. Republicado em *A inconstância da alma selvagem*. São Paulo: Cosac Naify, 2002, pp. 183-264.

---

Está em Peri e dom Antônio o paradigma involuntário de *O Guarani*, romance que expressa uma "alma nacional" não pelos motivos que imaginava seu autor, mas pelo que lhe escapava. Tanto Mariz quanto Peri costumam ser lidos pela perspectiva do romanceiro medieval, gênero pelo qual o autor tinha uma queda. A casa de Mariz, portanto, se inspira num castelo, e Peri seria um cavaleiro. Alencar surgiria como uma espécie de Walter Scott do nacionalismo e do indianismo – o próprio escritor chega a sugerir essa ideia nas suas *Cartas sobre a Confederação dos Tamoios*. Mas mesmo essa influência deixa entrever os detalhes que estão na ênfase sobre as estruturas defensivas e na exposição do modo de pensar do dono da casa, de sua família e dos que os cercam. Alencar estaria mais para Fenimore Cooper que para Scott.[12]

O indígena que se entrega por inteiro à defesa do colonizador encarna um ideal inverossímil: a conciliação plena do dominado com a normatividade do colonizador, sem que este

12. Consuelo M. Loureiro, "*O último dos Mohicanos* e *O Guarani*: duas visões paralelas do Novo Mundo". *Letras*, Curitiba, n. 24, dez. 1975, pp. 111-120. Agradeço a Paulo da Luz Moreira pela referência.

último tenha de fazer qualquer concessão. Mais ainda, Peri se torna responsável pelo triunfo sobre os demais povos indígenas, perpetuando a cisão sem a qual a conquista europeia das Américas teria sido quase impossível. Peri é uma espécie de quinta-coluna, o indígena que facilita a expropriação dos seus em nome do europeu – e por amor ao europeu.

O ideal de amor romântico (e puro) de Peri por Ceci é a garantia de que o herói não acabará escolhendo mudar de lado, nem exercendo o papel dúbio dos Leonardos da vida nem operando a vingança que *O som ao redor* deixa a cargo de Clodoaldo e seu irmão. Não é por acaso que a vingança chega pelas mãos de subordinados responsáveis pela segurança: são Leonardos, Nascimentos e Peris que, de invisíveis, escolheram em dado momento o lado dos aventureiros e dos aimorés, não o dos colonos.

A função arquetípica de Peri é a mesma do capitão Nascimento no primeiro filme *Tropa de elite*. O personagem de Wagner Moura percebe na polícia carioca um universo inteiramente composto de Leonardos, Loredanos, malandros, aventureiros ou, nos termos opacos que se consagraram na nossa linguagem corrente, "corruptos". Sua função, como oficial incorruptível, valente, sobre-humano, é fornecer a imagem de um ideal que não pode e não deve se realizar.

O fascínio, verdadeiro amor, que boa parcela do público nutriu por Nascimento não resulta *apenas* de sua violência brutal, com toques de fascismo. O encanto do oficial do Bope residia em um traço bem brasileiro: no frágil equilíbrio da ordem e da desordem, ou seja, da hierarquia extremada temperada por uma subversão diária. Nesse terreno movediço, sentimos a necessidade de alguma garantia, algo que impeça essa metaestabilidade de descambar para o conflito disseminado, o que acabaria por inviabilizar as hierarquias e aquilo que Nascimento, em sua narração em *off*, repetidamente chama de "sistema".

O capitão Nascimento emerge do mundo dos Leonardos, tal como descrito por Candido. Mas tem um comportamento oposto ao de seus pares graças a uma força de caráter extraordinária, dessas que só vemos nos filmes e livros mais ingênuos ou mal-intencionados. Uma retidão da qual não temos provas confiáveis, mas em que queremos muito acreditar. A intervenção dessa figura mítica que é o Bope de Nascimento opera como uma *militia ex machina* salvadora. Esse é rigorosamente o mesmo papel que um dia coube a Peri.

———

Voltemos a Alencar. Desde as *Cartas sobre a Confederação dos Tamoios*, o então editor do *Diário do Rio de Janeiro* falava em abdicar da condição de civilizado para se embrenhar nas matas e belezas do país, e assim constituir o poema (ou romance) fundador do Brasil a partir do exotismo, do nacionalismo e, por fim, do indianismo. Sob o pseudônimo "Ig", deplora a insuficiência da pena de Gonçalves de Magalhães, que atribui a união estratégica dos indígenas ao desejo de "acabar com os ataques reiterados dos lusos"[13] – e está coberto de razão ao dizer que esses ataques visavam a escravizar aqueles povos e roubar suas terras.

Mesmo assim, a crítica também ajuda a encontrar o paradigma involuntário pela diferença entre o indianismo do poema épico e aquele do romance. Os tamoios de Magalhães lutam *contra* o elemento colonizador, ainda que se aliem a outra força invasora. Os heróis de José de Alencar são portadores de uma ideia de conciliação das raças, a partir da qual a penetração do colonizador é não apenas aceita, mas promovida pelo autóctone.

Além das muitas críticas estilísticas, as cartas de Alencar fazem repetidos reproches a Magalhães pela falta de interesse nos efetivos costumes indígenas, sua religião, sua relação com a terra, a acurácia histórica (como no caso dos tupis e dos tapuias e no sonho com a história do Rio de Janeiro). Mais uma vez: o polemista aponta que é uma pobreza do poema épico a motivação para a grande aliança indígena ser meramente defensiva.

Mas então o que dizer do romance da formação nacional que instaura como motivação para o índio que se alia ao europeu – ou, antes, se associa, em posição servil – a adoração por sua filha casta e luminosa? É uma pergunta semelhante à observação de Werneck Sodré:[14] o vilão de Alencar não é Mariz, o ocupante (improdutivo) das terras, mas Loredano, um aventureiro *ex cura*, que não era sequer português. Alencar reclama uma ode ao índio, mas escreve uma ode ao colonizador.

Cabe lembrar que o próprio José de Alencar era um membro da elite dirigente do país, tendo sido proprietário de terras, deputado e ministro. Dizia-se favorável a uma abolição gradual da escravidão e justificou seu voto contra a lei do ventre livre com os argumentos mais tradicionais do conservadorismo econômico e político: evitar o desarranjo da lavoura e a anarquia. Ele falava para iguais.

Seus romances, com o "mito sacrificial" que Bosi assinala, dão forma às fantasias de todos os dons Antônio de Mariz com que o romancista convivia. Nos termos do crítico, a conciliação encarnada em Peri "viola abertamente a história da ocupação portuguesa no primeiro século" e "é pesadamente ideológica como interpretação do processo colonial". Tudo isso é evidente; o essencial é que o mito "é forma expressiva do desejo, que *quer* antes de refletir".

---

13. José de Alencar, *Cartas sobre a Confederação dos Tamoios*, in *Obra completa*. Rio de Janeiro: Aguilar, 1960, pp. 863-922.

14. Nelson Werneck Sodré, "As razões do indianismo" e "O indianismo e a sociedade brasileira", *in História da literatura brasileira*. Rio de Janeiro: Bertrand Brasil, 1995, pp. 291-334. Agradeço a Débora Finamore pela referência.

Pode-se dizer, com um certo anacronismo, que, em *O Guarani*, Alencar declina as confidências psicanalíticas de uma *síndrome de Mariz*, essa sensação difusa de ameaça que ronda constantemente o brasileiro das classes alta e média. Trata-se de alguém que se sabe cercado por aimorés e aventureiros, cuja lealdade dificilmente será mais do que o cálculo de um Leonardo ou Loredano: o quanto se pode ganhar, como se pode escapar à repressão, qual é o equilíbrio possível entre essa aparência de ordem e as mil virtualidades da desordem.

A síndrome de Mariz inclui também a expectativa por esse sacrifício mítico de um Peri, de um Nascimento, que acreditará fazer parte do mundo do dominador porque foi batizado por ele, recebeu seu nome, desposou a carne da sua carne – ou, no caso de Nascimento, ascendeu na sua hierarquia, vestiu sua farda, recebeu seu salário, suas honrarias, os aplausos da sua mídia. Mas é preciso ter em mente que jamais ocorreria a dom Antônio batizar Peri e lhe entregar sua filha virginal sem que seus domínios estivessem à beira da destruição. A condição para elevar Peri ao estatuto de igual (cristão, humano) é a iminência de seu próprio colapso. Mariz não está ansioso por receber o índio em sua sala de jantar. Sem dúvida, guardava até esse fatídico momento o sonho de que algum fidalgo europeu pudesse ser o destino da sua Cecília.

Como veículo de um paradigma involuntário, *O Guarani* sobrevive numa escala mítica parecida com a do próprio casal formado por Peri e Ceci, que enfrenta o dilúvio, põe em ato a força sobre-humana e povoará a terra, como na lenda de Tamandaré. O registro desse povoamento é aquele que o romance expressa: o indígena que vira as costas para seus iguais em nome do invasor que o encantou e subjugou.

Mas não é esse o mito que de fato sobrevive. A imagem da nação formada pela união harmoniosa e beata do colonizado e do colonizador não resiste à leitura de meia página de *Macunaíma*. O verdadeiro mito fundador que *O Guarani* nos legou é o da síndrome de Mariz: a sensação de estar sempre sitiado num ambiente hostil, tentando de todo modo perpetuar a exploração e o domínio sobre ele. Mas, principalmente, à espera dessa figura idealizada, inverossímil, do brasílico disposto a um servilismo inabalável, alguém que bastará converter, oferecendo-lhe a filha ou outros tesouros à mão, para que entregue a vida pelo colonizador. É esse o paradigma involuntário de José de Alencar – e o nosso atavismo.

**Diego Viana** (1981) é jornalista, doutor em humanidades pela FFLCH-USP e mestre em filosofia pela Universidade de Paris Nanterre.

Nos anos 1930, o pintor, desenhista e historiador **Francisco Acquarone** (1898-1954) publicou no jornal *Correio Universal* uma série de adaptações em quadrinhos de clássicos brasileiros e estrangeiros, como *O sertanejo*, de José de Alencar, e *Os cossacos*, de Tolstói. Sua versão de *O Guarani* foi relançada pela editora do Senado Federal em 2017.

#37
março 2021

IMS InstitutoMoreiraSalles

**Walther Moreira Salles (1912-2001)**
FUNDADOR

CONSELHO DE ADMINISTRAÇÃO
**João Moreira Salles**
PRESIDENTE
**Fernando Roberto Moreira Salles**
VICE-PRESIDENTE
**Pedro Moreira Salles**
**Walther Moreira Salles Jr.**
DIRETORES EXECUTIVOS

DIRETORIA EXECUTIVA
**Marcelo Araujo**
DIRETOR-GERAL
**João Fernandes**
DIRETOR ARTÍSTICO
**Jânio Gomes**
DIRETOR EXECUTIVO

*serrote* é uma publicação do Instituto Moreira Salles que sai três vezes por ano: março, julho e novembro.

EDITOR **Paulo Roberto Pires**
DIRETOR DE ARTE **Daniel Trench**
EDITOR-ASSISTENTE **Guilherme Freitas**
COORDENAÇÃO EDITORIAL **Flávio Cintra do Amaral**
ASSISTENTE DE ARTE **Cristina Gu**
PRODUÇÃO GRÁFICA **Acássia Correia**
PREPARAÇÃO E REVISÃO DE TEXTOS **Ana Paula Martini, Flávio Cintra do Amaral, Huendel Viana, Juliana Miasso, Julio Haddad, Luisa Destri, Nina Schipper e Rafaela Biff Cera**
CHECAGEM **Marcella Ramos e Luiza Miguez**
IMPRESSÃO E TRATAMENTO DE IMAGENS **Ipsis**

Capa: Carlos Zilio, detalhe de *Sem título*, 1973
Folha de rosto: *John Ploughman's Pictures*

© Wlamyra Albuquerque; J. M. Coetzee © 1996 The University of Chicago, em acordo com Peter Lampack Agency, Inc; © Claudius Ceccon; © 2020 Leslie Jamison, todos os direitos reservados; © Valeria Luiselli 2020, publicado originalmente na *New York Review of Books*, republicado sob permissão da autora via Rogers, Coleridge & White Ltd.; © Serge Katembera; © Pinky Wainer; © Jacqueline Rose, publicado originalmente na *London Review of Books*, v. 42, n. 22, 19.11.2020; © Susanne Klengel, publicado originalmente em *Mecila Working Paper Series*; © Bernardo Brayner; Fotos de George Perec: p. 167: Jean-Claude Deutsch/Paris Match via Getty Images; p. 171: Sophie Bassouls/IMAGO/Leemage. Todos os esforços foram feitos para contatar os detentores dos direitos das demais fotografias de Georges Perec aqui publicadas.
© Maira Vieira de Paula; © Enzo Traverso, publicado sob permissão do autor e La Fabrique Editions; © Diego Viana.

Agradecimentos: Carlos Zilio, Chico Homem de Melo, Enzo Traverso, Joaquim Toledo Jr., La Fabrique Editions, Liliana Porter, Luciana Brito Galeria, Millard Schisler, Rosana Paulino, Susanne Klengel, Wallace Amaral.

© Instituto Moreira Salles
Av. Paulista, 2439/6º andar
São Paulo SP Brasil 01311-936
tel. 11.3371.4455  fax 11.3371.4497
www.ims.com.br

As opiniões expressas nos artigos desta revista são de responsabilidade exclusiva dos autores. Os originais enviados sem solicitação da *serrote* não serão devolvidos.

ASSINATURAS 11.3971.4372 ou serrote@ims.com.br
www.revistaserrote.com.br